军事社会学译丛

社会学与军事研究

经典与当代的奠基

〔荷〕约瑟夫·索特斯　著

郑　莉　毛延生　殷亚迪　译

哈尔滨工程大学出版社
Harbin Engineering University Press

黑版贸审字：08-2020-118

Sociology and Military Studies:Classical and Current Foundations, 1st Edition/by Joseph Soeters/ISBN: 978-1-138-73953-6

图书在版编目 (CIP) 数据

社会学与军事研究：经典与当代的奠基 / (荷) 约瑟夫·索特斯 (Joseph Soeters) 著；郑莉，毛延生，殷亚迪译 . — 哈尔滨：哈尔滨工程大学出版社，2019.12

（军事社会学译丛）

ISBN 978-7-5661-2542-2

Ⅰ . ①社… Ⅱ . ①约… ②郑… ③毛… ④殷… Ⅲ . ①军事社会学－研究 Ⅳ . ① E0-052

中国版本图书馆 CIP 数据核字 (2019) 第 276382 号

选题策划	史大伟
责任编辑	唐欢欢
封面设计	李海波

出版发行	哈尔滨工程大学出版社
社　　址	哈尔滨市南岗区南通大街 145 号
邮政编码	150001
发行电话	0451-82519328
传　　真	0451-82519699
经　　销	新华书店
印　　刷	哈尔滨市石桥印务有限公司
开　　本	787 mm×960 mm　1/16
印　　张	20
字　　数	323 千字
版　　次	2019 年 12 月第 1 版
印　　次	2019 年 12 月第 1 次印刷
定　　价	98.00 元

http：//www.hrbeupress.com
E-mail：heupress@hrbeu.edu.cn

"军事社会学译丛"总序

《左传》云："国之大事，在祀与戎。"《孙子兵法》开篇指出："兵者，国之大事，死生之地，存亡之道，不可不察也。"古今中外，军事与战争是决定一个国家和民族命运的头等大事。

当今世界正面临百年未有之大变局，我国既处于发展的重要战略机遇期，又面临着不可预料的外部风险。习近平同志指出："全军要正确认识和把握我国安全和发展大势，强化忧患意识、危机意识、打仗意识，扎扎实实做好军事斗争准备各项工作，坚决完成党和人民赋予的使命任务。"

对于军事斗争，长久以来我国的军事思想不仅探寻军事战略战术，而且尤为重视军内、军政、军民关系，从《孟子》中的"天时不如地利，地利不如人和"到毛主席指出的战争决定因素"是人不是物"，均充分强调了军事问题的社会性质。在现阶段充分继承这一思想，采用科学的方法对军事问题进行社会学分析，复兴并推动我国的军事社会学研究，无疑是"强军兴军"战略的必然要求。

军事社会学的研究始于19世纪末20世纪初的俄罗斯帝国。第二次世界大战前后，在苏联、美国等国家，军事社会学研究受到普遍重视。1941年，美国成立了旨在调查军队中意见和态度的军队信息与教育研究所。该研究所对发生在美国国内外的战争进行社会心理学和社会学的研究。这项工作规模宏大，被描绘成"社会学界迄今为止最有野心的计划"。其大部分研究成果于1949年由塞缪尔·斯托弗和他的助手们收录在了名为《美国士兵》的著作中，它肯定并强调了群体研究、组织研究、理论研究、方法论研究和应用研究的重要意义。1965年，美国社会学家C.H.科茨和R.J.佩里格林撰写的《军事社会学》一书出版，标志着军事社会学作为社会学的一个分支学科正式形成。最初，相关研究因其直接解决军事问题的应用性取向而使学术性有所牺牲，且其关注的问题集中于军事领域内部。在之后的发展中，军事社会学的研究领域日益扩展，对军事问题的社会基础、社会后果等更具社会学风格议题的研究逐渐增多，并且关注不同时代出现的新问题，如恐怖主义、网络战争等。

我国军事社会学研究始于 20 世纪 80 年代中期。1984 年 10 月，中国人民解放军南京政治学院许祥文在《解放军报》发表了《创立具有中国特色的军事社会学》一文，拉开了我国军事社会学研究的序幕。三十多年来，军事社会学在明确学科方向、建立学术机构、汇聚学术队伍、开展学术研究等方面取得了一定的成绩。然而，不容忽视的是，由于军事社会学学科新、起步晚，加之整个社会发展的重点多集中在经济建设领域，因此军事社会学研究既缺乏有深度的、系统的基础理论研究，也缺乏扎实的经验研究，更缺乏对世界军事社会学前沿和动态的了解与把握。

哈尔滨工程大学的前身是中国人民解放军军事工程学院（简称"哈军工"），为我国的国防现代化做出了不可磨灭的贡献。国防现代化不仅需要军事科技这样的硬实力，还需要军事社会学这样的软实力。作为哈军工的传人，我们在新时代有义务担负起推动军事社会学发展的重任。为了学习与借鉴西方较为成熟的研究成果，迅速提升我国军事社会学研究水平，我们与哈尔滨工程大学出版社合作，翻译、出版了这套"军事社会学译丛"。

本译丛第一批共有 10 部著作。例如，《文明与战争》《战争、国家与社会》是"宏观定位著作"，围绕军事社会学的核心主题"战争"展开，探讨战争与国家、社会与文明的关系；《社会学与军事研究：经典与当代的奠基》是"理论奠基著作"，将军事社会学放入社会学的整体思想脉络中考察，寻求军事社会学的社会理论之根；《文武之道：新时代的军人与国家》《士兵与平民》是"结构性分析著作"，聚焦军队在社会结构中的位置，探求军队、军人与其他重要社会群体的关系，分析军事问题的社会基础与社会后果；《军事社会学手册》《劳特利奇军事研究方法手册》是"工具性著作"，为进行军事社会学研究提供全面的理论与方法；《德国的新安全人口统计：人口老龄化时代的军事招募》是"时代前沿著作"，聚焦"人口老龄化"这一各国当代普遍存在的重要人口现象对军队的影响，这对我国极具借鉴价值。

　　这 10 部著作涵盖了军事社会学研究的宏观与微观、理论与方法、经典与前沿，描绘了一个较为完整的军事社会学研究谱系，为我国军事社会学的发展提供了可借鉴的资源。相信在学界的共同努力下，今后会有越来越多的军事社会学成果不断问世，共同推动这一学科的发展。

该书是军事机构与战争研究领域具有里程碑意义的著作。作者沉浸于社会学奠基者的思想当中，可同时通晓当代战争经验，向我们展示了经典与当代社会理论在理解有关暴力的社会组织方面的价值，就如何为军事与战争研究开辟全新路向做出了示范。全书风格活泼，文风晓畅易懂，对于入门者和高级学者来说都扣人心弦，值得一读。

——James Burk，Texas A&M University，USA

军事社会学的广阔前景是社会学研究的重要来源。作者牢牢抓住了社会学奠基者与现代战争、和平以及军事组织日常面临的问题等之间的关键联系。全书结构清晰，内容引人入胜，以往社会学巨匠们的那些了不起的思想在本书中再次焕发生机，跃然纸上。

——Patricia Shields，Texas State University，USA

本书尝试从多个角度出发，把来自社会学的洞察力与军队所面临的实际挑战联系起来。这是一本军官在参加军事行动之前必读与必学的书。

——Major-General Tony Bardalai，ret.,Indian Armed Forces

社会学与军事研究

该书考察的是社会学与现代军队所面临的挑战之间的关系。

在广义学术领域中,军事社会学所引起的关注可谓寥若晨星,现有研究大多关注的是军民关系。本书旨在填补这项空白,并且将社会学奠基学者们的思想、理论与见解结合起来,具体形式为每章有针对性地介绍一位社会学巨匠。其中包括马克斯·韦伯(Max Weber)、爱弥尔·涂尔干(Emile Durkheim)、卡尔·马克思(Karl Marx)、格奥尔格·齐美尔(Georg Simmel)、简·亚当斯(Jane Addams)、威廉·爱德华·伯格哈特·杜波伊斯(W. E. B. Du Bois)、欧文·戈夫曼(Erving Goffman)、米歇尔·福柯(Michel Fouault)、莫里斯·雅诺维茨(Morris Janowitz)、诺贝特·埃利亚斯(Norbert Elias)、科内里斯·拉莫斯(Cornelis Lammers)、阿莉·拉塞尔·霍克希尔德(Arlie Russell Hochschild)、辛西娅·恩洛(Cynthia Enloe)和布鲁诺·拉图尔(Bruno Latour)。此外,每章都会涉及、讨论他们的思想和理论中与当前军事领域相关的话题。全书对于军事研究采取广义视角,因此本书包括了大量而广泛的问题,涉及军民关系、军政事务、军事行动表现以及组织安排(包括科技与人员组成、表现与个人福利)。本书旨在提供一些视角与见解,以便帮助军事机构实现组织与行动上的创新。这里的"创新"也是采取广义维度,而不必局限于"创新"行为的一般性功能解释(例如更快、更精准等)。

从事社会学研究、军事研究、军民关系研究、战争与冲突研究以及一般国际关系研究的学者会对这本书特别感兴趣。

约瑟夫·索特斯(Joseph Soeters)是荷兰蒂尔堡大学组织社会学教授,撰写并编著了多部著作,其中包括合著的《劳特利奇军事研究方法手册》(Routledge,2014)、《多国和平行动中的军事合作》(Routledge,2008),以及专著《伦理冲突与恐怖主义》(Routledge,2005)。

献　　词

　　谨以此书献给我叔叔马修（"Jeu 大叔"）。他曾是一名应征入伍的中士，20 岁时被部署到如今位于印度尼西亚的荷兰"治安行动"（policing actions）中。在他进入行动区域后不久，一定经历了一些非常暴力、非常糟糕的事情，以至于他无法以一种较为稳定的状态继续生活下去。他于 46 岁时在一家精神健康机构去世。不只是印度尼西亚、荷兰，其他许多国家的人们都或多或少地遭遇了类似甚至更糟糕的命运。因此，我同样希望将这本书献给所有具有相似经历的人。

致　　谢

　　本书可以看作我从事 40 余年社会学研究以及在军事背景之下工作 20 余年的一份成果。尽管二者彼此有所重叠，但这在人的一生中也是一段十分漫长的时光。在此期间，一个人可以集思广益、融会经历，这些集合在一起就可以形成一个广大的视野，从而认识一个人身边正在发生或已经发生的事。显而易见，社会学的技艺得益于阅历：眼观、耳听、言谈、阅读、旅行与大量学习。研求军事中的社会学更是一种长期经历的结果，因为军队是一个相对封闭的社区，难于接近并且不易一眼看懂。要想真正理解军队里发生的事，需要花时间。

　　本书是我军队相关议题研究的第二本专著。第一本书主要研究的是内战与恐怖主义的渊源和机制。基于问题导向风格，那本书中的理论附在内战与恐怖主义的相关问题之后：**问题优先，理论其次**。相对于其他方式而言，我更相信在研究与教学上采用这种方式的价值。然而，本书开篇所见的却是社会学奠基者们的理论，这似乎与我认为最自然的学术表现方式大相径庭。但是，本书中的理论紧扣当下的种种问题。事实上，只要理论与问题之间的距离不要过大，那么孰先孰后并不重要。社会学的价值应该体现于日常生活的点点滴滴，而不应该是为艺术而艺术。

　　许多人为这本书的出版做出了巨大的贡献，主要因为他们提出了想法和建议，有时候虽然完全是无意之举，却在编写各个章节时很有帮助。其中两位，查尔斯·莫斯科斯（Charles Moskos）和科内里斯·拉莫斯在成书之际已与世长辞。两位前辈健在的时候，他们在很多方面激发并影响了我对军事的社会学面向的思考。对此我十分感激。

　　其他人，包括同事，不分远近，都以某种方式帮助我凝练书中的思想。有人帮我提供参考文献，有时是通过脸书（Facebook）；有人提供实用的小贴士，教会我扫除文档处理过程中自己的盲点。以下按照姓氏字母顺序致以谢意：Eyal Ben-Aria, Daniel Blocq, Hans Born, Morten Braender, Lindsay Cohn, Said Haddad, Jacqueline Heeren-Bogers, Urbian van den Heuvel, Dirk Kruijt, Nina Leonhard, Yagil Levy, Marius Meeuws, Delphine Resteigne, Wilbur Scott, Ad van Iterson, Jan Van der Meulen 和 Claude Weber。从某种意义上讲，这本书是**集思广益**与**群策群力**的产物。

荷兰国防学院的图书馆员 Ernst Bertelink 和 Mirjam Kruize 在我忙于网上搜索材料之时，为我搜集到了我难以找到的文献。Jacqueline Vlek-Schut 设计了图书封面，对此我心存感激。Marjet Berendsen 帮助我润色英文。

我要特别感谢的是 James Burk 和 Patricia Shields，二者均是《武装部队与社会》杂志圈内的学者，积极从事有关武装部队与社会关系的跨校研讨（IUS）。他们一直帮助并鼓励我从事并继续本书的研究工作。Patricia 让我意识到简·亚当斯的著作在和平与冲突领域的重要性。James Burk 不但支持并指导我，而且还帮助我发现了马克斯·韦伯有关音乐的社会学及其对军乐研究的可应用性。我的同事 Paul 提醒我不要忘了技术也是社会与军事研究的主流话题。这条建议，连同 Maarten van Veen 对于布鲁诺·拉图尔的推崇一起，促使我针对布鲁诺·拉图尔写了一个章节。本书写作提纲的匿名审稿人给出的评价是十分肯定的，这鼓励我切实推进本书的写作。我在荷兰的好同事 Rene Moelker 及来自布鲁塞尔的比利时军事学校的同事 Philippe Manigart 认真审阅了各个章节的初稿，帮助我解决了许多纰漏。此外，他们还提出了许多发人深省的见解。当然，在诠释过程中仍然存在错误、瑕疵以及争议之处，这些均由我一人负责。

序　言

布鲁诺·拉图尔是一位科学技术社会学家，我们将在本书的倒数第二章述及。他曾一语道破社会学对于工程师、技术人员和技术决策者为何重要。他试图向技术人员证明："如果不能充分考虑众人的激情、政见和可耻的算计，他们将无法构想技术物品。而且通过成为出色的社会学家和不错的人文主义者，他们能够成为更好的工程师以及广闻博识的决策者"。

我认为，同样的道理适用于军人，无论男女；也同样适用于那些人，他们的决策既涉及他们的资源，也关乎如何开启、进行与终结他们的行动。

参考文献

Latour，B.1996. *ARAMIS or the Love of Technology*. Cambridge，MA. and London：Harvard University Press.

图　目　录

表　目　录

文本框目录

目　　录

导　　论

　　自从社会学作为一门学科创立以来，战争、和平、冲突、暴力和军事　【1】
等概念一直——或隐或显——存在于其理论建构与具体研究当中。这并不
足为怪，因为这些现象正是社会学思想作为一门学科涌现时人们司空见惯
的平常事。在早些时候——19世纪和20世纪——战争、暴动、革命、军
事行动、征兵及对和平的渴望，都是每个人日常交流和关切的部分内容。
即便是在第二次世界大战期间以及刚结束后也仍旧如此。在这两百年期间，
拿破仑入侵了几乎整个欧洲和中东地区、美国爆发了殖民战争和内战、欧
洲和亚洲爆发世界大战、欧洲诸国所引起的旷日持久的殖民战争与反殖民
战争，这些一方面给日常生活带来色彩，同时也让它难以理解。战事相关
事件与经历自然而然就成了社会学分析——亦即对人群、组织机构与社会
之间互动的分析——的对象。

　　几百年以来，军事权力——**拥有致命的集中化暴力的社会组织**（Mann，
2012：xiii）——经历了巨大的转型：从中世纪（晚期）散漫的农民部
队和商人军队，到19世纪和20世纪依靠征兵制度而存在的庞大军队，
再到现如今西方国家普遍可见的"小而专"的全志愿军制（all-volunteer
forces）。纵览历史，军事组织与现实的关联性时有时无，其原因已被社
会学家分析过了。但是，军事相关现象从未走出我们的视域。仅举几例：
当下的新闻报纸仍旧报道叙利亚、利比亚、也门、苏丹等地的各种战事；
每天新闻都会播报全球恐怖主义袭击和军事行动的有关消息。因此，军事
社会学已然发展成为社会学母体学科当中很小但却有力的分支学科。

　　今天的军事社会学主要处理广义上的军民关系（civil-military
relations），其中包括：军事行动的（政治）决策、国家与军事关系、公
共舆论与媒体的影响、国家人口在军事人员中的代表（包括性别代表和少　【2】
数族裔代表），以及当下武装部队在组织结构、人力资源和军事工作相关

的方面所面临的诸多挑战。有关这门分支学科的概览可以在许多出版物中查到。贝纳尔·博内（Bernard Boëne）的博士论文（1995）可谓鸿篇巨著，针对美国自20世纪初以来的军事社会学发展做了详细的介绍，是一部重要的原始文献，尽管其写作语言是法语。大卫·西格尔（David Segal）和詹姆斯·伯克（James Burk）写成的四卷本选集对这一分支学科自20世纪40年代至今的状况予以纵览，其意义非凡。有关这一分支学科在欧洲的前沿发展概览可以在格哈德·鞠美尔（Gerhard Kümmel）和安德烈阿斯·普吕弗特（Andreas Prüfert，2000）合编的著作中找到。斯蒂文·卡尔顿–福德（Steven Carlton-Ford）和莫滕·恩德尔（Morten Ender，2013）合编的《劳特利奇战争与社会研究指南》（*The Routledge Handbook on War and Society*）研究了近年来伊拉克战争和阿富汗战争的社会影响，特别是从美国语境出发对此予以审视。吉塞普·卡夫里欧（Guiseppe Caforio）最新出版的《军事社会学指南》（*Handbook of the Sociology of the Military*，2018）提供了有关军事社会学领域最新与最全的概述。

　　然而，社会学的缘起——那时战争与和平概念几乎主导日常生活的方方面面——与今天军队及其行动之间的联系，是以往研究的一个盲区。可以说，那些先前时代的理论研究的意义似乎已然被忘却，尽管卡夫里欧（2003）在其《军事社会学指南》中提供了一些历史注解。西尼萨·马拉塞维奇（Siniša Malešević，2010a; 2010b）旨在发展一门战争与暴力的社会学，这是一个重要例外，有必要跟上他的脚步。马拉塞维奇（2010b）的研究表明：许多"奠基人"都把战争与暴力看作社会变迁的关键机制，尽管对于经典的和平主义解释可能给人留下不同的印象。他甚至提出了**好战**社会学（a bellicose sociology）的概念，其中充满了战争思想。与之类似，约阿斯和科诺贝尔（Joas 和 Knöbl，2013：8）也在社会学理论中提到了"战争压制"。他们认为在社会理论建构过程当中，战争——"作为概念的资料背景"——往往是其组成部分，然而它们在理论当中却没有抑或几乎没有出现。丹德克尔（Dandeker，1990：29-30）同样也注意到社会学的主流分支当中忽视了军事组织与监督研究。

　　基于上述观察，本书旨在探讨社会学奠基者著作中的军事要素，同当下作为制度与组织的军事所面临的挑战之间的联系。此举不仅仅是为了提供一个社会学思考战争与暴力的总体概览，诚如马拉塞维奇（2010a）与约阿斯、科诺贝尔（2013）所做的那样，还打算研究军事组织与机构的方方面面。因此，本书更加关注的是组织与机构这一中观维度和个体士兵行为这一微观维度，而非社会和（国际）政治的宏观维度。我们结合经典与当代社会学观点来研究上述三个维度的目的有三：其一，这些观点是检验优秀与否的试金石；其二，这些见解是向学生与读者引入复合整体的重要路径；其三，诚如斯汀康比（Stinchcombe，1982）所言，这些见解也是大量概念的灵感之源。

本书的宗旨是双重的：第一，提供早前时代的理论洞见；第二，交代【3】这些见解同当下军事决策、训练与行动之间直接或间接的关联。在这本书中，社会学家关心的是军事组织过程的**冷**和**热**两面。这就是为了防止、控制与解决大规模暴力冲突所做的军事**绸缪**与实际军事**动作**。后者很重要。概而言之，社会学直到现在也没有赋予实际军事行动研究足够的重视，而是把这个领域的主体部分留给了历史学家和军事专家（Giddens 和 Sutton，2013：1028）。这种情况有必要加以改变，而这正是本书的写作目的所在。

关注日常军事问题就意味着本书必须兼顾理论与实践两个维度，二者都很重要。我们的想法是军事学员和军事从业者或许会从中受益。同时，也希望对军事事件感兴趣的平民——诸如从事国际关系研究、安全研究、政治学研究和普通社会学研究的学生——都能受益。

本书旨在帮助军队实现组织革新与实践创新，为其提供观点与见解。但这里的"创新"未必是其通常的功能性意涵（例如行动更快、更精准、更少污染、更少人力、更隐蔽，等等），而是取其广义。诚如社会学家所言，本书并不打算专门以功能理性的方式协助军事改进。相反，用卡尔·曼海姆（Karl Mannheim）（Ritzer，1998：20-29）的概念来说，本书或许更多的是聚焦于实质理性。功能理性是指一种行动取向的知识，其中的"手段－目的"关系十分明晰。其旨在回应如下问题：目标桥梁是否精准摧毁，是否造成（过多的）附属性损害与伤亡，是否使用过多的弹药武器？然而，实质理性相对而言关注更大的价值和更宽泛的问题，它们常常具有社会与道德性质，这也就意味着"手段－目的"关系不是十分明晰。一座被摧毁的桥梁是否有助于解决该地区的暴力冲突？一名排长的战斗技巧是否有助于结束战斗或者相反，这些技巧是否使得行动所在地的暴力现象进一步恶化？战斗一旦结束后会发生什么？谁来对后果负责？本书不仅关注军事相关的功能议题，而且会——或许尤其会——关注那些更为一般的问题，这些都是社会学应该提出并予以思考的重要问题。

全书设计

本书规模小、范围窄：我没想把它写成一本对社会学名家肖像（the icons of sociology）；此类书籍很多，而且都很出色（Aron，1989（1967）；Giddens，1971；Nisbet，1976；Coser，1977；Turner，1991；Levine，1995；De Jong，2007）。本书也经过一番仔细挑选，具体表现为两个方面：其一，书中选择了当代经典社会学家予以讨论；其二，书中只挑选了这些社会学家作品的某些部分加以呈现。

【4】

选择的标准就是作者论著是否蕴含着连贯的思想，且这些思想要对当今军事研究领域的理论、见解和方法的演化产生了一定的影响。鉴于本书的着眼点是军事机构与组织，因此诸如研究战争、革命和暴乱之间的联系，以及国家与国际关系之形成等宏观层面现象的社会学家则不在本书的范围之内。此类文献十分丰富，随处可见。那些偏爱普遍的、抽象的社会学理论构建的社会学家在本书中并非主要人物。

因此，本书可以看作社会学中有关军事的选定部分的呈现与讨论。尽管这些社会学文献可能看起来纷繁复杂，并且彼此之间迥然相异，但可以清楚看到其中蕴含且反复出现的共同主题。随着本书讨论的深入，就会发现章节之间逐渐开始"彼此对话"。在本书的最后，各个话题结合起来，将勾勒出一幅广阔而又全面的军事图景。

本书的写作灵感来自两部已出版的书籍：第一部是一本编著，检讨了组织研究领域中经典社会学家的贡献与价值（Adler，2009）。这本书讨论了诸如托克维尔（Alexis de Tocqueville）、马克斯·韦伯、爱弥尔·涂尔干、卡尔·马克思、加布里埃尔·塔尔德（Gabreil Tarde）、格奥尔格·齐美尔、约瑟夫·熊彼特（Joseph Schumpeter）、诺贝特·埃利亚斯、索尔斯坦·凡勃仑（Thorstein Veblen）、杜波伊斯、约翰·杜威（John Dewer）、玛丽·派克·福莱特（Mary Parker Follett）和塔尔科特·帕森斯（Talcott Parsons）等社会学奠基理论家的著作同当下组织研究的相关性。第二部是阿德勒（Adler）与其同事（2014）编写的续篇——当代社会学家及其著作对于组织研究的影响的相关研究。这本书里讨论的社会学家包括欧洲学者（例如米歇尔·福柯、布迪厄（Pierre Bourdieu）、布鲁诺·拉图尔和尼科拉斯·卢曼（Niklas Luhman）和英美学者（例如赖特·米尔斯、欧文·戈夫曼、拉塞尔·霍克希尔德和安东尼·吉登斯（Anthony Giddens）））。这两本书所带来的结果既惊人又重要，且如前所言，二者都是本书写作的主要灵感之源。

　　这本有关社会学与军事研究的著作与阿德勒所编著的两本不同，因为本书主要把军事研究看作组织研究的一个特定分支。军事组织的特殊性在于，它们是一种独一无二的组织，在一般组织研究中往往未曾涵盖与讨论这种独特的组织类型。军事组织执行任务时要使用暴力，这点使得它与其他组织泾渭分明。除了组织研究，军事研究作为一门学科同其他学术分支关系同样紧密，特别是政治科学、管理研究、国际关系研究以及军民关系理论。

　　本书的与众不同之处还在于它把先前出现在两本组织社会学研究论著中的名字放在了一起，促成了前辈学人与后起之秀的学术聚首。紧随【5】著名的经典社会学家——马克斯·韦伯、爱弥尔·涂尔干、卡尔·马克思、格奥尔格·齐美尔、简·亚当斯和杜波伊斯——我们会接触到更晚近的学者，例如欧文·戈夫曼、米歇尔·福柯、莫里斯·雅诺维茨（Morris Janowitz）、诺贝特·埃利亚斯、科内里斯·拉莫斯（Cornelis Lammers）和拉塞尔·霍克希尔德、辛西娅·恩洛（Cynthia Enloe）和布鲁诺·拉图尔。在本书写作期间，只有后三位尚且健在。其中，只有莫里斯·雅诺维茨可以被看作真正的军事（与政治）社会学家，其他学者则是通才，但是其理论研究与军事研究颇有关联。这一点我们会在后面看到。

　　通过这样挑选社会学家，可以看到社会学领域的两大发展：第一，社会学发轫于欧洲，但是随着时光的流逝，它横跨大西洋发展壮大；第二，社会学起步之初纯粹是男性学者的专利，但是后来女性学者迎头赶上。如果没有女性学者的贡献，当前社会科学与军事领域的进步简直难以想象。

所有这些社会学理论家提出的理论范式与独到见解促成了当下军事研究的现状。无论是明显或有意为之，还是隐秘或无意之举，甚至有时完全忽视了军事，但是其论著都塑造了军事社会学的当下品格。然而，尽管这些社会学家没有一个人专注于军事研究或者仅为军事做研究，但他们的学术研究对于在全球范围内更好地理解当下武装部队的结构、运作、表现与效能都十分重要。虽然这并不一定意味着只有这些社会学家达到了这个标准，但在我看来他们是最杰出的一批。

这些社会学家对于军事研究是直接或间接地通过其他人的帮助、中介与投入而产生影响的。例如，卡尔·马克思有关社会不平等和精英的看法通过米尔斯的著作而直接与军事研究密切相关。后来的社会学家（例如亚基尔·列维（Yagil Levy））同样关注社会不平等及其同军事行动与行动后果的关联性。马克斯·韦伯的科层制理论被许多学者翻译出来后应用于军事领域，近如莫滕·恩德尔紧跟乔治·瑞泽尔（George Ritzer）对马克斯·韦伯著作的最新发挥。简·亚当斯有关借助公共管理来实现冲突调节的深刻见解深受杜威的实用主义思想影响，近来被帕特里夏·希尔兹（Patricia Shields）应用于军事研究领域。杜波伊斯提出的多样性理论因为查尔斯·莫斯科斯及社会学同道将其应用于军事研究而焕发出全新的生机。兰德尔·柯林斯（Randall Collins）和迈克尔·利普斯基（Michael Lipsky）有助于推进戈夫曼的理论在军事研究中的应用。克里斯托弗·丹德克尔（Christopher Dandeker）的著作对于阐明同韦伯相关的福柯对当下安保部队面临挑战时所产生的影响具有重要意义。埃亚尔·本-阿里（Eyal Ben-Ari）将军队中的情感议题提上了日程，沿着霍克希尔德的工作又进一程。许多美国社会学家，包括詹姆斯·伯克和大卫·西格尔，都进一步推动了莫里斯·雅诺维茨在该领域的影响。以上给出的只是处在这种关联中的一些人物。除了上述所选社会学家之外，本书会呈现更多的社会学家、更多晚近的社会学观点。

【6】　　下面将逐一介绍下各位社会学奠基者及其著作：一章一个人物。呈现的顺序大体上是按照历史先后，但也时有灵活调整。例如，我更喜欢从马克斯·韦伯而不是卡尔·马克思开始，尽管后者先于前者。

尽管本书的选编内容或许乍一看过于庞大，甚至可能让人感觉一头雾水，但是各章节却可以提供一个思想、理论与经验研究的全程展现。所选话题包括：从军事科层制与军队音乐，到初级群体中的凝聚力；经由维和、种族、性别诸议题和职业风格，到军队中的情感和科学技术；等等。章节的副标题给出了值得关注的论题范围。然而，诚如前文所言，慢慢地，不同的社会学家彼此之间就会"彼此对话"。尽管他们迥然相异，但社会学奠基者彼此之间也有许多所见略同之处；后起之秀很可能会追随并详细阐发前辈学人的思想，创造出一致的学术积累模式，这些在刚开始可能并不那么明显。

通览全书，许多例子、故事和图示都会出现在行文当中或者以文本框的形式出现在主要观点的旁边。社会学理论本身很抽象，在我看来，只有不断地跳跃于理论和日常现实与实践之间，才能更好地理解社会学。这些图示来自全世界并纵贯古今。此外，社会学不应被理解得过于狭隘。因此，一些人类学家、政治学家也被纳入本书中来。我认为，社会学、人类学和政治学应该属于同一个大家族。

行文至此，必须要承认一点：本书中呈现的社会学观点主要源于欧美。在欧美大陆上（先在欧洲，后在美国），社会学开始发展壮大。这些地区现如今仍旧是主导社会学思潮与研究的重镇，包括军事社会学。而这也付出了代价。有人认为北方中心论与西方中心论思维是基于成问题的文化之上。因此，许多学者提出有必要推动所谓"互联社会学"（connected sociologies）的发展。在这些"互联社会学"当中，理论范畴需要重新建构，"以便创造可以容纳并改变过往见解的全新解读"（Bhambra 和 de Sousa Santos，2017：6）。有人认为这种不断拓展的社会学取向更为注重全球南部和东部世界的发展，这不但会增加我们的知识，还会使我们在本质上有所改变。增加也好，改变也罢，只是词句上的不同。但是可以确定的是，本书是带有北方中心论与西方中心论偏见的。尽管许多研究发现特别关注世界的其他地区，而我们对未来怀有的抱负之一就是拓展我们对军事的理解，打破由欧洲、美国、以色列、加拿大、澳大利亚及其他类似区域构成的西半球藩篱。

鉴于构成本书基础框架的文本最初是用另一种语言（法语、德语、荷兰语、西班牙语）写成的，因此凡是使用英语译文的章节都标注了原语出【7】

版日期。然而，英译本并非总是找得到。

参考文献

Adler，P.S.（ed.）.2009. *The Oxford Handbook of Sociology and Organization Studies：Classial Foundations*. Oxford：Oxford University Press.

Adler，P.S.，P. Du Gay，G，Morgan and M. Reed（ed.）.2014. *The Oxford Handbook of Sociology，Social Theory and Organization Studies：Contemporary Currents*. Oxford：Oxford University Press.

Aron，R.1989（1967）. *Main Currents in Sociological Thought，Vols I and* Ⅱ . New York：Anchor Books Doubleday.

Bhambra，G.K. and B. de Sousa Santos.2017. "Introduction：global challenges for Sociology". *Sociology* 51（1）：3–10.

Boëne，B. 1995. "Conditions d'emergence et de développement d'une sociologie specialisée：le cas de la sociologie militaire aux Etats-Unis". Ph.D. thesis，University of Paris V René Descartes.

Caforio，G.2003. "Some historical notes". In G. Caforio（ed.）*Handbook of the Sociology of the Military*. New York：Kluwer Academic/ Plenum Publishers，pp. 7–26.

Caforio，G.（ed.）.2018. *Handbook of the Sociology of the Military*. Cham，Switzerland：Springer.

Carlton-Ford，S. and M. Ender.2013. *The Routledge Handbook of War and Society：Iraq and Afghanistan*. London and New York：Routledge.

Coser，L.1977. *Masters of Sociological Thought，Ideas in Historical and Social Context，Second Edition*. Long Grove，IL：Waveland Press.

Dandeker，Chr.1990. *Surveillance，Power and Modernity：Bureaucracy and Discipline from* 1700 *to the Preset Day*. Cambridge：Polity Press.

De Jong，M.2007. *Icons of Sociology*. Amsterdam：Boom.

Giddens，A.1971. *Capitalism and Modern Social Theory：An Analysis of the Writings of Marx，Durkheim and Max Weber*. Cambridge：Cambridge

University Press.

Giddens，A. and Ph.W. Sutton.2013. *Sociology*. 7th edn. Cambridge：Polity Press.

Joas，H. and W.，Knöbl. 2013（2008）. *War in Social Thought*：*Hobbes to the Present*. Princeton NJ and Oxford：Princeton University Press.

Kümmel，G. and A. Prüfert（ed.）.2000. *Military Sociology*：*The Richness of a Discipline*.Baden-baden，Germany：Nomos Verlaggeselschaft.

Levine，D.N. 1995. *Visions of the Sociological Tradition*. Chicago and London：University of Chicago Press.

Maleševic，S. 2010a. *The Sociology of War and Violence*. Cambridge：Cambridge University Press.

Maleševié，S. 2010b. "How pacifist were the founding fathers? War and violence in classical sociology". *European Journal of Social Theory* 13（2）：193- 212.

Mann，M. 2012（1986）. *The Sources of Social Power*，*Volume* 1. Cambridge：Cambridge University Press.

Nisbet，R.A. 1976. *The Sociological Tradition*. London：Heinemann.

Ritzer，G. 1998. *The McDonaldization Thesis*：*Explorations and Extensions*. London：Sage. Segal，D. and J. Burk（eds）（2012）Military Sociology. 4 vols. Thousand Oaks，CA：Sage.

Stinchcombe，A.L. 1982. "Should sociologists forget their mothers and fathers?" *The American Sociologist* 17（February）：211.

Turner，J.H. 1991. *The Structure of Sociological Theory*. Belmont，CA：Wadsworth.

第一章 马克斯·韦伯：科层制、领导力与军乐

【8】 马克斯·韦伯（1864—1920）出生于德国，是社会学奠基学者中最负盛名的一位，他对这门学科的贡献可谓巨大。只需要想一想他所从事的宗教社会学研究，特别是有关新教伦理对于西方资本主义发展之影响的研究，那真可谓其理论研究的巅峰之作。实际上，韦伯还研究了其他宗教，特别是犹太教和伊斯兰教，这些都拓展了他的比较与理论构建的范围。韦伯所采取的这种宏观历史社会学的系统化梳理路径同样强调国家与领土内合法暴力的垄断权之间的关联性。因此，其研究特别强调军事在国家形构过程中的重要性。这也是后来的社会学研究详细阐发的一点（Tilly，1992；Jaoas 和 Knöbl，2013）。

概而言之，韦伯的文献当中随处可见与军事相关的观察。有关国家形成的韦伯式思维使得社会学家兰德尔·柯林斯早在 20 世纪 80 年代之初就预测到苏联的解体，这要比该事件实际发生早了好几年。这一推断的思想基础是过长的边界会导致无法处理的军队后勤补给问题，但当时却遭到了国际问题专家以及军事专家严重的怀疑与批判（Collins，1995）。通读本书之后，就可以看到社会学见解与预测常常会激发愤怒、怀疑与反对。社会学常常会对常识进行批判性分析，因为它常常可以指出一些始料不及以及事与愿违之事，这本身就让人十分恼火。

与这种宏观社会学研究相并列，韦伯对于社会学方法论问题的贡献同样是根本性的。例如，韦伯对于"阐释性理解"的重视，即尝试去理解人们的行动，而不只是观察与计量；再如，韦伯发展出所谓的"理想类型"，其中之一就是科层制（Coser，1977）。由此，才有了我们讨论韦伯社会学文献与军事机构研究之间相关性的起点。但是，其终点却是一个出乎意料

的话题：军乐。

科层制

对于组织研究而言，特别是对于军事研究来说，韦伯有关科层制理论的著作影响力巨大。尽管时有相反的声音（Lounsbury 和 Carberry，2005），但是其影响不能高估（Du Gay，2000；Shields，2003）。作为人类行动的组织形式，科层制已然经历了几百年的发展历史，最早可以回溯到古埃及和古罗马帝国时期，甚至更早。科层制是历史长河中有组织的社会生活不断**理性化**的表现。科层制也是封装"赤裸权力"（naked power）——具有完全支配他人并让他人按照自己意愿采取行动，有时甚至是违背他人自身需要、愿望与福祉的能力——的重要工具。科层制通过滴水不漏的法律安排与组织实践而达到上述目的。早在 20 世纪之初，韦伯是第一个基于工具理性和标准化而系统分析科层制的各个构成元素与特点的社会学家。

韦伯仅用寥寥数页即可把科层制界定为一种理想类型，即一种理论建构，其以纯形式化方式提取现实当中可能从未出现的现象的本质（Gerth 和 Wright Mills，2009：196-204；Weber，1976（1914）：124-130）。这种理想类型可适用于公共科层制和商业科层制。其要点如下：

● 一个坚固、稳定而又翔实的劳动分工和职责划分；

● 职位的等级划分；

● 有正式的规则、规章与工作实务；

● 固定薪酬与职业模式；

● 公务员任命与晋升取决于其教育资格与此前的表现（绩效）。

其他诸如雇员的种族、宗教、家庭与籍贯等，在人员雇用与晋升当中是或应该是不予考虑的因素。此外，雇员受到法律与规章的保护，以免遭受外部影响及其上司的越界。所有雇员一律平等，职业晋升路径是基于资历、成就或者二者兼而有之。实行强制退休制度，这就意味着所有雇员只能在有限的时间段内占据组织位置。更进一步讲，不存在与雇员或其领导（"支配者"）所在职位有关的、组织之外的特权。雇员享有人身自由，只

【9】

需要在涉及科层制义务时服从领导（Perrow，1972：4；Dandeker，1990：9）。最后，雇员并不拥有任何属于科层制的资源，这就意味着雇员不能假公济私。

这与家产制或前科层制组织形成鲜明对比，因为这时的臣仆受主人"掌控"，其从事的工作、职位、报酬时而会随着主人的想法与情绪而发生改变。尤为重要的是，臣仆职位的获得取决于他们和权力精英之间的隶属关系，而不是、或者不全是取决于他们本人的专业资格与业绩。这种隶属关系可能是区域的、宗教的、政治的、部落的、家族的或者语言的，抑或混而有之。

【10】　　所有这一切都特别适用于军事组织。西方军事组织在不同的发展阶段可谓最典型的科层制：程序、技能与训练最大限度地遵循翔实化、合理化与标准化，因此达到了最非人格化的水平。反过来，这些又被集体转移到入伍新兵身上，其薪酬与其资格和功勋（merits）等客观标准挂钩。同样，晋升也要遵循规定好了的模式，这就意味着职业道路对于每个人来说都是透明的，因此也是基于资格与功勋之上的。

韦伯是首批指出纪律是军队优势来源、因而具有巨大影响的社会学家之一。纪律的重要性甚至超过了在韦伯时代之前的技术创新（Gerth和Wright Mills，2009：255-261）。军队严格按照士兵演练期间的规定来指导其一举一动，这种服从纪律的行动在战场上是决定性因素。古代史上的希腊和罗马军队。近一点的例子如奥伦治亲王莫里斯（Maurice of Orange）的荷兰军队或者非洲的祖鲁军团，都说明了军事纪律作为军事科层组织当中的关键因素所占的分量。金（King，2003）对于如今战斗步兵团"精湛的集体技艺"的诠释可以看作对此观点的一种呼应。

除了纪律、技能和训练之外，法律考量在军事科层制中对军事行动的决策与执行所发挥的作用也越来越大。在现代军事行动中，法律顾问被看作最为重要的官员，其地位仅次于司令员。每一次行动决策都会提前接受法律视角的评估与判断，并且使命完成或行动结束后要再次进行二次法律评估。国家层面对于法律的强调以及组织层面对于规章的看重本来就是韦伯科层制概念的有机组成部分。这一点也不足为奇，因为他和他的父亲一样，都曾经是法学专业的学生。

在过去的几百年间，科层制组织体系不断改善。其宗旨在于保证可预期性、合理性、可计算性，并且防止当权者胡作非为，特别是组织内部人员；同时也保护那些会受到国家行为，或就本书而言会受到军事和国家暴力影响的群体。这个体系的优点显而易见。例如，因军事人员渎职而带来的暴力失控会在法律上得以有效处理。从这个视角来看，"科层精神"怎么夸赞也不为过（Du Gay，2000）。这也构成了瑞泽尔（1993）所提出的"麦当劳化"这一主题的基础，它与现实日常生活中无处不见的科层制组织过程密切相关。美国社会学家莫滕·恩德尔在思考部署在伊拉克的美国士兵是属于"麦当劳化士兵"（McSoldiers）还是新型职业人时，使用了这个概念。他认为美国士兵摇摆于不独立的麦当劳化士兵和新型行动者之间。前者不停重复他们习得的技能，后者在特定环境下会或多或少独立地做出决定（Ender，2009：153）。

这一结论已然表明顺从有其不足。遵守科层制的指令并不总是好的，因为这也可能带来影响深远的负面后果。鲍曼（Bauman，1989）认为：如果没有理性的、科层制的组织"逻辑"，大屠杀——有着情报、管理、运【11】输及其他后勤组织的精密链条，以及军事化组织的死亡集中营——根本不可能发生（Soeters，2005）。每个个体、每个单位、每个组织，无论是身在这架机器之中还是负责供给这架机器，都对各自职责了然于胸并且严格执行。当这样运转起来时，他们通常并不清楚自己所作所为的最终结果——数百万人的种族灭绝，也不觉得需要为这样的结果负责。

二战期间之所以能够把十万荷兰裔犹太人从不同城市运到纳粹的死亡集中营，这要通过众人协作才有可能做到。首先，由荷兰城市文员协助提供名单与住址清单，然后是荷兰……城市警察（仅次于纳粹警察与激进分子）召集这些市民走出家门。其次，荷兰铁路组织负责将他们运送到全国的两个中转集中营，而这些集中营正是普通建筑公司所建，其日常生活所需由当地面包店、杂货店和农场主供应。每个人都做了一点点，但是没有人负责，也没人觉得自己需要为后来远在德国和波兰发生的事情负责。这种解释并非毫无异议，但确实一针见血地指出了"科层理性的非理性"一面。

然而，这种解释不仅仅关乎对大屠杀的理解。在如今的世界，这一解释有助于认真应对在暴力冲突中使用类似无人机与机器人等高科技设备的责任问题。许多顶尖人才都参与到上述设备的使用当中，包括供应商、气象学家、维修工程师、目标规划师、情报官员、指挥官与操作员。鉴于劳动分工的细化，每个人仅负责整个行动体系的一小部分。但是，如果无人机未能射中目标或者导致大量无辜平民丧生的话，谁来负责呢？

这个问题恰好切合军事领域内的总体发展趋势，具体表现为战事与战斗日趋精细化、规制化与标准化（King，2013），在本书中我们会多次遇到这个问题。就目前而言，只要意识到马拉塞维奇（2010：221）把这一发展称为"强制的累积性科层化"就足够了。如前所述，这种现象意味着一个庞大的问题：如果每个人仅按照规则与指南采取行动，只是按照日常不断练习的去做，谁来为可能随之而来的灾祸负责呢？谁来为过度科层化的军事组织的行动负责呢？

在连续统的另一端（参考图 1.1），当前非西方武装力量（例如许多非洲国家和阿富汗部队）常常被看作家产制或前科层制组织。可以说，这种军事组织常常科层化程度不够，因为他们常常是基于各种特殊主义的裙带关系组建而成。在征兵入伍之时，部族、种族、宗教与政治等隶属关系对其决策的影响往往超过技能和特长。可以说，这种武装力量中政治高于合理的组织。能被雇用是因为你与领导群体的隶属关系比明确自身职责更为重要。这些武装力量中的人员组成为进行统治的权力精英创造了（极度的）忠诚。用佩罗（Perrow，1972：15）的话来说："在大多数情况下，以能力换取忠诚符合执政者的利益。"

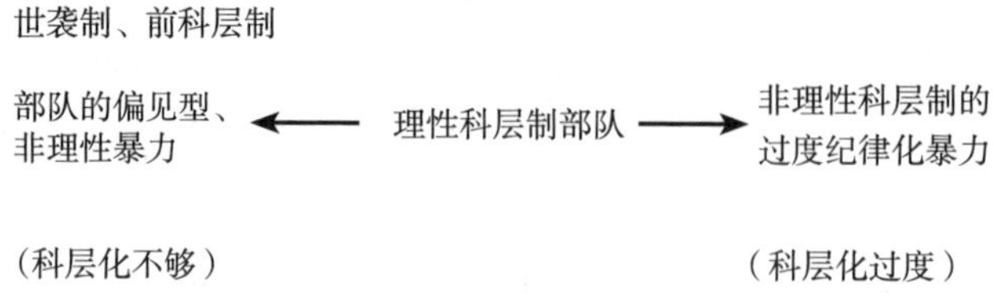

【12】

世袭制、前科层制

部队的偏见型、　　　　　　　　　　　　　　　　　非理性科层制的
非理性暴力　　←　　理性科层制部队　　→　　过度纪律化暴力

（科层化不够）　　　　　　　　　　　　　　　（科层化过度）

图 1.1　科层组织与暴力连续统一体

在这些武装力量中，由于缺少正式合法的应征与评估程序，加之没有清晰的职业前景与固定的薪酬，这很可能导致军事作战能力大打折扣，至少在西方学者眼中是如此（David 和 Soeters，2009；Erikson Baaz 和 Verweijen，2013）。塔尔米奇（Talmadge，2015）对此论述颇丰。

她非常让人信服地表明：与那些人员组成主要考虑军事专业标准（资格与功勋）的部队相比，重在避免军队内部叛乱进而维持自身政权的部队在战斗力方面会逊色许多。她给出两组对比：北越部队与南越部队、伊拉克萨达姆·侯赛因政权的部队与伊朗部队。基于上述比较，她得出结论：南越军队尽管拥有美国大量的支援，但其常规战屡战屡败并终被击败的原因在于，军队防范内部政变消耗掉了绝大部分精力。相反，北越则不需要面对内部政变的风险，并且采取的常规战战法大获成功。至于伊拉克和伊朗的对比，二者在防范内部政变上平分秋色，都不尽如人意。但是只要不涉及内部叛乱防范时，它们的军事表现则会明显转好（Talmadge，2015：8-11）。哈达德（Haddad，2015）及其同事有关阿拉伯国家军队的研究同样指出，军事干预的结果各不相同，此处他特别考察了所谓"阿拉伯之春"中的反抗运动。阿拉伯国家的武装力量要么同国家、要么同当政的政权结盟，而这点显示出科层制军队与家产制或前科层制军队之间的差异。

前科层制军队既因其人员是出于对权力精英的隶属关系而被雇用的，因此一个额外产生的大问题是，它们在针对反权力精英集团的内斗中倾向于选边站队。这种所谓的"内务问题"（civil service issue）几乎总是内战源起并绵延不绝的一大因素。这种情况下，军队不但没有成为问题解决机构，自身反而成了问题。这样的例子不胜枚举：北爱尔兰安全部队的亲英人员构成使得敌对的人民群体之间的困境进一步恶化；印度的警察部队，【13】其中大多数不是穆斯林，经常被指责骚扰和欺负穆斯林；南斯拉夫安保部队主要由塞尔维亚人控制；在玻利维亚，欧洲裔军官命令土著士兵朝着大街上的抗议者开枪，而这些抗议者大多是土著士兵的同胞。就在最近的伊拉克，伊拉克武装力量中怀有宗教偏见的士兵在美国部队撤离后不断寻衅滋事。在非洲的各种冲突中，这个问题一而再、再而三地出现。一次又一次，都是内务问题导致人心惶惶、愤愤不平（Horowitz，1985；Soeters，2005：24-26）。

当然，上述区分并不是非黑即白的二元判断，并且它们也处于不断的变化当中。此外，对于西方科层制的批评声音非常大（Crozier，1964；Perrow，1972；Masuch，1985）。正如默顿（1968）所言，过于严厉的规章制度（"繁文缛节"）、强制性领导、仪式主义、"经过训练的无能"、过度一致、目标转移，以及组织内部几乎没有信息共享，或许是科层制组织精细化的后果，在纵向与横向上均是如此。正如默顿（1968）所说，这些都妨碍了科层制在许多场合的表现。所有这些现象的恶性循环，很可能会愈加雪上加霜。这些科层制过程也可以适用于西方军队中（Davis，1948；Feld，1959）。这一点在许多西方小说中都有过著名描述，其中《好兵帅克》（Hasek，1973）和《第二十二条军规》（Heller，2004（1955））可能是最广为人知的两个典型代表。

这些经常备受诟病的特点最近导致科层制变体的出现：例如，旨在替代旧式的"强制"科层制的"授权"科层制或"后"科层制（Adler 和 Borys，1996）。更少的权威式领导、更少的"糟糕的规则"、更多的以任务导向为指令形式的自行驾驭，这些构成了（军事）科层制新形式的若干要素。早在1959年，莫里斯·雅诺维茨就指出军队在其科层制之内需要引入不断变化的组织权威模式。他话锋指向组织权威模式的发展变化。这些模式较少基于高阶职位的支配以及相应的等级制考虑。

军队中的左右开弓（Ambidexterity）

军事组织中的全新要素之一就是军队任务数量与日俱增。传统的战斗任务不再是军队要执行的主要任务，更不是唯一任务。军队还需要在危机与灾害中、重建与维和中、搜捕恐怖分子的特种行动中、全新领域如网络与空间安全中，以及无人机操作中有所作为。军队任务的扩张与当今组织的总体经历有关。这就需要去应对来自外部世界的新的、不断增长的需求、压力与革新。为此就得两手抓：一边是开发利用——做惯常的"事儿"———一边探索发现，如何处理全新的"事儿"。因此，军队组织需要学会左右开弓，就是说要双管齐下，且都可愉快胜任（Shields 和 Travis，2017）。

应对新要求的方式有两种：要么在组织内创设全新的部队与职业，这会进一步加深结构的分化程度；要么把常规部队训练得能实现多重角色。用组织研究的话来讲，这就意味着军队必须具备结构双重性和情景双重性（structural 和 contextual ambidexterity）。尽管结构双重性是科层制常见的反应能力，而情景双重性则往往被看作反常的，但创设新的单位

> 与职业的做法也有相伴而来的缺点：它降低了组织内部的灵活性，并会激起势力范围、预算和人力上的争端。已有研究表明，在当下的军队中特别行动部队的壮大不应仅仅归因于外部发展，还是军工企业以及内部竞争所致。其后果之一，是特别行动部队和常规部队之间彼此心怀仇恨或制度性敌意（Shamir 和 Ben-Ari，2016）。

确实，可以说这些全新的发展并没有使军队变得比以前更好。并且韦伯所说的理性化的"铁笼"（stahlhartes Gehäuse）仍是一直以来的那个"铁笼"（iron cage）（Barker，1993）。但是这些全新的形式也可以被看作真正的改善，这当然是因为新兵受教育程度越来越高，而这些受过较好教育的新兵不再容忍为旧式的科层制所压制。

然而，如今的军事科层制仍旧存在不少问题。其中之一就是西方军队也会对各种"任人唯亲"的形式较为敏感。如今西半球仍旧珍视家产制组织的某些面向。是否受雇以及是否晋升往往也是下述关系的结果：高层人士是其至交好友或家庭成员。不可否认，这种趋势在如今的西方安全部队当中的确存在。有关法国圣西尔军事学院的研究（Weber，2012：194）就说明了出身军官家庭的重要性。就读于"精英"学校或学院对于在部队中获得高位仍然非常有用，这一点在英国军队研究中同样得到了证明（MacDonald，2004）。

另一方面，在许多发展中国家中的家产制军事组织常常迫于国际影响或自身社会群体内部民主趋势所带来的压力，要向理性的、科层制的军队转型。用组织社会学家的行话来说，这种趋同或"同构"的涌现方式将会五花八门。而这也正是西方军队被委任重组与训练发展中国家（例如非洲、【15】中东和拉丁美洲）军队时的具体目标所在。有时这些努力的结果让人欣慰，有时其结果也未能尽如人意。

权威与领导力

与科层制相关的就是正当的、即被接受和认可的领导力与权威。这与强制或"赤裸权力"形成了鲜明的对比，后者是一种不惜以他人福祉以及由之而来的可延续性为代价去掌控别人的能力。在韦伯看来，这种正当权威有三种存在形式（Weber，1976：130 及以下）。第一，**传统型**权威——

主要以世袭制组织的方式进行支配。这就意味着领导者属于既成的、进行统治的隶属关系（如部族、宗教或宗教群体），家父长制和家产制是两种主要形式。第二，除了传统型权威之外，韦伯区分了**法理型**权威与**卡里斯玛型**权威（Giddens，1971：154-163）。法理型权威被属于科层制组织，因为它是基于非人格化的、标准化规则、规范与规章之上，而这些都是建立在具有目的合理性或价值合理性的脉络之内。法理型权威被赋予那些胜任自身岗位的人，因为他们早前表现优秀，并且在理性化的培训与教育当中获得了正面的结果。具备正当性的领导人本人必须遵守非人格化的规则，毕竟这些规则是标准化的，因此适用于所有人。借助法理型权威，法律、规则和规章比领导者本人更为重要。

与之相比，卡里斯玛型权威（或者用现代词汇就是"领导力"）是一股创造性的驱动力量，其更多的是依赖于别人赋予掌权者身上的一种超乎寻常的、超自然的品质（Gerth 和 Wright Mills，2009：245-252）。因此，卡里斯玛型权威出现于领导者同追随者之间的互动当中，例如革命运动和宗教运动。其发生可能遍及全球、不拘一隅。与法理型权威不同，卡里斯玛型权威并非基于合理性原则之上。在韦伯看来，它在本质上是非理性的。由于社会理性化程度日渐提升，卡里斯玛型权威概念在过去要比在现在更常见："越往回追溯历史，我们越发现这种（基于卡里斯玛的领导力）确有其事"（Gerth 和 Wright Mills，2009：245）。

卡里斯玛型权威是神秘、诱人、令人心醉神迷（enchanting）的，但是它往往飘忽不定，并且有时也成问题。韦伯本人持怀疑态度地建议道："对卡里斯玛的责难往往涉及把超自然的或非凡的力量**错误地归因**于：'癫痫发作'的个体，或者那些把自己变成'嗜血狂'的人，或者那些可以狡猾地进行'等级诈骗'的人。"（Joosse，2014：274）追随者崇拜并痴迷其领袖，但是领袖那可怕的、令人惊惧的外表同时也吓坏了追随者。阿道夫·希特勒就是一个典型的例子。魅力和恐惧之间的联系往往比第一眼看上去的时候要深厚得多。卡里斯玛型权威可以超越传统型和法理型权威，因为它或许可以变成"赤裸权力"。这在国家元首的例子当中展现得淋漓尽致。

在当今的暴力与冲突领域当中，这种类型的领导力仍旧可以看到，特别是在来势汹汹的政治运动中，例如从事人口贩卖与毒品交易的黑手党型

【16】

犯罪团伙。奥萨玛·本·拉登确实是一位卡里斯玛领袖，其吸引力通过他的表现，借助大众传媒与互联网而得以广泛传播。现如今的卡里斯玛圣战士以本·拉登为榜样，他们特别憎恶那些透过在社交媒体上的表现也能颇具影响的传教士。

引人注目的是，西方科层化武装力量的指挥官有时也被看作卡里斯玛领袖，这是因为他们在行动中的沟通技巧和令人信服的表现。这就可以回到韦伯的古代"**卡里斯玛战争英雄**"（charismatische Kriegshelde）概念——那时紧急军事状态在日常生活中司空见惯（Moelker，2003）。然而，现在的一些军事指挥官的卡里斯玛必然要混杂于法理型权威当中，因为现代科层制仅能允准基于法律和程序基础之上的行政管理逻辑。在今天的军事科层制当中，卡里斯玛不可避免地**例行化**了，并且嵌入到理性化了的法律实践当中。如同医生、教授和会计一样，军事决策愈加需要基于理性推理和得到证明的知识和证据。领导力的基础需要从"卓越"转变为"证据"。

然而，现在一些指挥官确实被认为具有卡里斯玛，这通常是指他们具备娴熟运用各种沟通手段的才能。他们表达基于创造性直觉和本能（*Fingerspitzenge-fuhl*）①的启示，这些启示既满足了身为追随者的一般士兵的需要，又鼓舞着他们的信心。借此，具有卡里斯玛资质的指挥官拥有了显赫声名，这样的例子很多。然而，至于构成军事品质的是什么以及是什么真正塑造了伟大的领导者，一直争议不断。斯坦利·麦克里斯托尔（Stanely McChristal）将军在不得不下台前一直备受尊崇。很显然，卡里斯玛领导力在军队当中有各种局限，这也为社会学经验研究所证明（Shamir等，1998）。因为或许卡里斯玛的影响往往让人望而生畏，研究表明，高级军事领导人身上的领导力含有破坏性的诸要素（Reed 和 Bullis，2009）。并且通常来讲，这种魅力终将消散。确实，卡里斯玛领导力具有不稳定性，这也是韦伯不断强调的一点（Gerth 和 Wright Mills，2009：248-250）。

---

① 德文原意为指尖的感觉。——译者注

【17】

> **军事领导力的局限**
>
> 在一次面对在职军官中佼佼者的演讲时，国家空军总司令提到了一个有关卡里斯玛领导力权势与局限的例子。他告诉大家，国防部长建议他延长空军参与一次联合国行动任务的时间。接着，他半开玩笑半带讽刺地提到了作为国际机构的联合国与看重联合国行动任务的外交部长所起的微不足道的作用。在职军官们听得很认真。司令员继续说道，他认真思考了国防部长的建议，但之后他得出结论：继续服役多做不了什么贡献，他的直觉和经验告诉他空军做的已经够多了。"我的组织的弹性已经被过度拉伸，"他一边解释，一边用很直观的肢体语言说明该状态。他已经把这一点转达给了政府。让空军司令员大为光火的是，国防部长并没有接受这个建议，并且她指派另一名军人运用计算机软件详细地、定量地列出所有选项。司令员依然带着怒容告诉大家，最后，国防部长决定延长任务参与时间（包括空军的投入）。他说，一小段时间之内，他都考虑愤而辞职，但是最后还是决定不辞。但是显然，司令员的卡里斯玛输给了来自政客的压力，而最终决策已经超出了司令员的直觉、经验与权威。

有人认为，除了上述三类权威之外，还有第四种权威——可以被称之为**实质理性**权威（Guzman，2015）。该类权威就是基于价值理性之上，而不是形式的科层理性（"在这里都是些规则与程序"）。价值理性的基础是对更广泛、更普遍、也更科学的信息与观点的运用，柏拉图的"哲学王"就是最好的例子。军事指挥官仰仗更为宽泛的手段来处理暴力和冲突，就是另外一个例子。美国陆军将军戴维·彼得雷乌斯（David Petraeus）在伊拉克执行任务时提出了一种新颖的、引人瞩目的处理方法，就是引入所谓的红色团队（Red Teams）。这些战队成员包括直言敢谏的知识分子和异议人士，他们的任务就是质疑军事人员的假定、观念与计划。然而，这些团队并不完全成功，因为他们遇到了太多的阻力和障碍。军队不适应这种针对命令、计划和观念的质问，特别是那些高阶军官（Hajjar，2014：131）。和其他三种具有正当性的领导力一样，这第四种的成功和效力也有其局限。

音乐

韦伯与军事之间的相关性最后还在音乐上有所表现（Weber，2010（1911/1912）），尽管从表面上看可能没那么重要。韦伯在有生之年，都把自己对于音乐的热爱与其主要社会学作品的主题之一，亦即有组织的社会生活的理性化结合在一起。韦伯把科层化与理性化看作教会音乐与古典音乐（如歌剧）演化背后的主要推动力。尤为值得注意的是，多亏了这些【18】社会过程，记号系统、结构化和声、有组织的合唱、乐团、交响乐队以及现代乐器的标准化生产才得以成为可能。在所有的音乐表达形式当中，指挥家领衔的交响乐队是最科层化的表演形式。正如韦伯所揭示的那样，即便是文化与音乐的体验和产出的"非理性"与神秘地带，也逃不出理性化与科层制的影响。

因此，社会影响了音乐，并且现在仍旧如此。但是，反之亦然：音乐也对于社会生活有一定的影响，因为音乐在政治运动——例如文化民族主义——中也扮演着自身角色，在新的青年文化中——例如嘻哈音乐或者舞曲——也有一席之地（Turley，2001）。音乐可以超越社会分工，但是对此韦伯着墨不多。然而，另外一位社会学家观察到了这一点，我们在后面有关杜波伊斯（Kemple，2009）的章节中还会碰到。

音乐对于军事生活来说也是非常重要的，它伴随并促发军事文化中重要的仪式庆典事件，因为它们为军队的集体特征、集体心灵与集体记忆赋予了表达形式。军乐对于各种仪式庆典事件来说格外重要，例如毕业庆典、晋升仪式，抑或部队建制周年庆典。军乐在为任务中牺牲的战友举办的纪念仪式上格外重要（Burk，2008）。大家齐步行进让个人感觉不错，并且使得各种合作性努力（身体的也好，心理的也好）更易于实现（Soeters，2018）。在没有其他交流方式的历史时期，号角与战鼓对于战场上行动调遣的时机与节奏的把握至关重要。号角给出攻击、调动或撤退的信号。战鼓的节奏使得士兵行进具有整体性，这让他们备受鼓舞、克服怯懦。在古典时代，罗马军团嘹亮的齐声呐喊往往可以左右战事成败（Johnson 和 Cloonan，2009：33-34）。诚如韦伯所示，所有这些都是科层化了的纪律和标准化的过程。运用标准化了的音乐表达企图拨开一些战斗中的迷雾。

如前所述，音乐本身对于其他社会现象都有一定的影响。其中一个方面就是音乐与军队及其行动密切相关。

> **曲调的阴暗面**
>
> 每一次音乐交流都是一种潜在的挑衅、侵略、符号暴力，抑或实际暴力行为（Johnson 和 Cloonan，2009；2011）。在军事行动当中（例如在越南战争期间），音乐都以一种超高分贝和音调的形式伴随着军事行动。这样，就可以鼓舞士兵斗志，并且警告甚至震慑敌人，包括东道国居民在内。时至今日，音乐在全球的军事场所中仍旧还被用作一种刑具。如果播放声音足够大，音乐可以使人发疯。音乐与暴力可以很好地结合到一起，这在 20 世纪 90 年代发生在塞尔维亚的巴尔干战争当中体现得非常明显：一个暴力拥护者与一位著名的民族主义民乐演奏家结为夫妇（Johnson 和 Cloonan，2009：148-150）。音乐也可以被用来对抗暴力，还是在巴尔干战争中，一位音乐家通过在萨拉热窝闹市一连数天演奏大提琴来抗议暴力，并且完全暴露在狙击手的枪下（Galloway，2008：225）。

【19】

结论

马克斯·韦伯作为一位社会学思想家，其影响不可低估。其著作所包含的对于社会发展、公共管理与军事的分析方法时至今日仍旧非常实用。韦伯的分析常常与全球范围内发生的现象有关。引人注目的是，作为一名公民，韦伯深陷民族主义情感，至少在第一次世界大战爆发前确实如此（Joas 和 Knöbl，2013：118-121）。显而易见，工作状态下理性的社会学家与有着七情六欲的个体之间存在着差异，哪怕这只是暂时的，而这种区别看起来不太适用于下一位社会学的奠基者——爱弥尔·涂尔干。

参考文献

Adler，P.S and B. Borys. 1996. "Two types of bureaucracy: enabling and coercive". *Administrative Science Quarterly* 41（1）：61–89.

Barker, J. 1993. "Tightening the iron cage: control in self- managing teams". *Administrative Science Quarterly* 38（3）：408–437.

Bauman, Z. 1989. *Modernity and the Holocaust*. Cambridge: Polity Press.

Burk, J. 2008. "Military culture". In L. Kurtz（ed.）, *Encylopedia of Violence, Peace and Conflict*. Oxford: Elsevier, 1242–1256.

Collins, R. 1995. "Prediction in macro -sociology: the case of the Soviet collapse". *American Journal of Sociology* 100（6）：1552–1593.

Coser, L. 1977. *Masters of Sociological Thought: Ideas in Historical and Social Context*. 2nd edn. Long Grove, IL: Waveland Press.

Crozier, M. 1964. *The Bureaucratic Phenomenon*. Chicago: University of Chicago Press.

Dandeker, Chr. 1990. *Surveillance, Power and Modernity: Bureaucracy and Discipline from 1700 to the Present Day*. Cambridge: Polity Press.

Davids, C. and J. Soeters. 2009. "Payday in the Afghan national army: from Western administrative liabilities to local realities". In G. Caforio（ed.）, *Advances in Military Sociology: Essays in Honor of Charles C. Moskos, Part A*. Bingley, Yorkshire: Emerald, pp. 285–303.

Davis, A.K. 1948. "Bureaucratic patterns in the Navy officer corps". *Social Forces* 27（2）：143–153.

Du Gay, P. 2000. *In Praise of Bureaucracy: Weber, Organization,* 【20】 *Ethics*. London and Thousand Oaks, CA Sage.

Ender M.G. 2009. *American Soldiers in Iraq: McSoldies or Innovative Professionals*? London and New York: Routledge.

Erikson Baaz, M. and J. Verweijen. 2013. "The volatility of a half-cooked bouillabaisse rebel military integration and conflict dynamics in Eastern DRC". *African Affairs* 112（449）：563–582.

Feld, M.D. 1959. "Information and authority: the structure of military organization". *American Sociological Review* 24（1）：15–22.

Galloway, St. 2008. *The Cellist of Sarajevo*. London: Atlantic Books.

Certh, H. and C. Wright Mills (eds) .2009 (1946). *From Max Weber*: *Essays in Sociology*. Abingdon and New York: Routledge.

Giddens, A. 1971. *Capitalism and Modern Social Theory*: *An Analysis of the Writings of Marx, Durkheim and Max Weber*. Cambridge: Cambridge University Press.

Guzmán, S.G. 2015. "Substantive-rational authority: the missing fourth pure type in Weber's typology of legitimate domination". *Journal of Classical Sociology* 15 (1): 73–95.

Haddad, S. (ed.) (2015) *Les anmêes dans les révolutions arabes*: *Positions et rbles. Perspeaives théoriques et études de cas*. Rennes: Presses Universitaires de Rennes.

Hajjar, R.M. 2014. "Emergent postmodern US military culture". *Armed Forces and Society* 40 (1): 118–145.

Hašek, J. 1973 (1923) J. *The Good Soldier Švejk and His Fortunes in the World War*. London: Penguin.

Heller, J. 2004 (1955). *Catch-22*. New York: Simon & Schuster.

Horowitz, D.L. 1985. *Ethic Groups in Conflicts*. Berkeley: University of California Press.

Janowitz, M. 1959. "Changing patterns of organizational authority: the military establishment". *Administrative Science Quarterly* 3 (4): 473–493.

Joas, H. and W. Knöbl. 2013 (2008). *War in Social Thought*: *Hobbes to the Present*. Princeton NJ and Oxford: Princeton University Press.

Johnson, B. and M. Cloonan. 2009. *Darke Side of the Tune*: *Popular Music and Violence*. Famnham: Ashgate.

Johnson, B. and M. Cloonan. 2011. "Introduction". *Popular Music and Society* 34 (1): 1–6.

Josse, P. 2014. "Becoming a god: Max Weber and the social construction of charisma". *Jourmal of Classical Sociology* 14 (3): 266–283.

Kemple, Th. 2009. "Weber/Simmel/Du Bois: musical thirds of classial sociology". *Journal of Classical Sociology* 9（2）：187–207.

King，A. 2013. *The Combat Soldier；Infantry Tactics and Cohesion in the Twentieth and Twentieth-First Centuries*. Oxford：Oxford University Press.

Lounsbury，M. and E.J. Carberry. 2005. "From king to court jester? Weber's fall from grace in organization theory". *Organization Studies* 26（4）：501–525.

MacDonald，K. 2004. "Black Mafia，loggies and going for the stars：the military elite revisited". *Sociological Review* 52（1）：106–135.

Maleševié，S. 2010. *The Soclology of War and Violene*. Cambridge：Cambridge University Press.

Masuch，M. 1985. "Vicious circles in organizations". *Administrative Sience Quanterly* 30：14-33.

Merton，R.K. 1968. *Social Theory and Social Structure*. Enlarged edition. New York：The Free Press.

Moclker，R. 2003. "Technology. organization，and power". In G. Caforio（ed.），*Handbook of the Sociology of the Military*. New York：Kluwer，pp. 385–402.

Perrow，Ch. 1972. *Complex Organizations：A Critical Essay*. Glenview【21】IL and Brighton：Scott，Foresman and Company.

Portes，A. 2000. "The hidden abode：sociology as analysis of the unexpected". *American Sociological Review* 65（February）：1–18.

Reed，G.E. and R.G. Bullis. 2009. "The impact of destructive leadership on senior military officers and civilian employees". *Armed Forces and Society* 36（1）：5-18.

Ritzer，G. 1993. The McDonaldization of Society. London：Sage.

Shamir，B.，E. Zakay，E. Breinin and M. Popper. 1998. "Correlates of charismatic leader behavior in military units：subordinates attitudes，unit characteristics，and superiors appraisals of leader performance". *Academy of Management Journal* 41（4）：387–409.

Shamir，E. and E. Ben Ari. 2016. "The rise of special operations forces：

generalized specialization, boundary spanning and military autonomy". *Journal of Strategic Studies*（online）.

Shields, P. 2003. "The bureaucracy in military sociology". In J. Callaghan and F. Kermic（eds）, *Armed Forces and International Security*: *Global Trends and Issues*. New Brunswick, NJ: Transaction Publishers/LIT Verlag.

Shields, P. and D.S. Travis. 2017. "Achieving organizational flexibility through ambidexterity". *Parameters* 47（2）: 65–76.

Soeters, J. 2005. *Ethnic Conflict and Terrorism*: *The Origins and Dynamics of Civil Wars*. London and New York: Routledge.

Soeters, J. 2018. "Organizational cultures in the military". In Caforio, G.（ed.）（2018）*Handbook of the Sociology of the Military*. Cham, Switzerland: Springer.

Talmadge, C. 2015. *The Dictator's Army*: *Battlefield Effectiveness in Authoritarian Regimes*. Ithaca NY and London: Cornell University Press.

Tilly, C. 1992. *Coercion, Capital and European States, AD* 1990–1990. Cambridge: Blackwell.

Turley, A.C. 2001. "Max Weber and the sociology of music". *Sociological Forum* 16（4）: 633–653.

Weber, C. 2012. *A genou les hommes, debout les oficiers*: *la soiasastion des Saint-Cyriens*. Rennes: Presses Universitaires de Rennes.

Weber, M. 1976（1914）. *Wirschaft und eslslhai Stdenugab*. Tübingen, Germany: J.C.B. Mohr.

Weber, M. 2010（1911/1912）. *The Rational and Social Foundations of Music*. Eastford, CT: Martino Press.

第二章 爱弥尔·涂尔干：军事团体、文化及其后果

不可否认，爱弥尔·涂尔干（1858—1917）对于法国社会学和普通社 【22】会学的发展贡献卓著。涂尔干及其合作者的研究对于理解个体与社会的关系以及一般社会事实来说，可谓功不可没。表面上看十分明显，涂尔干强调社会事实需要同心理现象以及个体层面的解释区分开来。社会学分析需要更为抽象、更具比较性的思维，且仅需专注于集体维度。涂尔干同时倡导严格的实证统计方法，这与当时法国思想界主流的哲学立场完全背道而驰。涂尔干的研究兴趣广泛，涵盖劳动分工的转型及其对社会的影响、宗教生活的基本形式、犯罪与惩戒、社会学研究方法论议题，等等。上述所有研究实际上都可以归并一处，因为它们都可以概括为一个问题：如何将个体整合进社会？

涂尔干同时还投身于政治活动，例如发生在19世纪和20世纪之交的分裂法国的德雷弗斯事件。其中涉及一位具有犹太背景的军官被起诉向德军出售军事机密。这件事在当时引起了社会各界的极大轰动。这一事件表明：军事问题在那个年代处于社会与政治旋涡的中心。所有这些都促使涂尔干发表了一篇关于反犹太主义的短文。在他看来，反犹太主义源自一个国家的"社会病态"（a state of social malaise）（Goldberg，2008：302）。在其余生最后时刻，涂尔干专门反思了刚刚爆发的第一次世界大战的成因，包括这一进程当中德国人所扮演的角色（Durkheim，1915；Durkheim 和 Denis，1915）。与马克斯·韦伯不同，涂尔干采取的视角是，存在着比某人的"祖国"更为普遍、也更有价值的事物（Joas 和 Knöbl，2013：121）。

同马克斯·韦伯的学术研究一样，涂尔干的许多思考与研究成果一直

都和军事有关。与其研究的多维度特点相应，这种相关性表现方式多样，尽管主导性的涂尔干式提问同样适用于军事语境：如何将个体整合进军事机构？要想回答这个问题，或许首先需要讨论一下小群体层面上的人类互动。

【23】 初级群体

小群体——班或排（现在被称为最小行动单位）——往往是军事行动的核心，至少在步兵行动中确实如此。这些初级群体执行任务成功与否取决于成员间持续不断的互动以及群体凝聚力的发展。初级群体的概念是后来的美国社会学家查尔斯·库利（Charles Cooley）提出来的，他把家庭作为最典型的例子。库利与涂尔干有所见略同之处，同时又各有侧重（Coser，1977：307-310）。

聚焦于军队中的初级群体，英国社会学家安东尼·金（Anthony King，2006；2013）明确提到了涂尔干有关群体形成的研究。当人们——在一项涂尔干最负盛名的研究中所讨论的澳大利亚土著的部落社会（1976（1912））——在图腾前聚集并参与仪式庆典时，群体就形成了。图腾可以看作他们所崇拜之神的符号象征，事实上也是群体本身的符号象征。这些仪式庆典是全人类共有的宗教生活要素，涂尔干如是认为（Durkheim，1976（1912）；Giddens，1971：107-112）。涂尔干拿这些将在图腾前举行的宗教仪式和誓死夺回战旗的士兵进行了比较（King，2006：500）。如同原始图腾一样，战旗对于士兵来说就是他所属军事单位和国家的符号象征。因此，士兵的牺牲表达的是对于群体目标的追求。士兵为群体而牺牲，而旗帜则代表群体（King，2006：500）。这些群体形成的机制在旨在形成凝聚力的军事团体或排内训练中清晰可见。他们培养的理念就是"人人为我，我为人人"。诚如金（King，2013：273-280）所言，凝聚力的训练效果明显。这里可以看到涂尔干在其研究中所描述的相同机制。军队生活是最高的社会生活（King，2006），这一结论与许多早期在初级群体的层次上对军队的凝聚力的研究密不可分。

或许表明初级群体水平上的凝聚力之重大意义的最知名的实例就是

希尔斯和雅诺维茨（Shils 和 Janowitz，1948）针对二战末期德国国防军一致性表现的分析。基于各种档案以及对德军战俘的访谈，他们发现：一个排里面士兵的团结——例如小群体凝聚力或微观层面上的同志情谊——要重要得多，它远比意识形态理由更能让士兵抵抗到底，并直至战争结束（Malešević 2010：219–233）。虽然这一结论近来受到不少质疑，但是其主要意涵仍旧成立。最近维克和罗伯特（Weick 和 Robert，1993）重构了美国海军的驾驶舱内航员"亲密的相互关联"（Heedful interrelating）。亲密的相互关联，或曰密切注意另一个人的行为并作出反应，是避免复杂海域空战行动时可能发生事故的决定性因素。亲密的相互关联、彼此绑定、团结、相互忠诚和群体凝聚力多次被证明在军事行动中起着至关重要的作用，在高风险任务中尤为如此。

　　十分有趣的是，诚如涂尔干（1933（1893））所言，这往往发生在采 【24】取两种类型中的任何一种劳动分工的民众集体之中。作为行动的最小单位，排或者工作群体基于任务的相似性表现出一种简单的工作分工形式，进而促生了单位成员之间的**机械团结**。驾驶舱的操作依靠分化的劳动分工，同时基于不同但却相互依赖的任务系统，进而促生了工作人员内部的**有机团结**。在第一种情况下，一个人只会觉得自己属于所有人，大家像一家人一样。在第二种情况下，一个人知道自己属于所有人，是因为每个人通过各司其职来保证整个系统运作顺利，就如同身体器官各自发挥功能从而保证身体健康一样。

　　略有不同的是，以色列学者指出了临时军事群体现象。这些群体依靠临时框架与多样的构成，旨在完成高强度的、复杂的任务（Ben-Shalom 等，2005）。举个例子来说，这种"即时部队"（instant units）成员可能包括步兵、工程师和拆弹专家、医疗人员和情报官员。因此，这些群体都是基于前文提到的涂尔干的有机团结概念之上。尽管这些军事人员来自不同单位，却可以借助即时群体在临时行动过程中建立起"快速信任"，最后通力合作完成特定任务。同以往组织研究学者一样，这些军事学者提出："这种临时群体形成了一种'一夜情'的组织等价物"，他们生命期有限，却能围绕共同一致、相对清晰的目标生成。他们的成功取决于紧密而协调的行动配合（Ben-Shalom 等，2005：77）。

不过并非总是如此。群体机制可能在两个方面出现偏差：要么凝聚力不足，要么凝聚力过度。部队凝聚力过少或失效的情况发生在越南战争当中。越南战争期间，在美国陆军排连一级内有许多分裂的记录（Moskos，1974）。部队的裂痕主要与种族、等级有关，并且后果严重，甚至偶尔会导致士兵杀害军官的恶性事件（所谓的"蓄意杀伤"）发生。初级群体内的联系，在纵与横两个方向上都明显失败了。宏观社会内部的紧张会被引入军队中，也因为部队并未进行集体训练和相应部署，而是或多或少以个体为基础。

另一方面，当部队的群体机制强化强烈的情感纽带时，凝聚力过度也会发生。这就会导致"愚忠"（misplaced loyalities）——部队成员对于战友的不当行为选择三缄其口。已故加拿大人类学家多娜·温斯洛（Donna Winslow）对此有所揭示。她研究了加拿大空降团士兵在索马里执行任务时犯下的严重过错。她的结论是：对群体忠诚的夸大会导致群体成员与任务的整体目标南辕北辙（Winslow，1998）。

【25】　在军事行动的前期准备与实际执行过程中，就这两种情形，即凝聚力过度和凝聚力不足而言，涂尔干的教诲没有得到充分考虑。涂尔干基于人类学思想的、对于初级群体的理论构建，表面上并未针对军事研究，但随着时光的流逝，却证明它对于更好地理解军队在初级群体层面的社会机制十分重要。

军事文化

在更为一般的层次上，我们可以说涂尔干有关**集体良知**的概念对于文化研究（包括组织文化和军事文化）具有根本的意义（Dobbin，2009）。涂尔干所说的集体良知，即特定社会或共同体一般成员所共通的信念与情感，可以看作人们的心态、**灵魂**的社会创制。它是指众多影响个人心灵的社会惯例、规范以及价值，甚至认知倾向（Zerubavel，1997），就像作为集体良知的一个要素的一门语言那样。这并不是因为我们每个人创造了语言，而是因为我们每个人使用着它。

用玛丽·道格拉斯（Mary Douglas）的名言来说，"把个体心灵想成一个小社会"是有道理的（Dobbin，2009：206）。个体与社会步调一致，这当然不可能是所有人以完全相似的方式做到这点，但可以肯定，会在很大程度上做到这点。这一点特别适用于那些能够附和群体中其他人的观点、想法、情感，或本身就认同其身份的人。在这方面，社会群体内部的社会遵从就是一种动力。概言之，集体良知是"一种混合物，其构成要素就是个体心灵"（Giddens，1971：67）。由于侧重点不同，可以说集体良知要比个体心灵之和更大。

这种看法构成文化研究的基础，而这些研究关注集体的不同层面：国家、地区、语言群体、宗教、职业、组织以及军队（Burk，2008）。特别是军队可以从文化研究中受益，因为这份工作是不分昼夜、随时待命的，这也就意味着工作与生活互不分离，并且都在一个相当封闭的共同体内部，例如营地、军营、驻防地、国际总部或者训练中心（Diken 和 Bagge Laustsen，2005）。如上所述，军队是个典型的社会群体。从军常常也意味着在军队里学习、运动、游戏、吃饭、同其他军人交友、迈入婚姻，甚或劳燕分飞。正如雅诺维茨（1960）所描述的那样，军队内部存在着一种"规约性社交活动"。尽管军人正变得越来越像普通老百姓——正如我们会在第九章所看到的那样，但**军人的心灵仍是一个小的军事社会**。这尤其与受到部署的军队相关，甚至也适用于那些离开军队的人。即便退伍很久以后，【26】退伍军人的所想、所行、所乐、所苦和所反思者，都是军旅生活。例如，老兵骑手就更喜欢以军事风格来自我组织，可以说他们组成了军事共同体（Samet，2014）。

自行车上的社会学

荷兰社会学家勒内·默尔克（Rene Moelker，2014）在美国和荷兰的退伍老兵骑游团内部做了一些民俗学田野调查。他描述了这些老兵如何通过一起骑车环游来寻求彼此慰藉：他们因为自身的战争经历，又因为缺乏理解、甚至感到被社会民众所排斥而感觉到自身与众不同。这些老兵一起骑行去华盛顿特区——"为墙奔走"（run for the wall）①，或者去

---

① "run for the wall" 是 1989 年由越战退伍军人发起的骑摩托横穿美国腹地的运动，旨在为战争受害者奔走呼吁，其中 wall 与 war 谐音。——译者注

法国的卢尔德朝圣。在那里，这些伤残老兵欢聚一堂、治疗伤痛，大家一起重温当兵服役时的美好时光。

军事组织过程肇始之时，军队文化就是一桩典型的男子之事。我们在讲述辛西娅·恩洛的第十三章会再次谈及这个话题。

此外，军事组织的文化特点（Soeters，2018）可以描绘如下：

● **等级与纪律取向**：这表现在所有可见要素当中，包括制服表明军衔、标准化的训练与技能展现（例如敬礼），还有下级服从上级军人的命令；

● **内部取向**：成为社会中的一座"孤岛"，这体现在基地、堡垒、驻防对外禁止开放，还有仅为军人设计的训练与教育项目或其他设施（例如：医院、旅馆）；

● 具有**双面性**：一方面针对的是危机与战时情况下的军事行动，另一方面也可以在和平时期做冷静的准备，包括从一种情况到另一种情况的快速切换能力；

● 表现出**排斥外部评价**的倾向：因为军人彼此之间互相忠贞并且互相保护，所以军人更喜欢亲力亲为，包括判定任务执行是否合适或者士兵是否行为不端(Winslow，1999)。只有军队才拥有自己的军事法庭与执法部门。

当然，并不是所有这些方面都是军队独有，也会因国而异、随境变迁。然而这些方方面面混合到一起就使得军事文化现象独具特色。但是，它却并非庞然大物（Hajjar，2014），尽管有时候军事文化表面看起来是这样，特别是在与平民组织比较时尤为突出。现实中的军队由许多组织亚文化构成，并在各个军种的层次上有所体现，例如特种部队、空军、陆军和海军，或者相较于后勤部队的战斗部队。同时，亚文化也存在于常规部队、全职军人与预备役军人、为国防组织工作的平民受雇者之间的边界线上。有时军队内部也会出现与文化相关的政治裂痕，2016 年夏，土耳其军事政变就揭示了这一点。

【27】

当然，文化差异也可见于行动实践、风格与战略世界观等方面的国际变化上。美国的军事组织过程与表现显然与意大利、俄罗斯、南非或日本不同（Verÿ 等，2013；Soeters，2018）。在有关科内里斯·拉莫斯的第十一章，我们会详述这些国际性差异以及它们是如何影响军事行动的。

　　然而，在这些国家的武装力量当中也有许多共性，既然它们都是军队，其军事部门，如同其他部门一样（例如医疗部门），也有很强的同构的、趋同的倾向。这都是超国家性规则与规章的结果，例如北约有关军事行动中的训练、认证与执行的准则。此外，这种同构可能因为使用统一的武器系统或技术（例如 F35），这就需要超越文化差异而遵循训练、维护与实际使用的共同政策。再者，他们遵循人与组织间简单的模仿行为（Winslow，2007；Soeters，2018）。这些事实使得不同国家的武装力量在军事行动中——例如在联合国、北大西洋公约组织（North Atlantic Treaty Organization）或者非洲联盟支援下的任务——可以通力协作。

　　但是，不同国家的军队之间的文化差异仍旧存在。它们可能会妨碍多国军事合作在执行任务时的效力，因为缺少对彼此价值观、做法与利益的理解。为适应这些差异，可以概括出三种组织性与操作性解决方案（Soeters 和 Szvircsev Tresch，2010；Soeters，2018）。下述三种方法在多国部队合作执行任务时都有用武之地：

　　同化，发生在较小的合作者适应并常常同大多数或较大的合作者变得相似，前者依赖于后者或前者认为后者更有优势。例如，小国空军（例如比利时、挪威）使用与高级合作伙伴（特别是美国空军）同款的飞机。再如，在阿富汗的爱沙尼亚和丹麦步兵分遣队依附于规模更大、等级也更高的英国步兵分遣队。这就有意无意地引导他们模仿英国军队在战斗区的那种好战的战事应对方式（King，2010）。

　　分隔，作为一种组织方式常常应用于军事行动当中，具体做法则是进行划分：

　　a. 依据行动区域划分：将其分成更小的区域，然后划归不同的国家来负责。例如，在国际安全援助部队（ISAF）执行任务时，阿富汗的赫尔曼德省属于英国管区，坎大哈就归加拿大负责，乌鲁兹甘则划归荷兰；【28】

　　b. 依据时间划分：特定时间段内特定区域的空中巡逻任务——例如波罗的海诸国划归一个国家，接下来的时段轮到另一个国家；

　　c. 依据任务划分：例如，持久自由行动（Operation Enduring Freedom）由美国和英国负责，而国际安全援助部队归德国和其他欧洲军队负责；

　　整合，是多国武装力量实现合作最困难的方式，因为这取决于这一理念，即所有的参与国间彼此平等并能提供相当的投入，以实现行动目标。整合最可能发生在跨国总部里，因为这里各个国家的贡献大多是基于部署个别人员而非部署整体的、大规模的部队。

提高美国军队的效力

已故美国军事社会学家查尔斯·莫斯科斯（2001）曾经写过一本回忆录，记录了自己参观英国和美国多个战争与参谋学院以及比利时北约行动总部（高等职业教育学校（SHAPE））的经历。他采访了大量的国际军官、非美国裔军官，后者都是在美国接受军事教育和训练或者在高等职业教育学校工作。在这些访谈中，许多人都建议提高多国军事行动中美国军队的效力。语言尤其成问题，几乎没有一个国际军官的英文讲得像美国人或英国人那么流利，这就产生了许多副作用。例如，不能理解彼此的交流内容，并且催生了以语言为界限的非正式团体（来自西班牙的讲西班牙语的军官与来自葡萄牙的讲西班牙语的军官，等等）。加上课程当中接触到涉密材料的权限差异，以及美国教师和涉美话题（"大战争模式"）占据主导，这就"加剧了一种一开始就有的二等公民感觉"。所有这些文化相关的观察都来自 21 世纪初，或许会随着时间而改变，或许不会……

意识到初级群体（班、排、团）层面凝聚力的重要性以及组织层面文化的重要性都是涂尔干对于社会学和军事研究的最为重要的贡献。当然，涂尔干的贡献不止于此。

[29]　## 自杀

涂尔干的研究与军事的关系在其最负盛名的著作《自杀论》中体现的最明显（2006（1897））。基于大量的档案统计和高明的分析，该书仍未失去其重要性和新鲜感（Heilbron，2015：79-81）。该书中，作者认为自杀行为不只是单纯的个人决定，如此引人注目的事件同时与一个人所属的社会群体和整个社会有非常大的关系。这一经典著作同军事研究的相关性表现在两个方面：第一，该书有助于理解士兵相对较高的自杀率，这种情况一直持续到现在（Mastroianni 和 Scott，2011）；第二，该书有助于着力处理怀有敌意之人的自杀性袭击，现在这仍然是威胁普通百姓日常生活的恐怖行为。

在涂尔干（2006（1897））的专著中，作者用了一整块内容来分析许多国家士兵的自杀率情况。和其他研究一样，涂尔干交代了比较分析的重要性，其方法论问题稍后我们会再次介绍。首先，涂尔干发现"在所有欧洲国家……士兵自杀倾向都比同龄的普通平民要高很多"（Durkheim，2006（1897）：186）。他认为军人自杀现象是一种**利他主义自杀**的表现形式，这种自杀往往是**因为他人**。这就意味着自杀同社会群体（即军队本身）所带来的巨大压力有关。

用涂尔干自己的话来说：

> 受这种倾向影响，士兵自杀的原因很多，如略微失望、出于最说不通的理由、不能休假、遭到训斥、不公的惩戒、推迟晋升、名誉问题、一时间妒火中烧，甚至就因为自己亲眼看到或听说有人自杀……一旦认识到军人职业发展出一种道德构成，后者强烈促使他们摆脱自己，那么一切就都好解释了。

> （Durkheim，2006（1897）：198-199）

在涂尔干看来，军旅生活如此无所不至、高度紧张，以至于工作或生活当中稍偏离常规都会酿成正式和非正式的反作用，从而引发战友产生精神问题，进而导致部分军人自杀。这样来看，那些最不具备军事性格的人（例如工程师、行政管理者或急救人员）往往受自杀倾向影响最不严重也就不足为奇（Durkheim，2006（1897）：197）。除了这些导致军职人员较高自杀率的一般社会机制外，涂尔干还指出了"英雄式自杀"现象——即士兵在战场上牺牲自己的生命来避免他人死亡（Riemer，1998）。

按照涂尔干的思路，美国社会学家马斯托依安尼和斯科特（Mastroianni 和 Scott，2011）拓展了这种解释，他们指出：应该意识到现在与涂尔干【30】所处时代不同，并不是所有的武装力量都比平民群体的自杀率要高。然而在一些国家，该现象却持续存在。马斯托依安尼和斯科特（Mastroianni 和 Scott，2011）发现美国士兵的高自杀率（甚至还在提高）与涂尔干辨识出的四种自杀类型都相关。特别是在伊拉克和阿富汗执行任务之后，与在役士兵相比，美国退伍老兵的自杀率之高格外引人注目；女性退伍士兵的自杀比率比女性在役士兵也要高很多（Hoffmire 等，2015）。

如果你是一位退伍军人，觉得自己再也把控不了了，或者觉得没有你这个世界会变得更好的话，请拨打下面的电话：

退伍军人自杀热线

800-273-8255

……

如果你走了，你的至亲会很伤心。

（来自美国的脸书公告，2017 年 1 月 16 日）

在分析这种过激现象时，马斯托依安尼和斯科特（Mastroianni 和 Scott，2011）首先提出了利他主义自杀的对立面——**利己主义自杀**：这种自杀不是因为过度整合进驻军环境，而是因为整合程度不够。众所周知，军队里面常常发生频繁派遣与交替换岗。这些会严重干扰个体的高度社会整合，而军队恰以这种高度整合闻名。这或许会致使军人感觉到极其孤独，也会把许多人推到自杀的边缘。在退役以后，老兵不能很好地再次整合进家庭就意味着婚姻与家庭生活——如涂尔干所示，这通常是一个避免自杀的因素——都让军人个体感觉到孤立，甚至发生离婚或自杀等不幸事件，但是这些也可能是早年经历的影响。最近，格里菲斯和布莱恩（Griffith 和 Bryan，2016）发现：如今的军队招募可选的申请人更少，因此录取比例必然有所提升。其中包括招募一些来自非传统家庭、特别是单亲家庭的新人，以及家庭和童年经历不幸的人员。这使得这些士兵十分脆弱，更易于自杀。用涂尔干的术语来讲，这也可以看作利己主义自杀的一种形式。

此外，马斯托依安尼和斯科特（Mastroianni 和 Scott，2011）还把美国军人较高的自杀率同涂尔干所说的**失范型自杀**联系在一起。失范型自杀是指日常生活或工作突然发生变故而导致的自杀。离开了军队安全的社会环境，但在平民劳动力市场不能找到新工作就可以看作这样的一种突然发生的、戏剧性的人生变故。依据马斯托依安尼和斯科特（Mastroianni 和

Scott，2011）所言，行动任务过程中也可能发生失范。例如，如果应征入伍的士兵感觉自己身上发生的事情违背了他们的期望，该期望源于日常训练与学习并得到政治与军事领袖的培养，他们就会感觉到挫败与绝望。再如，如果让他们认为自己的任务是一场常规战争并且敌人明确，但是却发现敌人凶狠并且不按套路出牌，他们既不熟悉又难以适应时，就会发生这种失范。此时，心理紧张和身体威胁就会双双到来，特别是应对既不熟悉、训练中又从未遇到过的情况时更是如此。对于一些军人来说，这是不能承受的。我们不要忘记一点：依据大家公认的见解，善于经受暴力与使用暴力的人毕竟不多见。

但是也有一少部分人，柯林斯（2008）将其称为"暴力的少数"（violent few）。他们出现在连续谱的各个点上，这就导致了自杀式袭击的出现，该现象结合了内在与外在取向的暴力。最为臭名昭著的例子就是第二次世界大战期间发生在太平洋海战上的日本战机神风特攻队的自杀性袭击。最近的例子就是 2001 年美国的"9·11"事件，随后又有巴里、马德里、伦敦、卡萨布兰卡、安卡拉、加州的圣贝纳迪诺、巴黎、布鲁塞尔、佛州的奥兰多、伊斯坦布尔、尼斯、巴塞罗那和几乎贝尔格莱德的所有角落、喀布尔和大马士革等。这些袭击者都是因为自身需求未能得到满足而感到挫败（Schinkel，2004），通常表现为集体性悲伤与愤怒，进而转移成一种直言不讳、明确倡导的意识形态与目标。20 世纪 70 年代的恐怖主义袭击大多是以独立与解放名义发动的。

这种现象就是涂尔干所说的**利他主义自杀和宿命型自杀**（Soeters，2005：94）。如果群体及其意识形态的影响变得十分强势，甚至有些让人窒息且别无选择，再加上生活中也看不到其他选择，那么就会发生宿命型自杀。长期以来的贫困与匮乏、脱离家庭生活或者早年的犯罪行为使得人们不再相信他们在生活中会取得成功。自杀式暴力的典型特点就是它既指向内部又指向外部。它还是下面两者的交汇：一方面，个体层面的心理创伤与挫败感；另一方面，社会学视角下的意识形态与集体信念。自杀式暴力还有另一个社会学侧面，即对于一些人（特别是年轻人）来说，生活机会显然少于其他人。这常常（虽然未必总是如此）是先于暴力的心理创伤和愤怒的前兆。

比较法

涂尔干研究重点中一个明显的优势就是他发展了社会学的研究方法。

【32】他经常强调研究**社会事实**（即超越个人层面的、集体的特点）的重要性。他对自杀的研究就是最好的例子。

值得注意的是，涂尔干对于系统比较的强调在当时研究单个案例，如单个部族或国家占据社会科学研究主流的情况是一种突破（Durkheim，2013（1895）：101–110）。通过系统比较从澳大利亚、中国或北美的部落搜集来的民俗学材料，涂尔干旨在更好地理解社会生活的基本模式（Dobbin，2009：204）。涂尔干所倡导的方法就是他称为不同个案间的**共变法**。

在军事研究当中，针对单一国家的武装力量或者特定事件而展开的个案研究（例如战役）还是一种通用方法。军事历史研究远比其他军事研究学科更为频繁地强调事件的独特性。这与那种按"一国一案"编著的个案研究论文集没有什么差别，尽管研究者也是试图找到其中的共性与差异。"一国一案"的研究方法有其优点，因为那样可以得到有深度的见解。然而同时，也因为研究者不能从更为开阔的视角研判、研究、发现，所以显得较为狭隘与短视。这种研究缺少一定的标准以及比较的标尺，很容易导致主观的评估与判断。涂尔干绝对不会认可这点。

当然，也存在一些特例。最有名的就是约翰·纳格尔（John Nagl）相当系统地对比研究了20世纪六七十年代越南战争当中美军的行动风格与20世纪50年代英军在马来西亚与共产主义运动作斗争的方法（Nagl 2002）。结论就是：美军可以从英军在马来西亚的行动方式上学到很多东西。并且纳格尔认为，这些会提升美军在整个越南战争中的行动表现。这个发现让学界惊诧不已，因为它以最实际与最实操的方式显示了比较研究的优势所在。如果涂尔干的方法应用得更多、更早，指挥官们一定会受益匪浅。

比较研究的方式之一就是实施多案例比较，因为两个案例的比较还不足以揭示全部图景。甚至有时会让事情变得更糟，正如纳格尔所示：单个案例会给人一种错误的印象。与越南战争中的美军行动风格相比，马来西亚的英军更聪明、低调，以当地居民为中心，正如约翰·纳格尔所证明的。但是后来也有研究表明，当年在马来西亚，英国人的斗争也是非常具有攻击性、压制性与破坏性的。这两个问题都不好解决（Greene，1951）。然而，在与越南战争中所使用的大量颇具争议的下作暴力进行比较的时候，第二方面被掩盖住了。毕竟，任何的评估与比较从来都不是绝对的。

为了避免因为仅仅聚焦于两个个案而导致的鼠目寸光，相同或其他个案应该被系统地纳入与其他国家武装力量的行动比较中来。例如，阿尔及 【33】利亚的法国军队、在前荷属东印度群岛的荷兰军队、科尼亚的英国军队、刚果的比利时军队，等等。基于参考性方法论框架而展开多元个案比较或者两个个案的系统比较会有助于更好地理解军事行动的机制与效果。在这方面，涂尔干的方法论并没有得到足够的学习与应用，这在军事领域的研究中尤为如此。当然，也有一些进步。年轻的学者为如何改变这种状况做出了很好的表率：克里斯托弗·哈里格（Christoph Harig，2015）比较了联合国赴海地任务中的巴西军队和驻里约热内卢的内部安全部队；托尼·英格森（Tony Ingesson，2016）系统比较了历史上不同时段的军事行动；基亚拉·鲁法（Chiara Ruffa，2014/2017）研究了联合国赴黎巴嫩任务中的四国士兵。

军事行动比较

基亚拉·鲁法是一位意大利政治社会学家，她为军事研究中比较研究法的优势提供了很好的例子。基于大量的田野调查，借助多种研究方法的混合，她研究了联合国驻黎巴嫩临时部队（UNIFIL）如何通过四国士兵合作来执行任务。任务所在地处于以色列和黎巴嫩边界北部的一个相对较小的地方，参与其中的士兵来自不同的国家，但是其行动的目标都来自相同的授权，并且接受同一个总指挥官及其班子的指挥。拉法研究了法国、加纳、意大利和韩国军队在执行任务时的行动方式。她能够证明各国士兵在日常军事活动方式上存在着系统的差异。其中，她发现在法国和韩国军队中有一种"威慑性"取向，而在意大利和加纳军队中则存在一种"人道主义"行动风格。日常军事实践中的这些区别会带来不同的军事行动结果。例如，敌方将其武器库集中在意大利的行动区域，因其检查及其他行动以较为宽松而闻名。

尽管罗瑞·斯图尔特（Rory Stewart，2006：397–405）的观察并没有那么全面系统的研究基础，但是他从反面得出一个结论。作为一位前军医，他碰巧可以比较伊拉克战争爆发以后在巴士拉的英国军队和意大利军队的行动风格。一年之后，他再次考察发现：巴士拉某个城区中积极主动地执行任务的英国军队作战风格远比在邻近地区不作为的意大利军队带来的不稳定性问题要多得多。意大利式处理方式取得较好效果是因为它迫使伊拉克人要为自己的事情负责。

【34】　结　论

在法国乃至世界，爱弥尔·涂尔干为许多后起的社会学研究与理论奠定了基础。现如今，其研究仍然适切，因为它为侧重制度文化与制度常规的新观点与新研究铺平了道路。这点业已证明对军事特别有用。涂尔干是证明了研究宏观集体层面现象如此重要的第一人。他倡导有必要对社会与国家层面上的社会现象进行系统比较，并且为此详细阐发了方法论。

参考文献

Ben-Shalom, U. Z. Lehrer and E. Ben-Ari. 2005. "Cohesion during military operations: a field study on combat units in the Al-Aqsa Intifada". *Armed Forces and Society* 32（1）: 63–79.

Burk, J. 2008. "Military culture", In L Kurtz（ed）, *Encyclopedia of Violence, Peace and Conflict*. Oxford: Elsevier, pp. 1242–1256.

Collins, R. 2008. *Violence: A Micro-Sociological Approach*. Princeton NJ and Oxford: Princeton University Press.

Coser, L. 1977 *Masters of Sociological Thought: Ideas in Historical and Social Context*. 2nd Edition, Long Grove, IL: Waveland Press.

Diken，B. and C. Bagge Laustsen. 2005. *The Culture of Exception*：*Sociology Facing the Camp*. London and New York：Routledge.

Dobbin，F. 2009. "How Durkheim's theory of meaning -making influenced organizational sociology". In P.S, Adler（ed.），*The Oxford Handbook of Sociology and Organization Studies*. Oxford：Oxford University Press，pp，200-222.

Durkheim，E. 1933（1893）. *The Division of Labor in Society*. New York /London；Free Press. Durkheim，E,（2013（1895））*The Rules of Sociological Method and Selected Texts on Sociology and its Method*. New York，etc.：Free Press.

Durkheim，E. 2006 （1897）. *Suicide*；*A Study in Sociology*. London and New York：Routledge.

Durkheim，E. 1976（1912）. *The Elementary Forms of the Religious Life*. London：Allen and Unwin.

Durkheim，E. 1915. *L'Allemaene audessus de tout*：*la Hentalité allenand et la guerre*. Paris：Armand Colin.

Durkheim，E. and E. Denis. 1915. *Qui a voulu la guerre?* Paris：Armand Colin.

Giddens，A. 1971. *Capitalism and Modern Social Theory*：*An Analysis of the Writings of Marx，Durkheim and Max Weber*. Cambridge：Cambridge University Press.

Goldberg，C.A. 2008. "Introduction to Emile Durkheim's 'Anti-Semitism and Social Crisis'". *Sociological Theory* 26（4）：299-323.

Greene，G. 1951. "Malaya，the forgotten war". *Life* 31（5）：51-65.

Griffith，J. and CJ. Bryan. 2016. "Suicides in the U.S, military：birth cohort vulnerability and the al-volunteer force". *Armed Forces and Society* 42（3）：483-500.

Hajjar，R.M. 2014. "Emergent postmodern us military culture". *Armed Forces and Society*，40（1）：118-145.

Harig，Chr. 2015. "Synergy effects between MINUSTAH and public security in Brazil". *Brasiliana - Journal for Brazilian Studies* 3（2）：142–168.

Heilbron, J. 2015. *French Sociology.* Ithaca NY and London：Cornell University Press.

【35】 Hoffmire, C.A., J.E. Kemp and R.M. Bossarte. 2015. "Changes in suicide mortality for veterans and nonveterans by gender and history of VHA service use, 2000–2010". *Pydhiatric Services* 66（9）：959–965.

Ingesson, T. 2016. "The politics of combat：the political and strategic impact of tactical level subcultures 1939–1995". Ph. D. thesis, University of Lund.

Janowitz, M. 1960. *The Professional Soldier and Political Power：A Theoretical Orientation and Selected Hypotheses.* Ann Arbor：University of Michigan Press.

Joas, H. and W. Knöbl. 2013（2008）. *War in Social Thought：Hobbes to the Present.* Princeton NJ and Oxford：Princeton University Press.

King, A. 2006. "The word of command：communication and cohesion in the military". *Armed Forces and Society* 32（4）：493–512.

King, A. 2013. *The Combat Soldier：Infantry Tactics and Cohesion in the Twentieth and Twenty-first Centuries.* Oxford：Oxford University Press.

Malešević, S. 2010. *The Sociology of War and Violence.* Cambridge：Cambridge University Press.

Mastroianni, G. R. and WJ. Scott. 2011. "Reframing suicide in the military". *Parameters*, Summer. 621.

Moelker, R. 2014. "Being one of the guys or the Ay on the wall? Participant observation of veteran bikers". In J. Soeters, p. Shields and s. Rietjens（eds）, *Routledge Handbook of Research Methhods in Military Studie*s. London and New York；Routledge, pp.104–115.

Moskos, Ch. 1974. "The American combat soldier in Vietnam". *Journal of Social Issues* 31（4）：25–37.

Moskos, Ch. 2001. *Muitinational Military Cooperation：Enhancing*

American Military Effectiveness（unpublished mimeo）.

Nagl, J. 2002. *Learning to Eat Soup with a Knife: Counterinsurgency Lessons from Malaya and Vietnam*. Chicago: Chicago University Press.

Riemer, J.W. 1998. "Durkheim's 'heroic suicide' in military combat". *Armed Forces and Society* 25（1）: 103–120.

Rufa, Ch. 2014. "What peacekeepers think and do: an exploratory study of French, Ghanaian, Italian and South Korean armies in the United Nations Interim Force in Lebanon". *Armed Forces and Society* 40（2）: 199–225.

Samet, E. 2014. *No Man's Land: Preparing for War and Peace in Post-9/11 America*. New York: Picador.

Schinkel, W, 2004. "The will to violence". *Theoretical Criminology* 8（21）: 5–31.

Shils, E. and M. Janowitz. 1948. 'Cohesion and disintegration in the Wehrmacht in World War I'. *Public Opinion Quarterly* 12: 280–315.

Soeten, J. 2005. *Ethnic Conflict and Terrorism The Origins and Dynamics of Civil Was*. London and New York: Routledge.

Soeten, J. 2013. "Do distinct（national）styles of conflict resolution exist?" *Journal of Strategic Studies* 36（6）: 898–906

Soeten, J. 2018. "Organizational cultures in the military". In G. Caforio（ed.）, *The Handbook of the Sociology of the Military*. Cham, Switzerland: Springer.

Soeters, J. and T. Szvircsev Tresch. 2010. "Towards cultural integration in multinational peace operations". *Defence Studies* 10（1/2）: 272–287.

Stewart, R. 2006. *The Prince of the Marshes: And other Occupational Hazards of a Year in Iraq*. Orlando, FL Harcourt.

Vreÿ, F. A Esterhuyse and Th. Mandrup（eds）. 2013. *On Military Culture: Theory, Practice and African Armed Forces*. Claremont, CT: University of Connecticut Press.

Weick, K. and K.H. Roberts. 1993. "Collective mind in organizations: 【36】 heedful inter-relating on flight decks". *Administrative Science Quarterly* 38

（September）：357–381.

Winslow，D. 1998. "Misplaced loyalties：the role of military culture in the breakdown of discipline in peace operations". *Canadian Review of Sociology and Anthropology* 35（3）：345–367.

Winslow，D. 1999. "Rites of passage and group bonding in the Canadian Airborne". *Armed Forces and Society* 25（3）：429–457.

Winslow，D. 2007. "Military organization and culture from three perspectives：the case of army". In G. Caforio（ed.），*Social Sciences and the Military：An Interdisciplinary Overview*. London and New York：Routledge，pp. 67–88.

Zerubavel，E. 1997. *Social Mindscapes. An Invitation to Cognitive Sociology. Cambridge*，MA. and London：Harvard University Press.

第三章 卡尔·马克思：社会与军事的批判性分析

作为一位社会理论家和政治理论家，卡尔·马克思（1818—1883）著【37】作的影响力在学界之外可能要比在学界之内还要大。马克思的论著为20世纪世界历史中最具影响力的政治意识形态奠定了基础。一直与当今世界关联甚密。

马克思强调研究社会不平等及其后果的重要性，这一点从一开始就成了社会学研究的重要议题（Giddens，1971）。许多社会学研究都循着马克思有关社会不平等以及注重权力的思路，这简单讲，其实就是社会中"有产者"和"无产者"（the "haves"和"have-nots"）之间的种种差异问题。这些差异在民族 – 国家之内和之间都存在。即便在西方社会，社会和经济不平等起伏不定（Piketty，2014），但是还远不能说它在全球范围内正在消失。西方发达国家公民比所谓的发展中国家公民富裕，他们的工作与生活条件也相应好得多。在理论和实践的意义上，马克思有关社会不平等和相关话题的研究（例如革命潜力、剥削与异化）仍旧具有重要意义。这一点也适用于组织研究（Adler，2009），还有近来的互联网研究（Fuchs 和 Dyer-Witheford，2012）之类的事物。

马克思著作在五大主题上切中军事研究，其中一些对于研究当今社会问题往往给人一种"柳暗花明又一村"的惊喜。在讲述杜波伊斯的第六章，我们会再次碰到马克思的主题，因为我们要讨论军事中的社会不平等与种族关系。在我们开始之前，指出马克思和他的"手足兄弟"（brother in arms）——恩格斯——经常联合署名发表关于欧洲国家及其殖民地的军事报道（Marx 和 Engels，1961）或许是很有趣的一件事。这些报道在许多国家（包括英国和美国在内）的国家级出版物登载。这再次表明经典社会学【38】家参与军事事务确有其事。在 19 世纪的那个时候，每天新闻报道的都是战争与武装力量，他们又怎么可能不涉入其中呢？

军事权力精英

马克思对于社会不平等的分析催生了许多关于各个领域权力精英的研究。查尔斯·怀特·米尔斯（Charles Wright Mills）是美国研究军事与政治权力精英的、最富盛名的社会学家之一。米尔斯确实是一位参与型学者（engaged scholar）（Barratt，2014）。然而，他也是一位真正的社会学家，使用了马克思·韦伯有关经济与社会的概念，例如权力、分层、结构、官僚化以及官僚制支配，即权力集中在官僚手中（Moskos，1974）。毕竟，米尔斯和他的同事汉斯·戈尔德（Hans Gerth）一起把马克思·韦伯的著作引介到全美学术界。但像马克思一样，他的社会与政治批评很难被忽略，并且他的著作也是当时左翼运动的主要灵感源泉（Barratt，2014）。

在其名著《权力精英》中，米尔斯（2000（1956））分析了在军、政、商三界的那些"发号施令者"掌控下的集权过程。他认为权力不断集中到少数人手中，是 20 世纪发展变化的结果：出现大规模公司、军事扩充以及中央政府的扩大（Barratt，2014：256）。这种集权过程的结果就是大多数人被排除在政府决策之外，尽管定期的民主选举为社会正往何处去提供了大体的走向。在非民主国家，权力集中于少数政客、商人和军官等人手中的过程更为明显。

除了描写社会名流、首席执行官、"大富豪"、"企业富豪"（corporate rich）和"政治董事"（political directorate）之外，米尔斯特意用了两章来书写美国的军事权力精英。在讨论军事的第一章里——"军界领袖"（The War Lords）——他指出了美国建国之初所面对的相对较小威胁：宽阔的大洋、孱弱的邻国、没什么力量的土著。因此，"拥有主权的美利坚共和国……不必承担长期巨大的军事开销"（Wright Mills，2000：175）。然而，军队在政府内部的影响与地位日渐增长，许多退伍的内战将军成了总统（Wright Mills，2000：177）。米尔斯非常生动地描述了 19 世纪的普通将军，他们经历了美国内战中的行动，以及反对印第安人运动。他把这些人同现代那些野心勃勃的上校和将军相提并论，后者组成了军队中的战略尖端人物，自米尔斯的时代迄今都是如此。

与早些时候那些能枪善骑、临危不乱、随机应变的将军不同，后来这【39】些经历了冷战的最高将领成了计划、后勤尤其是政策制定方面的专家。当米尔斯发表自己著作的时候，国际外交与外事领域基本都已是军人在主导着政策制定了，华盛顿特区和美国驻世界各地大使馆皆是如此。这些将领成了公共关系领域的专家，他们可以重新定义国际关系，其途径是让军事能力的极大扩充显得合理合法（Barrat，2014）。这产生了一系列后果，用米尔斯自己的批评性话语来说（2000：184）："战争或者高度备战状态被认为是常态，并且似乎是美国的永久状态。"

在有关军事的第二章——"军事的支配地位"——当中，他详述了高层军官所有的自主性及其对于政治和经济同僚的巨大影响。由此，他呼应了早些时候讨论"兵营国家"（The Garrison State）的著名论著，书中认为"精于暴力的专家可能治国理政"（Lasswell，1941：457）。这也是受到第二次世界大战之初诸多事件的影响。

米尔斯的分析也和冷战有关，但是和拉斯韦尔（Lasswell）的观点很像。其主要意思就是军队顶层比美国精英在历史上任何时候都要更占主导性地位，这并非偶然。借助相关训练、专业能力以及精神状态，人们普遍认为高层军队精英可以"把政策凌驾于'政治之上'"，并且他们是"有能力做出重大决策的必备人员"，与"任何私人利益"没有"任何公开的联系"（Wright Mills，2000：200）。

日渐增长的预算导致军队成了国家的一个主要经济参与者。同时，军队也占据了研发预算的很大份额。并且在相关部门（例如救灾方面），军队也是一个重要因素。例如，卡特里娜飓风过后，工兵部队的救灾表现就说明了这一点。因此，经济和军事之间的联系日益发展，这在"许多大型公司极度依赖于军方合同"（Lieberson，1971：581）中就可以看出。这就是众所周知的"军工复合体"（Moskos，1974）。因此，许多高级军官实际上退而不休，成为私人公司的董事会成员，也就不足为奇了。然而，经验研究表明这些关系并未完全掌控美国或其他西方经济体中的总体工业事态（Lieberson，1971）。

毫无疑问，米尔斯对于军事权力精英持有批评态度，这一点马克思应该持赞同态度。这甚至使得米尔斯悲观地分析了"第三次世界大战"的成因（Wright Mills，1958）。如他所说，"第三次世界大战爆发的直接原因就是已为它做好了准备"。并且他认为美国和苏联的军事权力精英就是背后的推手（Wright Mills，1958：47）。他继续批评了"军事形而上学""长期战争经济"和"想入非非的现实主义"等现象。为了避免事态恶化，他【40】认为"唯一现实的军事观点就是：战争——不是俄罗斯——才是现在的敌人"（Wright Mills，1958：97）。他同时倡导军事预算协商与调配，进而用于落后国家的经济援助和工业发展，特别是印度（Wright Mills，1958：101）。只有由联合国的事，发起才能实现。该书中他还提出了许多指导原则，在米尔斯看来，它们都有助于避免下一次战争的爆发。但是内容过多，此处实难全面讨论。该书最后讨论了知识分子在所有这些事情中所扮演的角色。

事后来看，我们可以认为米尔斯过于阴郁和悲观：第三次世界大战并未发生，并且 20 世纪 90 年代苏联解体对许多人来说，似乎所有的问题都迎刃而解了。然而众所周知，许多战争和大规模军事行动却从那时候出现了，例如在伊拉克、阿富汗、利比亚、车臣、叙利亚和其他较小的地区。世界上的许多地方目前局势依然紧张，相应的决策过程确实在很大程度上会受到军事权力精英的影响。例如，在美国、英国、法国、俄罗斯和许多其他小国。许多米尔斯有关 20 世纪 50 年代军事权力精英的论述时至今日仍然具有适用性，或许不是适用于所有的国家，但对于美国以及其他主要军事取向的国家却具有比较大的价值。我们在第十一章会探讨军事或战略文化中的国别差异问题。

至于如今军事权力精英的影响，我们只需想想，2017 年一月美国总统特朗普宣誓就职时，其团队中有三位（退休）将军。他们的任命显然说明了将军被看作极为可贵的公务员，他们是对美国利益至关重要的政策领域中的专家能手。毫无疑问，他们会以多种方式影响政府的总体走向，并将在很长一段时间内都会如此。

将军的角色

尽管将军作为军事权力精英的代表可能被看作军费花销和军事行动的煽动者，但事情可能引发不同的结果。在很久以前，美国和许多其他国家的总统较多都有军旅经历。现如今，在废除征兵体系之后，总统不再一定如此，因此，总统和政治领袖上台时并没有或者没有很多军旅经历。这或许会导致运用暴力的情况减退，但是相反的情况也可能出现。毫无军旅经历的政治领袖或许更容易决定把钱花在军事开销之上，并实际运用军事手段。特朗普总统计划削减外交和对外援助花销，进而来提升军队预算就引起了民众的广泛关注。2017 年 2 月 27 日，120 余位退伍将军和海军上将联名上书议会，要求"全面资助美国外交与对外援助，认为这类计划'对于保证美国安全格外关键'"（Reuters，2017）。这里的军事最高层要员都已退休，对于宣传军事的直接利益可能并不感兴趣，或许是因为他们更清楚避免暴力与冲突的关键所在。

军事政变　　　　　　　　　　　　　　　　　　　　　　　　　　【41】

"革命"在马克思主义行动理论中起着巨大的作用，因为如马克思所言，"革命"使得穷人和被剥夺者攫取权力并且得到他们自己觉得有权获得的一切。按照这个逻辑，将其应用于军事领域，就会涉及作为一般性组织中的一类特殊社会事件——军事政变（Zald 和 Berger，1978）。组织中的这种事件意味着借助内部渠道而不是正规的外部途径来夺取政权。然而，与日常组织中的情况不同，这种军事事件会产生巨大的政治与社会影响。事实上，可以使用"政治军队"的概念来指涉"那些想要插手甚至掌控内政与政府事务的军事机构，旨在成为其履行的合法性功能的核心部分"（Koonings 和 Kruijt，2002：1）。因此，政治军队一旦认为有必要的话，就会发起军事政变。

就如同马克思自己对于 19 世纪 50 年代英印武装力量叛变的分析所说明的那样（Marx 和 Engels，1961（1857）：vol. 12：230–233），这种政治军队和军事政变似乎属于过去，距离我们特别遥远。然而，在 1950 年至 2000 年间，军事政变却屡见不鲜，特别是在非洲和拉丁美洲，同时也发生在亚洲，甚至欧洲（Koonings 和 Kruijt，2002）。最为出名的就是 1973 年发生在智利的军事政变，时任总统萨尔瓦多·阿兰德在军事政变中被赶下了台。2016 年夏天发生在土耳其的军事政变表明该类现象并未消失，甚至在北约联盟内部也是如此。军事政变的发生与军事社会学中对"控制军队"的基本讨论相关。这在所谓的一致性理论（concordance theory）（Schiff，2009）中积累了许多相关文献，我们在第九章会有所涉及。

在一项很重要的研究中，南尼哈尔·辛格（Naunihal Singh，2014）分析了军事政变的策略逻辑及其成败的决定因素。让人吃惊的是，他并没有参考马克思的文献，但是这或许是因为他没有注意到发动政变背后的那些动机：他们的苦痛、挫败感以及保护并宣传自身利益的欲望。

辛格研究了非洲撒哈拉沙漠南部第一个独立的后殖民国家——加纳，其历史上发生了六次成功的军事政变和四次失败的军事政变。他的理论很简单，并且同集体行动中以"协调博弈"（coordination game）知名的博弈论见解相一致。在社会学中，这符合著名的"社会学寓言"，即**自我实现预言**：当储户相信：根据报纸、广播或谣言，其他所有人都将从银行提款，相应地，他们自己也会这么做，银行挤兑就发生了（Merton，1968：476）。个人行为取决于自己怎么看待别人的行为。不管新闻真假，这些信念机制很可能会带来现实的后果。

【42】　　如果行动者的预期与实际行为吻合，那么类似银行挤兑的集体行动就很可能发生。同样的道理，军队政变就很可能成功。信息扩散就是传播的问题——无论是开会还是最有可能的新闻广播。因此，传播塑造了期望并催生了集体行动。唯有如此，信息（这里是指政变的信息）才能传播到所有相关党派，但"仍必须广为人知到为各党派所知的地步"，等等（Singh，2014：7）。因此，攻击者必须"制造一个事实"。如果两拨攻击者不知道彼此的努力，那么他们就会失败。如果他们确实知道彼此的努力，那么就会合作去消灭他们眼中共同的敌人（Singh，2014：5-10）。这样一来，政变就会取得成功。为了防止政变成功，被攻击的政府或政权需要反其道而行之。那就是牢牢把握住或者夺取广播设施，或者把叛变者从他们占领的广播站驱逐出去。这恰好就是土耳其总统埃尔多安面对 2016 年夏夜部

分军队发生叛变时所采取的策略。通过广播和社会媒体，他告知了民众他还在掌权，并且动员民众走上街头，阻遏攻击者夺取政权。因此，那次政变以失败告终。

相对于军队将军或上将发起的军事政变，底层士兵发起的军事政变成功的可能性很小，因为前者掌控更多的资源（Singh，2014）。事实上，后者一般被称为兵变，这种现象我们在第十一章会有所讨论。来自组织的较低层次的对抗是多种多样的，其影响可能波及周围正在发生的事情。一般来说，士兵拒绝服兵役（Bröckling 和 Sikora，1998），或者执行任务中叛变可以被看作缺少组织性的抵抗行为，但其影响却很恶劣。显然，越南战争中，美国士兵反对政府运动导致了美国最终战败，最后仓皇撤离。

战时不平等

军队当中社会不平等的一个特别而又重要的方面要看不同社会经济阶层中的伤亡人数分布。这一点长久以来一直是学术界和媒体关注的热点——这在美国尤其如此。确实，这符合马克思主义对于军事研究的路径。细致的统计研究（Kriner 和 Shen，2014）已经表明："第二次世界大战结束之后，社会经济处于不利地位的社群所承担的美国战事伤亡比例最大。"这些发现背后的原因常常与征兵机制有关，这些机制驱使更多社会经济机会较少的年轻人应征入伍。简单讲，在谁来参军服役这个问题上存在不平等的问题。

此外，还有职业分配效应：应征士兵构成了战斗减员的绝大多数，他【43】们同样不成比例地来自低收入社群。战斗中军官牺牲的可能性很小，而他们则不成比例地来自高阶社群（Kriner 和 Shen，2010：73）。这种现象在越南战争中显得格外惹人注意，那时美国士兵的抵抗和前文所提到的士兵谋杀军官的案例都说明了这种不平等在军事单位内部造成的紧张局势。

战斗牺牲人员中来自低收入家庭的比例居高不下的情况基本没有改变。即便是在越南战争中半路引入了抽签征兵制之后，也依然如此。这种抽签制之所以被引入是因为死亡分布的不平等过于明显和普遍。这一机制有助于减少这种不平等，但是偏态分布仍然没有什么改观。即便征兵体制被废除之后，战斗中的死亡风险与其社会经济地位之间密切相关这一点，仍旧还是老样子。其他国家军队当中应该也存在这种现象。

在以色列，亚基尔·列维（Yagil Levy，2006；2010a）调研了他所说的
"军队死亡等级"，其研究表明：应征入伍的中产阶级士兵比那些来自宗
教群体和边缘群体的士兵能更好地规避被派往有生命危险境地的风险。有
宗教信仰的士兵可以接受自己在战斗中牺牲这种风险，这要归因于他们的
教义与民族主义信条。由于他们的族群民族主义的倾向，这一点也或多或
少地适用于来自边缘群体的士兵。然而，后者更加缺乏一定的社会网络来
抵制这种风险，而中产阶级士兵及其父母却可以通过人脉运作而规避它。
对于公民来说，这种模式的应用范围更广，因为特权公民一旦发现自己的
驻军所在地即将受到攻击，就会利用手中的经济资源转移到其他地区。对
于那些来自边缘群体的公民而言，他们的住所接近边境，从而没有足够的
经济实力离开危险的居住地，这些人一般都是移民。

今天，通过对这种特定的社会不平等的展现，再次充分体现了马克思
的思想与军事研究的重要关联。

穷军队与富军队

随着世界范围内的贫富分化，武装力量也有贫富之别。最具传奇色彩
而声名远扬的例子是虽然穷但有时效果奇佳的人民军，他们就出现在第二
次世界大战后随即开始的殖民战争当中，一直延续到20世纪70年代。例如，
在前荷兰殖民东印度群岛、阿尔及利亚、马来西亚、肯尼亚、越南和安卡
拉等地发生的独立斗争，此处仅举几例（Green，1951；Osstindie，2015；
Caputo，1999（1997））。这些战争都反对西方统治者：他们把社会分化
成殖民者（或他们的代言人）与被殖民者。这些暴力战争缘起于被殖民者
【44】的愤怒，它们为解放铺平了道路。这一点弗兰茨·法农（Frantz Fanon）在
其专著《全世界受苦的人》（2004（1963））中做了非常著名的分析。这
本书在当时震撼了许多人。时至今日，该书在正确理解在全球机制中的不
平等仍是一本必读书目。

越南战争结束之后，出现了纪念活动。如今许多越南的军事博物馆并
没有展现出越南对于各个入侵者（法国、美国）发动的侵略战争的憎恨。
然而，他们是以胜利者的姿态讲述自己如何依靠本国人民的力量把外来侵

略者赶走了。虽然在技术上落后于敌人，越南人的力量却一次又一次地证明了其卓有成效。

1848 年巴黎起义中的穷人军队

1848 年 6 月，两支由市区穷人组成的非正规军队在巴黎街头展开了持续四天的战斗。暴力事件发生的原因是政府计划关闭为失业者提供工作与收入来源所创设的国家工厂。随后的暴力事件就变成了马克思和恩格斯所说的、带有阶级意识的"流氓无产阶级"（lumpenproletariat）运动，参与者主要是非熟练工人与贫苦工人（Marx，1973：165 及以下）。历史社会学家马克·特劳戈特（Mark Traugott，2002）以及其他学者经仔细研究发现：走在起义最前列的不是非熟练工构成的无产阶级，而是熟练工匠群体。那些维护当权者的武装力量在职业地位上则几乎没什么不同。因此，"流氓无产阶级论"应该予以驳斥。特劳戈特的研究还表明：阶级位置仅仅造成了弥散的政治倾向。在他看来，其他因素如组织亚文化，特别是按照领导力、百姓陈情以及孤立程度所做的力量配置应该在解释特定市区战斗效率时，予以更大的解释分量（Traugott，2002：xxxiv 182–185）。这一点还可以推而广之。这里我们也可以看到把马克思与涂尔干联系起来的必要性。事实上，经济差异确实对于暴力冲突事件的爆发与发展具有重要影响，但也仅限于和其他因素一起发挥作用，例如那些在文化或"心态"层面上发挥作用的因素。

如今，穷军队与富军队的区分对于联合国名下的军事任务构成具有一定意涵。对这些任务的参与都是高度倾斜的：来自所谓发展中国家的武装力量为数绝对高于来自所谓西半球国家的投入。来自诸如印度、巴基斯坦、尼泊尔、尼日利亚、塞内加尔、南非、乌拉圭和巴西的武装力量规模绝对大于欧洲国家所派出的武装力量。此外，美国和英国已经好几十年不参与联合国特别军事行动了。其中存在一定的专业与意识形态原因，因为西方【45】军事力量更青睐于参与北约这种具有稳定组织环境的行动。这种偏好在美国、荷兰与比利时部队于 20 世纪 90 年代分别在索马里、波斯尼亚和卢旺达参与了联合国行动、经历了种种灾难之后，变得更加强烈。此外，西方

军队认为自己训练更好，为的是应对高强度作战行动；这种信念在盎格鲁 – 撒克逊军队当中特别强烈。联合国行动往往更倾向于维护和平，这对于许多西方士兵来说根本不算是军事"超级联赛"。

导致这种平衡倾斜的其他原因更接近于马克思主义思想所强调的内容。对于来自发展中国家的部队而言，联合国提供的经济补偿以及为其部队与指挥者提供的进一步职业化的机会是他们参与联合国行动的充分理由。因为这些部队本身经济不富裕，通过参加这些任务可以获得收益。另一方面，这些部队对领先的技术系统（例如直升机或情报设备）掌握甚少。从一般意义上看，这被看作那些行动任务效力的主要限制。从另一方面看，可以认为来自发展中国家的部队常常在文化上与他们被派往的冲突地区的居民群体比较接近。许多南非士兵的母语是祖鲁语和科萨语，这些班图语系的语言同非洲大陆大部分地区的主要语言斯瓦西里语属于同一语族。这些优势也可能与宗教亲和性有关，对此我们在第六章会有所介绍。由此，对所谓"互联的军事社会学"（connected military sociology）的呼吁就显得格外重要。

商品化与异化

马克思关于日常生活中日渐增长的商品化或"物化"的相关论述，对于军事研究同样颇有启示。马克思主义思想的这一部分是针对资本主义的分析，在其中商品具有双重属性：通过市场交换机制而形成的经济价值形式及其自然形式。一个橱柜可能因其自然属性（大小、设计、颜色、材质和使用舒适度）而被欣赏，但是在资本主义体系中却总是从它值多少钱的角度予以评价（De Jong，2007：80）。在纯粹的资本主义思维中，经济价值比一切都重要。按照马克思的观点，这也适用于劳动：工作了一天之后，一个人出卖了自己的劳动力量，成了一件"人形商品"（personified commodity）（Lowith，1993：110）。此外，工人创造的商品越多，他作为"人形商品"就会廉价（Giddens，1971：11）。

军事史上也可以找到这种思想，因为军事劳动可以分为两种：附属性士兵劳动和商品化士兵劳动（Zürcher，2013）。自从在法国大革命期间引入"全国总动员"（levee en masse）概念并同时解散雇佣军以来，军事劳

动就成了各个国家对年轻人应征入伍后的强制要求。这就成了所说的附属
性士兵劳动——一种基于法律和道德合力强制基础之上的制度，并伴有象 【46】
征性奖励，如为国而战、并最终为国捐躯而得来荣誉。这种制度历经多场
可怕的战争一直持续了超过 150 年，但却逐渐显现出严重的不足。特别是
在越南战争当中，如前文所述，很明显应征入伍和在行动中牺牲的风险并
非均衡。这不但导致军队表现不理想以及美国士兵对于军事行动的抵制，
同时也在美国国内引起了大规模的公众抗议。

结果，随着冷战结束，首先在美国，然后在其他许多西方国家，征募
或征兵制被废止。之后，引入了全志愿军制——一种主要依靠物质而非象
征性奖励的**市场军队**（a market army）——取代了市民军（Levy，2007；
2010b）。这是商品化军队的开端（Zürcher，2013）。军队工作变成了查尔斯·
莫斯科斯所谓的"另一份工作"。它不再是一种"召唤"，而是快速地演
变成一种"职业"（Moskos，1977）；这种有风险的职业具有经济价值，
并且明码标价。这与马克思的观点不谋而合。

自此便朝着**商品化军队**发展的方向迈进。借鉴商业部门的现有经验，
军队组织就把将其活动向市场外包的议题提上了日程。外包军事活动被认
为有利可图，这是因为大家公认，在市场竞争环境下把活动外包更有效
率。在刚刚开始——依据经济学理论早先形成的推荐事项（Williamson，
1981）——只外包边缘性或非行动任务性活动，例如保洁、炊事、洗衣以
及保养。但是很快，核心的行动任务性活动也陆续开始外包，这就使私人
的军事与安防公司兴起。在 20 世纪 60 和 70 年代早期的越南战争当中，正
规军与承包商之间的比例是 100 比 1，而如今这个比例接近 1.5 比 1（Zücher，
2013：613-614；Heinecken 2014：629）。由于伊拉克和阿富汗的行动任务，
这种军事外包发展得十分迅速、规模日益庞大，而且还没有达到最后阶段。
各个国家在这方面也是千差万别，其中外包程度最高的是美国，其次是英
国和加拿大，而欧陆国家则犹豫不决。这些差异也可能与各个国家对于军
队角色的不同认知以及意识形态差异有关（Cusumano，2014；Cusumano
和 Kinsey，2015）。

值得一提的是，有西方背景的承包商和构成承包商劳动力主体的东道
国承包商之间存在差异（Heinecken，2014：629）。西方承包商和当地承

包商的价格不同：后者的价格低廉，但这并不意味着其自然贡献就低。西方承包商或许可以提供专业知识，或者执行一次性任务，而当地承包商则 **【47】** 提供比如运输和语言服务，这些可能使军队行动产生实质性后果（参阅第七章有关语言中间人的进一步分析）。这里，全球范围内的不平等反映在支撑军事行动的西方承包商与当地承包商在价格上的差异。

所有这些发展都在把军事组织（特别是在西方）总体上引向商业或公共组织。经济价值成了组织军事基础设施与军事行动的主要方面。这并不仅限于西方军队：刚果民主共和国的正规军通过比如设置路障而向民众收费，旨在提供保护，防止被小规模民兵抢劫和伏击。就目前来看，他们的做法很成功，这种创收形式被认定是合法的（Verweijen，2013）。在全球的许多国家里，武装力量都从经济事务中谋利。在第九章我们会结合军民关系来一起讨论这个现象。但是，军事市场化也有许多有待商榷的问题。

失控、社会不平等与前童子军

加里·绍伯和莱安·凯尔蒂（Gary Schaub 和 Ryan Kelty，2016：341-367）认为从市场上的私人公司采购安全服务需要一套与控制军队不同的失察惩戒与执行体制。事实证明，这很有挑战，特别是涉及控制行动区域中私人军事承包商活动的时候，尤为如此。即便严格的法律法规执行到位，在国外也很难让私人承包人员为犯罪与违纪行为负责。更普遍的是，军队司令员发现很难通过正常的指挥链条来监控私人承包商的活动，从而指导他们的行为或强制其执行命令（Schaub 和 Kelty，2016：342）。跨国之间私人军事公司规章之间的协调一致更是当务之急。

更进一步讲，市场上的私人军事承包商或可为非政府行为人提供机会，通过雇佣军事力量达到自己的目的，例如在不稳定国家中运作的跨国公司。此外，弱国内部的政治反对派也可以从市场上雇佣武装力量以图颠覆政府。鉴于国家对暴力拥有垄断权的观念，这种情况最起码是让人颇感不适的（Schaub 和 Kelty，2016：357-358）。这都反映了社会与经济不平等是如何得到保障的，因为穷人或公司不能为了自己的目的而雇佣私人军事公司。

最后，这里面还涉及人力资源管理的问题。私人军事公司很可能支付更高的工资，因此对于国家武装部队来说，留住员工就更困难了。此外，也有迹象表明，私人军事公司企图从以前的非洲童子军中雇佣员工。

有趣的是，军事商品化日渐增长很可能导致更大范围内军事工会【48】（military unions）的出现（Bartle 和 Heinecken，2006）。不同国家对于军事工会的容忍程度存在着相当大的差异。但是，鉴于军队在经济方面承受的压力与日俱增，特别是在劳动关系领域中（薪酬、退休方案、保险政策），军事工会的作用可能会变得更加重要。在一些国家（例如荷兰），军事工会比劳动市场上任何其他部门的工会都更强大。

但是，除了交涉有关当兵的物质回报之外，军事工会还会面对**异化**的问题（Giddens，1971），这正是我们讨论马克思观点与军事研究相关性的最后一点。在马克思看来，异化是劳动商品化的直接结果。它是指工人由于处在一条长长的劳动分工链上而失去了与自己劳动产品的联系，并且受到自己为之工作的组织与其机器的支配，还与其他工友变得陌生疏远，因为他们彼此间被视为一种竞争关系。总而言之，他们觉得自己与人类本身完全疏远了（Erikson，1986）。更为一般地讲，与异化相关的是种种无力感、无意义感、无规范感、孤立感和自我疏离感（Seeman，1959）。

在我们讨论韦伯的科层制及其因为科层化不足或科层化过度而导致可能的失败时，我们已经部分见到过这种推理逻辑。军事活动的外包趋势可能还有其他的影响。南非学者林迪·海内肯（Lindy Heinecken，2014）指出了公共安全任务的外包对于军事职业可能带来不可预见的后果。她认为：随着越来越多的军事活动外包给市场行为人，意味着知识与技能垄断的丧失、自主性的丧失、"合作"感的丧失以及服役伦理遭到侵蚀。概而言之，这一倾向符合"军事职业整体等而下之"之势（Heinecken，2014：633）。这些措辞虽有不同，但是都可以集合在"异化"的标题之下。尽管海内肯表面上并没有参考马克思的思想，但马克思对此也一定深表赞同。无论如何，印象出现了，这是浪漫的过去，不可能再回来。

结论

由于卡尔·马克思同苏联及其卫星国、中欧和东欧、中国、古巴以及非洲一些国家践行共产主义之间的显性关联，他的名字对许多人来说可能仍然是成问题的。有些国家政权在有些人眼中似乎并不是十分成功或者没有什么吸引力。马克思这个名字被污染得如此之重，以至于即使是有马克思主义倾向的学者都未能公开承认马克思著作对于自身研究工作的影响，或者压根没有意识到这一点。然而，马克思主义思想的影响历久弥新，并且极具时代性，这在许多实践性与学术性讨论当中，以及公民社会和军队中都清晰可见。

【49】 **参考文献**

Adler，P.S. 2009. "Max and organization studies today". In P. Adler（ed）. *The Oxford Handbook of Sociology and Organization Studies：Classial Foudations*. Oxford：Oxford University Press，pp. 62–91.

Baat，E. 2014. "C. Wright Mills and the terrorist of power". In P. Adler，P. Du Gay，G. Morgan and M. Recd（eds），*The Oxford Handbook of Sociology，Social Theory and Organization Studies：Contemporary Currents*. Oxford：Oxford University Press，pp. 249–265.

Bartle，R. and L. Heinecken（eds）.2006. *Military Unionism in the Post-Cold War Era：A Future Reality?* London and New York：Routledge.

Blauner，R. 1964. *Alienation and Freedom：The Factory Worker and His Industry*. Chicago：University of Chicago Press.

Bröckling，U. and M. Sikora（eds）. 1998. *Armeen und ihre Desereure Vrndlalsige Kapitel einer Mililtageschichte der Neuzeit*. Göttingen，Netherlands：Vandenhoeck &Ruprecht.

Caputo，Ph. 1999（1977）. *A Rumor of War*. London：Pimlico.

Cortright，D. 1975. *Soldiers in Revolt：GI Resistance during the Vietnam War*. Chicago：Haymarket Books.

Cusumano，E. 2014. "The scope of military privatization: military role conceptions and contractor support in the United States and the United Kingdom". *International Relations* 29（2）: 219–241.

Cusumano，E. and Ch. Kinsey. 2015. "Bureaucratic interests and the outsourcing of security: the privatization of diplomatic protection in the United States and the United Kingdom"，*Armed Forces and Society* 41（4）: 591–615.

De Jong，M. 2007. *Icons of Sociology.* Amsterdam: Boom.

Erikson，K. 1986. "On work and alienation". *American Sociological Review* 51（February）: 1–8.

Fanon，F. 2004（1963）. *The Wretched of the Earth.* New York: Grove Press.

Fuchs，Chr. and N. Dyer-Witheford. 2012. "Karl Marx @ internet studies". *New Media and Society* 15（5）: 782–796.

Gerth，H. and C. Wright Mills（eds）. 2009（1946）. *From Max Weber: Essays in Sociology.* Abingdon and New York: Routledge.

Giddens，A. 1971. *Capitalism and Modem Social Theory: An Analysis of the Wrings of Marx，Dumkhein and Max Weber.* Cambridge: Cambridge University Press. Greene，G.（1951）"Malaya，the forgotten war". Life 31（5）: 51–65.

Heinecken L. 2014. "Outsourcing public security: the unforeseen consequences for the military profession". *Armed Forces and Society* 40（4）: 625–646.

Koonings，K. and D. Kruijt. 2002. *Political Armies: The Military and Nation Building in the Age of Democracy.* London and New York: Zed Books.

Kriner，D.L. and F.X. Shen. 2010. *The Casualty Gap: The Causes and Consequences of American Wartime Inequalities.* Oxford: Oxford University Press.

Lasswell，H.D. 1941. "The garrison state". *American Journal of Sociology* 46（4）: 455–468.

Lasswell，H.D. 1941. "The garrison state". *American Journal of*

Sociology 46（4）：455-468.

Levy，Y. 2006. "The war of the peripheries：a social mapping of IDF casualties in the Al-Aqsa Intifada". *Social Identities* 12（3）：309-324.

Levy，Y. 2007. "Soldiers as laborers：a theoretical model". *Theory and Society* 36（X）：187-208.

Levy，Y. 2010a. "The hierarchy of military death". *Citizenship Studies* 14（4）：345-361.

Levy，Y. 2010b. "The essence of the market army". *Public Administration Review* 70（3）：378-389.

【50】　　Lieberson，S. 1971. "An empirical study of military-industrial linkages". *American Journal of Sociology* 76（4）：562-584.

Löwith，K. 1993. *Max Weber and Karl Marx*. London and New York：Routledge.

Marx，K. 1973. "originally various publications". *Karl Marx on Society and Social Change*. Edited by N. Smelser. Chicago and London：University of Chicago Press.

Marx，K. and F. Engels. 1961. "originally various publications". *Werke*. Berlin，DDR：Karl Dietz Verlag.

Merton，R. 1968. *Social Theory and Social Structure*. New York：The Free Press.

Moskos，C. 1974. "The concept of the military-industrial complex：radical critique or liberal bogey?" *Social Problems* 21（4）：498-512.

Moskos，C. 1977. "From institutions to occupations：trends in military organizations". *Armed Forces and Society* 4（1）：41-50.

Nyamuya Maogoto，J. 2006. "Subcontracting sovereignty：the commodification of military force and the fragmentation of state authority". *Brown Journal of World Affairs* 13（1）：147-160.

Oosindie，G. 2015. *Soldaat in Indonesië* 1945-1950：*euigenisss van een orlog aan de verkeerde kant vall de geschiedenis*. Amsterdam：Prometheus Bert Bakker.

Piketty，Th. 2014. *Capital in the Twenty-First Century*. Cambridge MA and London：Belknap Press of Harvard University Press.

Schaub，G.Jr and R Kelty（eds）. 2016. *Private Military and Security Contractors：Controlling the Corporate Warrior*. Lanham，MD：Rowman & Littlefield.

Schiff，R. 2009. *The Military and Domestic Politics：A Concordance Theory of Civil Military Relations*. London and New York：Routledge.

Seeman，M. 1959. "On the meaning of alienation". *American Sociological Review* 24（6）：783–791.

Singh，N. 2014. *Seizing Power：The Strategic Logic of Military Coup*. Baltimore，MD：Johns Hopkins University Press.

Trugott. M. 2002. *Armies of the Poor- Determinants of Working- Class Participation in the Parisian Insurrection of June* 1848. New Brunswick NJ and London：Transaction Publishers.

Verweijen，J. 2013. "Military business and the business of the military in the Kivus". *Review of African Political Economy* 40（135）：67–82.

Williamson，O.E. 1981. "The economics of organization：the transaction cost approach". American. *Journal of Sociology* 86（3）：548–577.

Wright Mills，C. 2000（1956）. *The Power Elite*. New edn. Oxford and New York：Oxford University Press.

Wright Mills，C. 1958. *The Causes of World War Three*. New York；Simon and Schuster.

Zald，M.N. and M.A. Berger. 1978. "Social movements in organizations：coups d'etat，insurgency，and mass movements". *American Journal of Sociology* 83（4）：823–861.

Zürcher，E-J.（ed.）. 2013. *Fighting for a Living：A Comparative History of Military Labour：* 1500–2000. Amsterdam：Amsterdam University Press.

第四章 格奥尔格·齐美尔：网络、冲突、秘密与陌生人

格奥尔格·齐美尔（1858—1918）是一位德国社会学家，其对社会学思想的贡献不亚于前面我们介绍过的三位奠基人。作为一位"微观观察者"，他首次基于位置与数量创建了一门"形式社会学"，并从中揭示了不同现象间的相似之处。他也写过一部有关货币的研究著作，时至今日依然值得一读——因为里面澄清了货币的发明取代以物易物体系是如何极大地改变了社会生活方式的。

尽管其著作原文用德文写成，但是后来很快风靡全美。在他的有生之年，许多论文发表在《美国社会学杂志》之上（Simmel，1902；1904；1906；1909）。好几个年轻的美国学生在柏林大学读书期间去听了齐美尔的讲座，他们后来成为倡导齐美尔论著的主力军（Levine等，1976）。齐美尔的著作也一直与今天的军事有关，而且或许尤为相关。下面我们将分四部分讨论齐美尔与军事之间的关联。我们将阐明：齐美尔的著作被晚近的社会学研究所发扬，尽管后来学者群体很多时候并没有意识到齐美尔的影响。他的观点同后面提及的杜波伊斯以及欧文·戈夫曼的章节密切相关（第六章和第七章）。

社会网络中的位置与数量

首先，齐美尔关于个体在更大实体（群体或社会网络）中的位置的理论研究对于军事组织及其表现研究具有不可估量的意义。齐美尔（1902）是第一个明确指出数量、位置、群体规模和群体从属关系在人类行为解释中占据重要地位的学者。他强调，无论牵涉的人格和互动内容是什么，关

系的规模与形式在很大程度上影响着人类的行为。参与互动的人数多寡在纵向与横向上都是群体划分的基本原则。这一观点也可以在涂尔干的著作中发现。事实证明，这个观点对于进一步发展网络分析与组织机制分析具有重要意义（Scott，2009）。

齐美尔分析了由两人或三人组成的小群体（二人群体和三人群体）中【52】出现的不同互动机制。我们将在第七章中再次讨论这些小群体的互动机制，特别是三人群体对于军事互动的后果。齐美尔还指出，现代社会中出现了多群体从属关系，这导致一种情况：例如，一名汉堡人，甚或一名纽约人或新德里人都可能是德国顶级足球俱乐部拜仁慕尼黑的球迷。多群体从属关系现象是世界主义、分化、秘密、个人主义、冲突和竞争的后果，但反过来也会催生这些现象（Moss Kanter 和 Khurana，2009；Simmel，1902；1955）。

此外，这些观点也会涉及多样性问题，正如我们将在第六章中所看到的那样，将少数民族成员整合到军队当中就涉及这个问题。但它们对于理解更大的问题同样重要，这些问题涉及与别国部队各军种合作或在海外行动时与东道国国民的合作。在这方面，马克·格兰诺维特（Mark Granovetter，1973；1983）的"强关系"与"弱关系"理论和罗纳德·博特（Ronald Burt，1995）的"结构洞"研究无疑对于国内军事实践，甚至执行海外任务均具有重要的参考价值（Scott，2009），具体原因如下。

在执行军事行动时（例如在伊拉克和阿富汗），西方部队需要与东道国政党建立伙伴关系，进而借助当地资源、信息和管辖能力（Competence）来完成任务。那么问题就成了如何选择这样的合作伙伴。一般来说，西方军队寻求的合作关系倾向于：（a）东道国在地理上接近；（b）东道国国民与他们相像；（c）相互之间喜欢与彼此合作（Bollen 和 Soeters，2010：178-180）。这些过程实际上在发生时不但鲜为人知，同时也是基本而"普遍"的社会心理机制的结果。最主要的一点在于西方军队的理想合作伙伴应该具有兼容性组织文化，其雇员最好有过在西方学习的经历，或者至少可以用英语进行交流（Bollen 和 Soeters，2010）。上述过程的结果可以显示为图4.1。

紧密联结型与断开联结型网络　　带有"结构洞"的分散联结型网络

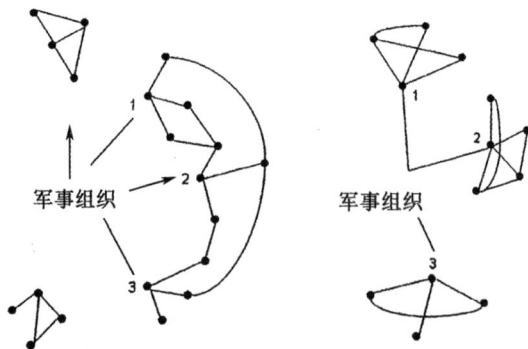

图 4.1　军队组织寻找合作关系的单一闭合密集网络与多元离散网络

（节选自 Burt 1995；重印自 Bollen 和 Soeters 2010：179）

图 4.1 中显示，密集的网络借助这些紧密相连的机制才可能展开。这本身并没有任何问题。相反，这种"强关系"往往被看作舒服、简单，甚至划算的，而其负面后果却并不明显。问题是，这种密集型网络并不擅长与行动领域中所有潜在合作伙伴进行信息传播并实际完成信息触达。

这一点可以在图 4.1 左侧和右侧不同类型网络的对比中看得一清二楚。在左边，军事组织与某些合作组织有着密切的多方联系——"强关系"，但与另一些组织却没有联系。从信息视角来看，军方发展的关系中有三分之二纯属多余：既然三种关系都在一个密集的网络中相互关联，那么严格来讲，一个关系就足以保证沟通顺畅。一个额外的后果就是军方与其他潜在的合作伙伴没有任何联系，甚至可能不知道他们的存在抑或他们的潜在价值。在右边，军事组织与所有潜在的合作伙伴都有联系，虽然二者之间是"弱关系"和"单一关系"。但是，这些联系保证了组织能够开发各种可能性，并从该地区的所有潜在合作伙伴那里获取信息并向他们传达信息。否则，就将与这些潜在合作伙伴失去联系。这是因为他们之间的接触是无冗余的，且其间含有"结构洞"。

尽管乍一看可能并不那么明显，但是投入军事行动之后，其带来的后果就变得一目了然。萨拉·查耶斯（Sarah Chayes，2006）是一位在国际安全援助部队（ISAF）执行任务期间居住在阿富汗坎大哈市的美国公民。

【53】

他描述了美国军队如何需要在行动区域寻求东道国合作伙伴，以协助他们从事建筑和安全工作、运输和类似的后勤活动以及雇用当地人提供语言服务的事。一段时间后他发现：美国人只喜欢与一个地区的政治领袖及其部族有所合作。在查耶斯看来，这是美国军队所犯的行动大忌。这个结果与图 4.1 的左侧图示十分吻合。其结果是多方面的：该地区公平的竞争环境消失——因为单一合作伙伴一直被给予优先权，而其他潜在的合作伙伴（部族、政治派别）相应就会处于劣势。查耶斯（2006：182）进一步得出结论："在大多数坎大哈人看来，美国军队在坎大哈的主要任务是为古尔·阿格哈·谢尔扎伊（Gul Agha Shirzai，美国与之合作的地区领导人）及其巴拉克扎伊部族服务"。结果，一种对美国军队的怨恨情绪逐渐滋生与蔓延。除此之外，所有相关信息均由这个唯一合作伙伴控制，排除了可能变得越 【54】来越怀有敌意的其他合作伙伴。因此，该任务在这一地区的总体合法性下降（Bollen 和 Soeters，2010：180），这使整个作战形势比以前更加艰难。类似的例子有很多，如文本框中的文字所示。

特别行动部队之间的强关系

比利时军事社会学家德尔芬·莱斯泰格涅和斯蒂芬·范·德·博加特（Delphine Resteigne 和 Steven van den Bogaert，2017）分析了自 21 世纪初以来，阿富汗任务中特别行动部队的合作与信息共享方式。尽管这些特种部队来自不同的国家，但都前所未有地积极寻求合作。

他们在喀布尔成立了特种部队司令部，其氛围与同在喀布尔的任务总部大不相同。最为明显的是：指挥官更加平易近人、看重自下而上的沟通方式、思维制定与计划执行强调创造性与便捷性，而没那么官僚气，角色专业化程度较高。所有这些都保证了特种部队士兵的自信心很强、彼此之间的相互信任程度很高。在美国指挥官的领导下，总部表现出强烈的同化倾向。专业共性超越了喀布尔特别行动部队司令部内人员的国别差异性。很明显，他们之间的关系非常牢固。

但是总部的具体位置对外保密，而尽管特别行动部队的社区也欢迎阿富汗同事来参与，但似乎他们与该地区常规的西方军队之间的联系并非十分紧密。特别行动部队之间的相互联系要比他们与常规部队的联系密切得多。事实上，特别行动部队希望有自己的总部，这样才能"走自己的路"而不被常规部队的行动和计划所打乱。这些都很好地阐释了格兰诺维特（1973）所说的"强关系也有弱点"的著名观点。当然，这或许会对整个任务的执行后果产生一定的影响。然而，目前这种做法的利弊难测（例如，比起消极后果，最大的好处就是不受干扰；再如，坏处就是常规部队与特种部队之间往往各自为政，一只"手"不知道另一只"手"在做什么）。

冲突

与其他许多社会学家不同的是，齐美尔和马克思一样——总是强调研究竞争和冲突的重要性。毕竟，两位学者都生活在充满矛盾的社会当中，这使得他们的研究均关乎军事问题。前文已经介绍过马克思对于冲突的看法，现在再来看看齐美尔论述冲突的观点。

【55】 齐美尔（Simmel，1904；1955）一开始便谈到，"冲突"这个概念是一种常见的社会现象，并没有什么特别之处。其优点在于，冲突本身在一个陷入冲突的群体中充当着一种整合性力量；它把群体成员紧紧地团结在一起。相反，当一个群体没有对手时，群体的统一往往就会消失。正如基督教新教随着其对手天主教会的式微而逐渐分裂了（Simmel，1955：97-98）。另一个与之相关的发现就是：冲突也使群体及其决策过程变得集中。因此"军队组织是所有组织中最具集中化的组织……军队是排除任何要素的独立运动、中央权威无条件统治的组织"（Simmel，1955：89）。

齐美尔还进一步指出：从战争到和平的过渡远比从和平到战争的过渡问题更为严峻。相应地，他仔细地研究了终止冲突的各种动机和过程。他（1955：109及以下）分析了冲突终止，也看到了冲突得以终止的许多可能原因：冲突目标消失、发现整个过程实在毫无理性可言、一方精力耗尽、一方取得胜利，以及一方通过妥协或和解而解决问题。在其对冲突的理论化研究的最后，齐美尔也注意到了冲突结束后发生的不可调和的戏剧性事件。

齐美尔研究的一个具体暗示就是——卷入冲突当中的群体往往会选择结盟。除了将成员拉入一个群体当中，冲突可能还会把其他原本彼此无关的人或群体聚集在一起（Simmel，1955：90）。这种联盟可能是稳定的，但更多的时候要想在一个单一的临时行动（战争、冲突）中团结起来，联盟往往需要具备先行基础。群体间结盟有很多理由，基本上可以总结如下：在与敌对方发生冲突时己方不能对友方挑三拣四；冲突本身往往超出盟友的直接利益；胜利可得的好处近在眼前并且数量可观；具体的个人要素往往需要让步；盟友之间可以相互刺激彼此对共同对手的敌意（Simmel，1955：106–107）。

齐美尔的思想看似属于20世纪之初（1904年）以来的"旧物"，但却仍然有用——也许比人们所意识到的还有用。事实上，把齐美尔的这些思想与克劳塞维茨（von Clausewitz，1989（1832））关于人民、军事和政治的三者统一体联系起来，可能是一个不错的主意。当然，相关研究也不乏新例。对暴力现象有过专门研究的社会学家兰德尔·柯林斯（2011）所阐述的冲突动力学（包括冲突升级和冲突降级的过程研究）基本上与齐美尔的观点相似，但其途径更具分析性和综合性。希腊裔美国学者芳蒂妮·【56】克里斯提娅（Fotini Christia，2012）在没有明确提及齐美尔的情况下，对波斯尼亚和阿富汗内战中的结盟过程进行了广泛的研究。凭借自身掌握塞尔维亚－克罗地亚语和波斯语的东道国语言优势，以及基于对当地利益相关者（即政治家和其他政府当局、将军、军阀、穆斯林游击队员（mujahedin）、甚至是被定罪的战犯）的广泛采访，她针对西方军队在这些地区的行动进行了田野调查。此外，她还使用了当下可以拿到的研究材料（如战时声明、停火协议、法特瓦（伊斯兰律法的裁决或教令）、回忆录、档案文件和宣传材料）。尽管有东道国、同事和朋友的帮助，她还是作为研究者独立地完成了所有这些工作。从这些资料当中，她整理出了一个大规模数据库，这是得出后续重要发现的基本保障。

克里斯提娅发现，每一个集团都试图结成战时联盟。这些联盟是保底胜利的联盟，其收益需要与尽量少的盟国分享。这种联盟的形成特别依赖于对相对权力分配的感知，并且随着交战集团的不断转换，它们往往不具稳定性，往往易受影响而分裂。因此，在内战中存在着联盟转移和分裂的恶性循环。依据克里斯提娅（2012：240）的说法，联盟的形成并非基于政治认同，尽管政客、记者、军人和学者经常视之为一个重要因素而努力推进这种观点。但如她所述，基督徒在波斯尼亚与穆斯林结盟，就像逊尼派现在能与什叶派为友，但在后来却与他们交战，两者是一样的。最重要的是权力本身以及通过结盟来提高一方赢得权力的概率。这些基于克里斯提娅复杂的学术研究而得到的发现非常类似于齐美尔的观点，因此对于当今军事行动中的军人非常有用。对手通常不是某个单一、稳定的政党，而是由各种不断变化的团体组成。这些团体可能与任何人结盟，甚至与外国军队结盟。只要这些外国军队不会粗心地提升一个集团并以牺牲该地区其他集团的利益为代价（如我们在前述坎大哈的例子中所见），军队就可以从这种见解中获益，并将其运用于策略当中。最重要的是，军方必须了解这些机制，否则就要付出代价。

超级合作者理论

齐美尔关于数量分布、网络机制、冲突和群体从属关系的研究为社会和政治科学的数学和实验研究奠定了基础。这种类型的"博弈论"始于西奥多·卡普洛（Theodor Caplow），他对三人群体的阐述——"致赞格奥尔格·齐美尔"（Coser，1977：187）——在这方面非常重要。一位数理政治科学家罗伯特·阿克塞尔罗德（Robert Axelrod）在20世纪80年代证明，在合作或其反面，即冲突的肇始和扩大的途径中，存在着一个系统，他在这方面的研究特别有意义。他提出了"针锋相对"的策略的观点，指出了冲突的发展方式以及防止随后事件恶化的冲突干预方式。这种博弈论思想对于制定威慑政策、避免冷战期间真正的敌对行动颇有影响。哈佛大学数学教授马丁·诺瓦克（Martin Nowak，2011）被看作阿克塞尔罗德的后继者，他通过在世界各地的模拟研究和实验工作扩展了阿克塞尔罗德的研究。作为他高度重视的作品的一般性总结，他批评惩罚可以看作一种获得合作的方法。如果实在要用这种方法，初次违规的制裁和反击应该尽可能温和，而对重复违规则应更加严厉。此外，制裁本身应该不可预测。问题和冲突更有可能通过合作、积极的互动、慷慨大度和偶尔的宽恕来得以解决，这有助于让既往不咎的人有个好名声

【57】

（Soeters，2013）。显然，该研究对于国际安全领域政策的持续相关性是显而易见的。齐美尔是最先看到数量和位置对社会与政治机制具有重要意义的学者之一，尽管他自己几乎从不使用数学的符号与概念。

秘密、军事与情报

　　齐美尔（1906）在《美国社会学杂志》上就秘密与秘密社团发表了长篇的经典论文。文中充分展现了他抽象的思维倾向，尽管文章用了许多现实生活的实例加以阐发。齐美尔开篇谈到秘密及其衍生概念——撒谎，并认为其本身可以从社会学角度予以理解，尽管这从道德角度来看可能是可鄙的。即便在婚姻生活当中，秘密也存在。并且有秘密在十分重要，因为没有"夫妻双方在接受与给予方面相互的审慎，许多婚姻注定以失败告终"（Simmel，1906：462）。因此，出于其自身的保护性质，"秘密……是人性中最大的成就之一"（同上）。齐美尔进一步指出秘密的社会学主要维度——对哪些人是否保密的界限划定；"秘密会产生人际隔阂，但是同时也提供了借助流言蜚语或忏悔而打破隔阂的诱惑"（Simmel，1906：466）。因此，秘密伴随着其他群体机制，它们涵盖包容、排斥、流言、谎言与躲藏。秘密、沉默与拒绝都是非常典型的社会学现象，因为他们需要多人合作才能实现（Zerubavel，2006）。

　　从此，齐美尔开始分析秘密社团，诸如一场阴谋、一帮罪犯、一处宗教修道院、性滥交群体。下面给出其中所涉及的诸多社会学维度：

- 成员对秘密群体以及彼此的信任；

【58】

- 群体结构的集权和严格的等级制性质可以确保只有少数人知道一切，而其他人几乎一无所知，并且他们还必须对一切保持沉默；
- 惯例、形式和仪式的重要性；
- 秘密社会追求自主，即"自由之音"，因为周围社会的一般规则和规范并不适用；
- 贵族感、精英感，这种感觉通过别人的"敌意和嫉妒"而被他人隐性地承认；秘密可以保证在局内人与局外人那里的地位与威望（Simmel，

1906：470-487；Scott，2009）。

　　齐美尔分析这一现象时并未带有任何负面的价值判断。这与马克斯·韦伯分析科层制的方式非常相似，也是韦伯倡导的社会学研究之道，即无爱亦无恨（sine ira et studio），也就是不愠不偏。

　　毫无疑问，齐美尔有关秘密的研究适用于一般意义上的军事，特别是情报机构。信息共享与否是情报界努力解决的主要课题之一，而阅读齐美尔的相关著作可能有助于他们在这方面做出妥善的决定。首先，重要的是要认识到：在军事和安全行动领域中发生的许多事件的戏剧化结果最后都可以归因于信息缺乏共享或信息囤积。2001 年 9 月 11 日，纽约双子塔和华盛顿特区政府大楼遭到袭击，以及此后几年在欧洲和其他地方发生的许多恐怖袭击都是典型的例子。在这些悲剧事件中，至少有一些（国家）情报机构得到了相关信息组成部分，如果适当地分享并共享，这些信息很可能会阻止这些悲剧的发生。

　　从事后反思来看，主要的批评是这些机构过于孤军奋战，尤其因为他们致力于保密。事实上，齐美尔发现的许多秘密社团的特征似乎都适用于此类情报机构，包括这些特定案例之中的情报机构。其中，包括他们希望保持自主性的愿望，因为基于秘密的自主性似乎最能保护个人私利和权力地位。秘密有助于培养让别人羡慕你的精英主义野心。而且总的来说，如果想维持甚至提升预算、增加工作机会，秘密也是一个聪明的策略。一般而言，人们可以争辩说，信息不共享维系了那些信息占有者的特权（Moore 和 Tumin，1949）。像我们以前看到的那样，尽管齐美尔本人对此持中立态度，但这种分析还是招致了政客与学者的严厉批评。早在 20 世纪 60 和 70 年代，社会学家就已经竭尽所能地证明了在安全体系的脉络下秘密的负面后果（Coser，1963；Lowryo，1972）。这种批评的声音在"9·11"事件后的几年里达到了顶峰（Turner，2006）。

【59】

> **为什么谍报部门会失败？**
>
> 　　当分析导致"9·11"灾难性袭击的各个事件时，迈克尔·特纳（Michael Turner）在跟踪其他调查（包括国家主导的调查）之后指出，主要原因在于美国情报界的高度分散化和碎片化。许多军事和民用机构都表现出圉

于当下任务的鼠目寸光（因为对其所在机构的任务有着不可动摇的奉献精神）以及一种要求敢冒险的"我能行"的态度，而这就导致行动前考虑得不够周全。此外，还存在任务不明确，跨部门竞争与科层制对立激烈，为了尽可能客观而使情报与政策严格分隔。同样，由于美国的制衡体系试图将盖世太保或克格勃的壮大风险降到最低，情报机构和执法机构之间往往井水不犯河水，彼此之间界限分明。所有这些都会导致重叠浪费、事倍功半，从而导致决策缓慢并妨碍信息的充分研判（Turner，2006：1742）。由于这些特征——特纳所说的"科层制病理学"，尽管至少某些情报部门掌握了"9·11"袭击者的蛛丝马迹，但仍然无法侦测到他们。在特纳看来，尽管自此之后预算和执法条例大幅增加，但这一点并没有太多改变。

简单地诋毁那些为保密而努力的情报机构太过轻易，也肯定毫无道理可言。首先，组织一般不会随着时间的推移而改变太多。"结构惯性"代表了某些组织拥有相对固定的、高度可重复性程序库，他们有充分的理由拥有并维系这些（Hannan 和 Freeman，1984）。情报机构需要谨慎地对待自己对外传播的信息。正如俗话所说，"嘴唇一松，就有船沉"，或者反过来说，许多胜利都是出奇制胜，人们只需要想想古希腊军事史上的特洛伊木马，就会明白其中的道理。因此，秘密含有一种德性（Dufresne 和 Ofstein，2008）。秘密使人不那么脆弱，因此信息共享只有分享给能信任的人时才是可接受的。

在当今的军队当中，人们可以看到这样的谨慎——也许是怀疑，就像所谓的"五眼联盟"（美国、英国、加拿大、澳大利亚和新西兰）分享各种军事信息那样，排除其他国家（例如德国），即使它们属于同一个北约联盟（而澳大利亚和新西兰则未在其中）。在这里，可以清楚地看到格兰诺维特与博特对选择性伙伴关系的分析以及齐美尔对秘密社团的思考。如果几个国家使用同一种语言（如英语），并且有着共同的历史（如英联邦或殖民主义），那么他们倾向于相互信任，从而更加紧密地合作。显然，这样做的优势很多，但它妨碍了向其他国家传播信息和获取信息的机【60】会——这些国家可能远在天涯，但潜在的用处却很大。可以想想德国的例子——德国对俄罗斯政治的了解更多，且观点有所不同；再想想中东国家可能提供军事上的相关情报，而这又通常在西方视野之外。对于当今的军事情报机构和一般的军队来说，重要的是要在过度保密、过度挑拣，乃至形成偏见与随意泄露信息之间达到一种平衡。齐美尔对秘密社团的分析表明：两个极端——一方面是封闭，另一方面是天真，都是情报和军事组织难以承受的倾向。

陌生人

最后，齐美尔关于"陌生人"角色的研究（Levine，1977）对于军事研究同样具有参考意义。这一概念与我们上面讨论的主题有关。"陌生人"是指那些不完全属于其所造访的共同体的人，因此他能够保持一定距离，独立地进行观察。他们往往针对看似毋庸置疑的问题而提出质疑，因为他们感受到小群体行为、互动和文化的不连贯性与不一致性（Schuetz，1944）。一个典型的例子就是游走于不同地区或业务之间的商人与销售人员。另一个例子就是社会学家本人，因为他是一个专门训练在一定距离之外观察日常生活的人（Dahrendorf，1968：93-94）。最近的一个例子是当下的前一工人：他们不仅拥有一定的知识和技能，而且背景各不相同，而这些可能会、也可能不会被人理解或欣赏。此外，陌生人的逗留——例如，一次拜访或长久居住，无论是应邀还是不情愿地接受，在东道社群与陌生人之间的互动中发挥着一定的作用（Levine，1977：23）。

齐美尔对于陌生人的看法强调了其积极的一面。"陌生人"能够在群体、社区或业务之间传递信息，否则这些群体、社区或业务将老死不相往来。因为他或她只是部分参与其中，所以"陌生人"可以对周围以及周围发生的一切形成一个不同的、保持一定距离的看法。因此，陌生人比局内人更容易引发社会变迁与革新。此外，由于所处的位置既疏远又亲近——一只脚在门里，一只脚在门外，"陌生人"经常被当成知己，并受邀成为冲突各方之间的调解人，因为他或她与其他人在社区或群体中没有情感上的利害关系（Coser，1977：182；Moss Kanter 和 Khurana，2009：295）。

"陌生人"的社会类型在许多方面都与军队有关。在第七章中，我们将会谈及军事翻译员，他们往来于东道国国民和外国军队之间，肯定具有"陌生人"的所有特点。少数族群代表也是这样，我们将在第六章中予以讨论。这里还有一个例子可以说明"陌生人"在军队、尤其在军事行动中能表现得有多好。英国军事学者西奥·法雷尔（Theo Farrell，2010）描述【61】了英国在阿富汗赫尔曼德省的军事行动是如何随着时间的推移而演变的。他看到不同的轮值部队与塔利班进行艰苦的战斗。这些部队遵循着一套既定的核心军事能力方略——它们甚至可以追溯到第二次世界大战（King，2010）。尽管由于敌方部队损失巨大，英国的地位逐渐得到改善，但是真正的改善发生于一个新建旅（第 52 旅）参与到战斗当中之后。由于这支从前的预备役旅近期扩编，并且有其他背景的军事人员增援，因此它对传统军事实践没那么认同。其指挥官参与了两个早期的非战斗性质的任务：他曾先被部署改组伊拉克军警的任务，后又被派去重组黎巴嫩军队。这两项任务都使他意识到"只有认真地对待东道国人民的利益，才能获得东道国人民的心"这一点的重要性。同样，虽然他和新建旅中的其他人员是"陌生人"（因为他们职业生涯中在许多军事和非军事团体、社区工作，受到的影响都各不相同），但在部署赫尔曼德期间，他们成功地将各种经验发挥了出来。结果证明，他们才是真正的革新者。

还有更多的"陌生人"出现在军事组织内部和周围的例子中。特别值得注意的是，舒茨（Schuetz）发表于 1945 年记述返乡老兵的文章。当时大量的美国士兵很快就要在二战结束时从岗位上退下来。舒茨在分析了退伍军人的地位时，首先指出了军队中的结构化环境和士兵在军中经历的"服从命令听指挥"（being uniformed person）的名声。回家后，退伍军人很可能会发现平民环境比军队更"失范"。此外没了制服，显而易见的特殊地位荡然无存。整个情况都是"陌生的"。因此，不仅是老兵，欢迎老兵回来的社会也需要做好相互调适的准备。退伍军人需要重新了解平民社会，而社会也需要明白"他们所等待的将是另一个人，而不是他们想象中的那个人"（Schuetz，1945：376）。这一点和 70 多年前一样，对于当下颇具参考意义。

> **联邦国防军的海军军官**
>
> 德国社会学家尼娜·莱昂哈德（Nina Leonhard，2016）基于舒茨对陌生人和回家的退伍老兵的视角，针对1990年德国统一后东德民族人民军队（NVA）和西德联邦国防军的整合展开了一项引人注目的研究。她研究的是东德民族人民军队官员一旦整合到规模更大的联邦国防军以后的经验和记忆。他们关于自己全新职位和等级的不确定感（包括降级的可能性）、新上司对他们过去（政治）行为的评估、自己与联邦国防军的军官之间矛盾但又感激的关系以及与前战友的疏远等诸如此类的故事。这些都说明了在新的军事环境中，东德民族人民军队军官是陌生人。当然，这通常发生在政治和军事体制发生剧烈变化的情境当中。

【62】

结论

在很长一段时间之内，齐美尔的研究可能有些被低估了。但如今，其分析性思维带来的启示在许多社会、制度和组织领域中的影响变得日渐清晰了然（Scott，2009）。因此，他对社会学的贡献毋庸置疑。不过，还有些事值得注意。像马克斯·韦伯和爱弥尔·涂尔干一样，格奥尔格·齐美尔在他生命的最后时间里目睹了1914年8月第一次世界大战的爆发以及随后发生的戏剧性事件。针对这些指向"1914年精神"（*Augusterlebnis*）的事件，他发表的演讲与论著中，以一种既乐观又惭愧的纠结态度支持德国人的观点——如今这一点似乎难以接受（Joas and Knöbl，2013：134-137，153；De Jong，2007）。齐美尔的立场与韦伯（以及其他德国作家）对这些事件的看法可堪比较。这表明：著名社会学家的思想——无论其"普适"的分析途径多么高明，也都会受时间和环境的局限。他们的大部分思想仍是有效的，也极为有用。但是，有些思想可能就不是这样的了。

参考文献

Bollen, M. and J. Soeters. 2010. "Partnering with 'strangers'". In J. Soeters, P.C. van Fenema and R. Beeres（eds）, *Managing Military*

Organizations：*Theory and Practice*. London and New York：Routledge.

Burt，R.S. 1995. "The social structure of competition". In N. Nohria and R.G. Eccles（eds），*Networks and Organizations*：*Structure，Form and Action*. Cambridge，MA：Harvard University Press.

Chayes，S. 2006. *The Punishment of Virtue*：*Inside Afghanistan after the Taliban*. London：Penguin Books.

Christia，F. 2012. *Alliance Formation in Civil Wars*. Cambridge：Cambridge University Press.

Collins，R. 2011. "C-escalation and D-esalation：a theory of the time-dynamics of conflict". *American Sociological Review* 77（1）：1–20.

Coser，L. 1963. "Peaceful settlements and the dysfunctions of secrecy". *Journal of Conflict Resolution* 7（3）：246–253.

Coser，L. 1977. *Masters of Sociological Thought*：*Ideas in Hisorical and Social Context*. 2nd edn. Long Grove，IL：Waveland Press.

Dahredot，R. 1968. *Pfade aus Utopia*：*Arbeiten zur Theorie und Methode der Soziologie*. Gesammelte Abhandlungen 1. Munich：Piꞵper & Co. Verlag.

De Jong，M. 2007. *Icons of Sociology*. Amsterdam：Boom.

Dufresne，R.L. and E.H. Offstein. 2008. "On the virtues of secrecy in 【63】 organizations". *Journal of Management Inquiry* 17（2）：102–106.

Farell，Th. 2010. "Improving in war：military adaptation and the British in Helmand province，Afghanistan 2006–2009". *Journal of Strategic Studies* 33（4）：567–594.

Granovetter，M. 1973. "The strength of weak ties". *American Journal of Sociology* 78（6）：1360–1380.

Granovetter，M. 1983. 'The strength of weak ties：a network theory revisited'. *Sociological Theory* 1（1）：201–233.

Hannan，M.T. and J. Freeman. 1984. "Structural inertia and organizational change". *American Sociological Review* 49（2）：149–164.

Joas，H. and W. Knöbl. 2013（2008）. *War in Social Thought*：*Hobbes to the Present*. Princeton NJ and Oxford：Princeton University Press.

King，A. 2010. "Understanding the Helmand campaign：British military operations in Afghanistan". *International Affairs* 86（2）：311–332.

Leonhard，N. 2016. *Integration und Gedächtnis：NVA-Ofiziere im Vereinigten Deutschland.* Cologne：Herbert von Halem Verlag.

Levine，D.N. 1977. "Simmel at a distance：on the history and systematics of the sociology of the stranger". *Sociological Focus* 10（1）：15–29.

Levine，D.，E.B. Cater and E. Miler Gorman. 1976. "Simmel's influence on American sociology". *American Journal of Sociology* 81（4）：813–845.

Lowy，R.P. 1972. "Toward a sociology of secrecy and security systems". *Social Problems* 19（4）：437–450.

Moore，W.E. and M.M. Tumin. 1949. "Some social functions of ignorance". *American Sociological Review* 14（6）：787–795.

Moss Kanter，R. and R. Khurana. 2009. "Types and positions：the significance of George Simmel's theories for organizational behavior". In P.S. Adler（ed.），*The Oxford Handbook of Sociology and Organization Studies：Classical Foundation.* Oxford：Oxford University Press，pp. 291–306.

Nowak，M.（with R Highfield）. 2011. *Altruism，Evolution，and why We Need Each Other to succeed.* New York：Free Press.

Resteigne，D. and S. van den Bogaert. 2017. "Information sharing in contemporary operations：the strength of SOF ties". In I. Goldenberg，J. Soeters and W. Dean（eds），*Information Sharing in Military Operations.* Cham，Switzerland：Springer International.

Schuetz，A. 1944. "The stranger：an essay in social psychology". *American Journal of Sociology* 49（6）：499–507.

Schuetz，A. 1945. "The homecomer". *American Journal of Sociology* 50（5）：369–376.

Scott，A. 2009. "Georg Simmel；the individual and the organization". In P.S. Adler（ed.），*The Oxford Handbook of Sociology and Organization Studies：Classical Foundations.* Oxford：Oxford University Press，pp. 268–289.

Simmel，G. 1902. "The number of members as determining the

sociological form of the group". *American Journal of Sociology* 8（1）：146.

Simmel，G. 1904. *The Sociology of conflict. l. American Journal of Sociology* 9（4）：490–525.

Simmnl，G. 1906. "The sociology of secrecy and secret societies". *American Journal of Sociology* 11（4）：441–498.

Simmel.G. 1906. "The problem of Sociology". *American Journal of Sociology* 15（3）：289–320.

Simmel，G. 1955. "originally various publications". *Conflict and the Web of Group-Affiliation.* New York：The Free Press.

Soeters，J. 2013. "Odysseus prevails over Achilles：a warrior model 【64】 suited to post–9/11 conflicts". In J. Burk（ed.），*How 9/11 Changed Our Ways of War.* Stanford，CA：Stanford University Press.

Turner，M.A. 2006. *Why Secret Intelligence Fails.* Revised edn. Washington，DC：Potomac Books.

Von Clausewitz，C. 1989（1832）. *On War.* Princeton，NJ：Princeton University Press.

Zerubavel，E. 2006. *The Elephant in the Room：Silence and Denial in Everyday Life.* Oxford：Oxford University Press.

第五章 简·亚当斯：从和平行动主义到实用主义维和

简·亚当斯（1860—1935）可能少些学者气质，而更多地表现为一名社会活动家。然而，她发表了大量关于实用主义和社会政策的文章、演讲，并出版了很多书籍。这些长期以来都被忽视了的文献现如今却焕发出勃勃生机。包括发表在《美国社会学杂志》上的那些文章有助于她思想的留存，并逐渐使她赢得社会学奠基人之一的名声。

鉴于简·亚当斯曾于1931年获得过诺贝尔和平奖，所以或许读者对于在探讨社会学与军事研究的本书中介绍她会有些诧异。活跃于芝加哥的家庭工作以及社区与城市发展领域等看似"平凡"的活动当中，简·亚当斯逐渐成为一名女权主义者、和平使者与活动家。她不断强调寻求积极性和平而非消极性和平的必要性，因为后者只是对于战争的否定。这使她得出这样的结论：解决冲突，甚至是真正的暴力冲突，往往用太过简单粗暴的军事手段了事。十分吊诡的是，这可能对于军队来说是一个好信息，因为它适于军队的行动做派、政策和一般行为方式。除此之外，她还提出了其他办法，如与当地社区紧密合作，将和平"编织"（weave peace）到他们的社会中，这是帕特里夏·希尔兹提出的一个概念（2017：38-40）。这一点可以通过制定公共行政、安全、健康和社区发展诸领域的战略来得以实现，这就是积极和平的意涵所在。尽管亚当斯的一些想法乍一看可能显得有些天真，但可能对于许多社会部门（包括如今在冲突地区的和平使团）都极具参考意义（Wozniak，2009）。

亚当斯并不是第一个指出"平凡"问题（例如，家庭和社区发展、改善城市地区居住条件等）具有重要性的学者。大约半个世纪前，哈丽特·马蒂诺（Harriet Martineau）（Giddens 和 Sutton，2013：19）将社会学引入英国时就坚持认为：社会分析必须包括对妇女生活的理解。相应地，她注意到了以前被忽视的问题：婚姻、儿童、病人、家庭和宗教生活以及种族关系。游历美国时，她观察到了那些希冀改善种族关系的人所面临的挑战，我们将在下一章讨论这个话题。马蒂诺成为妇女权利和奴隶解放的倡导者。她与亚当斯一起都是社会学和社会理论研究的女性奠基者之一【66】（Madoo Lengermann 和 Niebrugge-Brantley，1998）。

从城市改善到和平运动

在芝加哥，亚当斯在父亲去世后一直积极生活。凭借从父亲那里继承的一笔遗产，亚当斯买下了一座略显简陋的房产——很快就被称为赫尔屋（Hull House）。在这座今天已然是博物馆的小房子里，她和她的朋友艾伦·盖茨·斯塔尔（Ellen Gates Starr）共同提出了一个改善贫困、疾病、肮脏、臭气、充满争议的移民区生活的社会解决方案（Shields，2017：5–13；Deegan，2007）。她们一起建立了一所幼儿园，组织读书会和其他文教活动，并为无家可归者提供庇护所。她们修建了公共浴室和体育馆，营造了一种特别有利于年轻妇女及其子女健康成长的环境。她们还接待了西奥多·罗斯福（Theodor Roosevelt）、乔治·赫伯特·米德（George Herbert Mead）、W·I·托马斯（W. I. Thormas）和杜波伊斯等立场鲜明的演讲者。其中杜波伊斯是我们将会在下一章中讨论到的非裔美国社会学家。亚当斯还开启了社会研究的早期工作：她组织了移民地区调查，并根据这些数据绘制了有色人种国籍图谱与城市雇佣情况图谱。这项工作后来成为"芝加哥学派"城市社会学得以成长的沃土。亚当斯还主张"城市作为家庭"的隐喻应该取代"城市作为城堡"的军国主义视角。

亚当斯撰写并发表了许多演讲，其中包括对美国社会学协会的演讲。这些演说出现在后来见刊的社会学论文、普通杂志文章以及炙手可热的书籍当中（Addams，1896；1899；1905；2002；2007）。在她谈到的许多问题当中，她特别反对把贫穷归因于个人道德"缺失"的观点。由于经济低迷，家庭本身并无过错，但却可能很快就一穷二白，对此亚当斯反复澄清（Shields，2017：47）。她强调**同情的理解**（Hamington，2009）是指需要换位思考、理解他人的立场和利益以及他们所背负的重荷。她具备多视角能力，提倡文化多元化，并且身体力行而不是仅仅停留在理论构想层面（Shields，2017），这是其女权主义实用主义的思想基础。

她在芝加哥的活动不仅具有社会性质和教育性质。在赫尔屋周围的社区，来自不同国家和地区的移民团体（意大利、波兰、德国、流离失所的犹太人、南部种族隔离的非裔美国人）之间经常彼此交战——也可以称之为内战。宗教和种族差异以及利益、财产和市场地位的差异是暴力犯罪、黑手党式狭路相逢与街头命案的主要动因。亚当斯观察到，在对立群体齐心协力解决共同面对的问题时（Shields，2017：11），冲突往往就会减弱，甚至停止。与马克思不同的是，亚当斯认为合作（而非冲突）是解决贫穷、赤贫、不平等与犯罪的最佳出路。她积极地把自己的想法付诸实践。在那些年里，亚当斯在全美被冠以"杰出女性"（Deegan，2007）和"成熟公民"（Deegan，2010）的美名。

【67】

然而，随着 1914 年第一次世界大战的爆发，这种情况也随之改变。当美国准备干预在比利时和法国战场上发生的恐怖敌对行动时，亚当斯开始表明自己的立场。1915 年，她在荷兰海牙主持了一次设法保持中立的妇女和平会议。在这次大会上，她提出寻求调解进而实现和平的必要性。这是有史以来，第一次由女性自发组织的反战并抗议把女人排除在决策之外的会议。本次会议决议明确指出：妇女也受到战争的影响，妇女应在政府和行政的各个方面（包括关于战争和和平的决策方面）占有一席之地。这样一来，女性权利运动与和平运动就相互联系起来。国际女性争取和平与自由联盟（WILPF）由亚当斯和她的同伴创立至今已有 100 余年，目前依旧是一个主要的社会网络。

在会议代表团的陪同下，亚当斯随后访问了交战国的国家元首、公民团体和受伤士兵，以传达会议精神（Shields，2017：12）。当美国参战时，她继续通过出版业倡导和平。这些一下子就改变了她原来的形象，她在公众和大众媒体中的地位也突然发生了变化。她从一个杰出女性，突然变成了一个足够引人注目的，被朋友、同事及其他社会学家抛弃的恶棍和社会贱民（Deegan，2007：6）。这种窘况在她 1919 年被美国政府视为美国最危险的人时达到顶峰。命运的这场改变将她从社会学家的舞台上除名了好几十年。然而战后，她通过加入美国人道主义救助，进而试图为比利时和法国的受害者提供食物救济，逐渐恢复了公众领袖的地位。在她看来，妇女是"养家糊口者"的观点为社会责任的必要性提供支撑。所有这些工作最终于1931年为她赢得了诺贝尔和平奖。

希尔兹和索特斯（Shields 和 Soeters，2017）重新构建了亚当斯的和平发展理念，并将其应用于当今安全组织所面临的挑战当中。亚当斯（2007）认为，和平的前景往往受到军国主义和殖民主义残余势力的破坏。她批评当权者视当时芝加哥大部分移民群体为"劣等人"的态度。她还把矛头指向将诸如罢工联盟或抗议运动视为"敌对势力"并采取军事性应对举措。在她看来，"非友即敌"的军国主义思维妨碍了将社区与城市之间复杂的社会结构交织在一起的能力。她认为，社会公平以及治理城市如治家（city government-as-household）将有利于积极和平的发展以及暴力冲突的化解。

值得一提的是，她介绍了"编织和平"（peace weaving）思想的许多特点，具体如下：

●维护全社会的和谐关系； 【68】

●摈弃死板的道德观、固化的信仰体系，以及不对他人形成刻板印象；

●以同情的了解（sympathetic knowledge）为价值；

●一个关注共有问题并且人人参与的探究型共同体；

●横向进步（lateral progress），即重新界定进步从而使其涵盖所有人（包括那些真正的弱势者）的提升。

由亚当斯所发展和提倡的思想与针对来西方寻求庇护的移民所制定的政策紧密相关。这一主题将在第八章中予以讨论，我们将根据米歇尔·福柯提出的观点来理解边境管控机制。亚当斯的"编织和平"思想适用于本章的其余部分，它们处理的是联合国维和行动中军事资源的使用（Shields 和 Soeters，2017）。这些显然与广为人知的、专门针对战争、反恐和特种作战的军事能力形成了鲜明对比。

联合国维和行动

现如今的世界高度互通互联，因此某种全球治理已经成为一种必然。第二次世界大战结束时，联合国的成立就是这一发展趋势的体现。它是监督和处理全球问题的超国家机构，涉及气候、贫困、文化遗产或冲突等各个方面。已故德国社会学家乌尔里希·贝克（Ulrich Beck，2006）认为世界已经成为一个**全球风险社会**的观点与联合国的存在密切相关。风险不再是地方化的了，因为它们原则上无所不在；风险无法计算，因为它们在某种程度上是未知的；超国家风险不再能由个别民族－国家予以补偿和控制。不管有多么不完善，各民族－国家能做的就是在超国家机构——如欧洲联盟（欧盟）、非洲联盟（非盟）或联合国——中讨论事态，然后采取行动。

　　其中一类行动就是部署联合国维和特派团，其次主要是由欧盟或非盟发起的非联合国维和特派团（Sandler，2017）。该类任务由文职人员和武职人员联合执行（Junk 等，2017）。近几十年来，联合国特派团的队伍日渐扩大，如图 5.1 所示为 1993 年以来联合国特派团中武职人员（如军队和警察）变化趋势。显然，维和任务是必要的，而且在一定程度上是成功可能性最大的。在过去的短短几十年中，普遍认为联合国在纳米比亚、萨尔瓦多、莫桑比克、东斯拉夫尼亚和东帝汶的诸多维和行动十分成功；而 20 世纪 90 年代在柬埔寨的维和行动则被认为是一个混编成功的案例（Howard，2008：9）。综合统计分析的结果表明，维和行动效果毋庸置疑。

【69】鉴于现在维和人员被派往更艰苦的环境，统计数据显示，国际社会的干预有助于维持和平。这些干预措施往往有助于促进短期和平、限制伤亡、确保长久和平（Page Fortna，2004：288；Sandler，2017：19）。

　　尽管如此，对联合国行动的批评从其成立之初就一直不绝于耳。这些评论与亚当斯当初倡导和平发展理念时所面临的谴责一样刺耳。此外，联合国特派团被认为是混乱的，并且其根基是有组织的虚伪。这是因为履行承诺和所需资源之间存在差距，并且亟须进行的改革最后很可能以失败告终（Lipson，2007）。联合国特派团经常被认为毫无威慑力，甚至是无能的。这一方面是由于资源有限；另一方面，这些特派团中的士兵——特别是具有民族主义倾向的西方士兵——可能没有足够的意愿或准备去参与战斗来保护东道国国民（Blocq，2010）。我们都记得，在 20 世纪 90 年代联合国在索马里、卢旺达和波斯尼亚执行任务期间，发生了三起臭名昭著的暴行，都是缺乏坚实的基础造成的。联合国特派团的多元文化、多语言构成，以及相应的在国家归属感和效忠与多国框架内成员身份之间的紧张（Ben-

Ari 和 Elron，2001），就使得很难激发其有效的执行力。最后，我们之前看到的来自贫穷国家武装力量的占比过多（Sandler，2017）意味着，特派团的平均技术设备满足不了诸如北约或俄罗斯的行动要求。

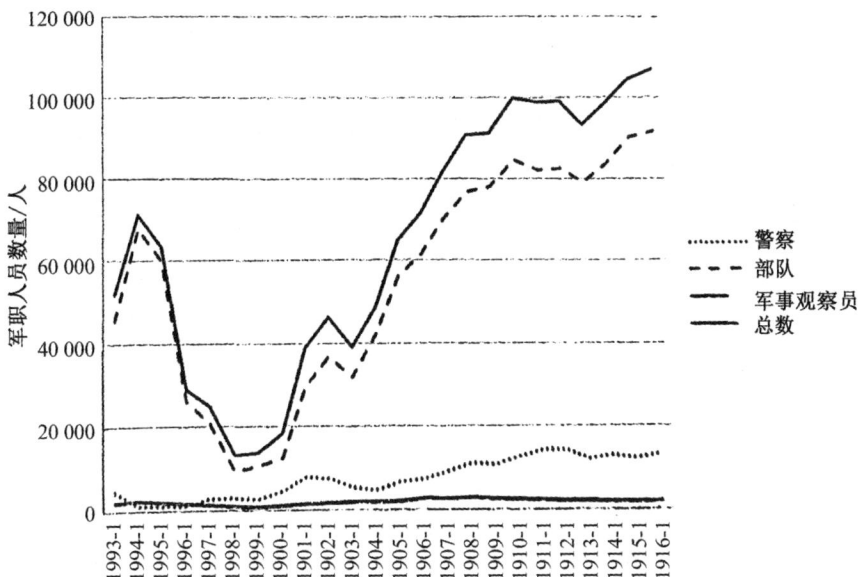

图 5.1　1993 年以来联合国特派团中武职人员变化趋势示意图

基础数据来自 www.un.org/en/peacekeeping/resources/statistics/conbributors_archive.
shtml，于 2017 年 8 月 24 日登陆，Jacqueline Heeren-Bogers 整理。

维和的意外后果 【70】

考虑到所有这些批评，维和任务只会产生积极结果的想法被看作一种有点不切实际的幻想。一本由克吕克·奥伊、赛德罗·德·寇宁和拉美·萨库尔（Chlyuk Aoi，Cedrlo de Coning 和 Rameh Thakur，2007）编辑的畅销书中揭示了维和的许多渐为人知的、消极的"意外后果"。很久以前，罗伯特·K·默顿（1936）系统地分析了目的性社会行动的非预期后果。他指出了误差的影响、复杂性在其中的作用，以及缺乏理解和做出反应的知识。他还注意到了利益的影响作用——"例如，行动者最关心的是可预见的直接后果，而不是同一行为的长远考虑或其他结果"

（Merton，1936：901），这与功能理性和实质理性对立相一致”。最后，他还注意到“好心办坏事”，例如，民主选举可能会使不民主的政党掌权。

就联合国维和行动而言，意外后果主要体现在性别关系领域（卖淫、走私、联合国人员的性骚扰、艾滋病等疾病的传播，以及对当地妇女和儿童的忽视）。这些事件大多是东道国女性极度贫困造成的。此外，当地经济以及随着新标准的发展而出现的二元经济也会产生影响。总体物价水平可能会上升，并且由于一些人能够从联合国的存在中比其他人获利更多，工资和生活水平的差距将会加剧。此外，可能会出现从地方行政流向联合国的“人才流失”问题。最后，由于联合国行动可能优先对待妇女，东道国社群对妇女的怨恨情绪可能会加剧。

同样，塞维兰·奥特赛尔（Séverine Autessere，2012）指出心存善意的国际性努力（结束刚果民主共和国内的暴力事件）最后却带来了意想不到的结果。她注意到：关于暴力行为的主要原因和后果的“叙述”并未交代事实的全部。它遮蔽的其他因素，如一类受害者比其他受害者获得的关注与资助要多。尽管本来都是心存好意，但这却导致问题的进一步延伸，而不是它们的解决方案。在一些人士眼中，联合国行动是中立活动纯属无稽之谈，更别说它是善意的了（Higate 和 Henry，2009：157）。

尽管存在这些批评，但是考虑到联合国维和行动的效果，二者可以相抵。不管是有意为之还是无意之举，维和的后果还是给人鼓舞与激励。事[71]实上也确实常常如此。我们以前曾经提到过，至少不是很过激地说，在这方面的经验研究表明了联合国维和行动的积极效果（Page Fortna，2004；Howard，2008；Sandler，2017）。

可以谨慎地讲，“有”聊胜于“无”。此外，有组织的虚伪——言行不一、出尔反尔——可能会调和压力，否则可能导致一种根本无法采取任何有效行动的状态（Lipson，2007）。此外，莱斯·霍华德（Lise Howard）对一些联合国行动（2008：8-20）进行的全面而具有现实主义的分析表明：在某些行动中，确实可以找到组织性学习的机制（其他行动中的情况却并非如此），这些行动任务往往都很成功。组织性学习在任务自身的层面上具体表现为以下两部分：一是任务融入东道国环境；二是在各项行动任务之间的整合，这些任务都涉及纽约联合国总部维和行动部当中学习与评估过程。亚当斯的想法与霍华德的话不谋而合："当维和人员（无论是军人还是平民）能从当地民众那里获得线索时，表明维和行动正处于最佳状态"（Howard，2008：2）。事实上，当维和人员与东道国国民之间互相学习时，维和行动的成功概率最高（Williams 和 Mengistu，2015）。

此外，还有维和任务的持续。其中许多任务已经延续了半个多世纪：查尔斯·莫斯科斯（Charles Moskos，1976）研究的塞浦路斯行动（联合国驻塞浦路斯维和部队（UNFICYP）），以及南黎巴嫩（联合国驻黎巴嫩临时部队（UNIFIL））和刚果民主共和国行动（联合国驻刚果稳定特派团及其先行者（MONUSCO 和 predecessors））都是最著名的例子。这种长时间的维和任务经常被人质疑，因为这需要消耗巨大的人力与资源。此外，不完成这项工作似乎就等同于碌碌无为。这与一般而言持续时间短得多的"传统"军事任务形成了鲜明对比，例如与北约在伊拉克、阿富汗和利比亚等的行动。在这三项任务中，从几个月（利比亚）到大约 15 年（伊拉克和阿富汗）不等。美国和其他国家在后两个行动中的投入仍在继续，但总体十分有限。这与对职业士兵喜欢"干净利索、简短果决"的战斗与行动的观察相一致（Teitler，1977）。然而，尽管这在经典的敌对行动和战争中似乎是可以接受的，但它似乎不足以应付当下国家内部与摩擦、饥饿和贫困而导致的紧张、政府失能和安全机构乏力等不良问题。

在此吊诡的是，短时间的高强度军事行动可能会使情况变得更糟，而不是更好。从民主的角度来看，独裁者穆阿迈尔·卡扎菲在 2011 年利比亚空战中被迅速推翻，从民主的角度看可能是一个很好的结果。然而，在这场短暂的干预行动结束后，利比亚的政治、社会、经济和安全结构彻底遭到破坏。由此引发的移民危机给欧洲带来了相当大的问题。到目前为止，这些问题仍旧难以管理和解决。一些学者认为：在空战之前，如果国际社 【72】会对利比亚市民社会终结政权的非暴力行动予以支持，其效果会更好，且毁坏性更小（Chernoweth 和 Stephan，2014）。这不仅仅是一种意见，也是一种基于实证研究所得来的深刻见解，研究令人信服地显示了一般而言冲突当中非暴力行动的力量（Stephan 和 Chenoweth，2008）。

总之，西方国家并不希望看到联合国的行动长期陷于所谓的"冰冻三尺"的冲突中，因为他们更倾向于看重短期效果。然而在某些情况下，这些"长时"任务似乎不可避免。事实上，它们可能还会被视为不错的做法，因为在紧张局势解决之前，中止任务的做法会是不负责任的。甚至可以说，短期军事干预之后的一片狼藉留给东道国国民自己善后，往往适得其反。这一点亚当斯肯定会同意。"编织和平"需要时间，需要很多时间——她会这样讲。

实用主义与维和

我们曾好几次提到：亚当斯的思想是建基于实用主义的、行动导向的哲学基础之上的。除其他美国哲学家外，美国哲学家约翰·杜威对此作出了突出贡献（Schneiderhan，2011：595）。实用主义理念就是思考与体验相互缠绕，不可须臾分离。这样看来，对于既定的或固定的手段与目的就应该尽量少强调一点。相反，应该更多地去关注来自体验本身（也就是说，来自行动于其中展开的情境）的"可预见的目标"（ends-in-view）。这样，不仅提高个体实现目标的技能是有意义的，而且制定和发展能提高个体能力的目标也是有意义的。因此，过程动态的重要性（或者更准确地说"行动中的实验"）不应仅仅是试错，还应该基于与其他城市群体和机构的合作（Gross，2009：87）。这种合作实验应该建立在杜威所谓的"仔细调查"的基础之上，包括"检验、审查、探索和分析"（Schneiderhan，2011：597）。此间，我们应该鼓励打破陈规，对各种简介保持开放；正如亚当斯所说，要给"困惑"留有余地（Schneiderhan，2011：596）。思考永远不应该被排除在行动之外，它应该是瞄准和射击，再瞄准再射击……而不仅仅是瞄准、瞄准、瞄准，也不仅仅是射击、射击、射击。

所有这些都可以在亚当斯及其同事在赫尔屋进行的活动中辨识出来。他们的社会工作与当时芝加哥慈善领域的惯常做法不同，后者充满了经济学家的思维——怀疑潜在的欺诈并且力求清除懒惰的人（Schneiderhan，2011：599）。亚当斯和她的朋友斯塔尔试图积极地了解贫困和社会供给的特殊性，尝试解决城市两端（行善市民提供的服务与赤贫市民的处境）

的彼此不搭界。这样一来，她们可以给贫困群体提供物质与非物质服务（教书、游戏以及洗浴设备）。

实用主义在许多学术和实务工作领域，例如管理和组织研究以及公共 【73】管理研究（Shields，2008）当中受到重视。这种解决问题的方式被视为应对来自世界动态性与复杂性挑战的一条出路（Farjoun 等，2015）。正如莫里斯·雅诺维茨（见第九章）有关警察部队的论述一样，实用主义对于军队也同样有所启示。更具体地说，亚当斯的想法可以直接与维和行动联系起来。希尔兹和索特斯（Shields 和 Soeters，2013）尝试将实用主义的简单概念框架应用于刚果民主共和国的后续维和任务。这个框架由美国精神病医生大卫·布伦德尔（David Brendel）制定，由四个 P 组成——这些都表明了实用主义的重要因素。下文所述的这些概念对于分析维和行动的内容与结果颇有助力，包括可能存在的不足及其改进余地（Shields 和 Soeters，2013）。这四个原则也可以作为我们上面讨论的实用主义诸多特征的一个总结。

务实（Practical）

首先，维和任务应该尽可能地务实，这也正是亚当斯和她的同事为贫困者提供实际服务（如公共浴室）的方式。这是联合国可以认真改进的第一个方面。在刚果民主共和国，大部分可用预算被用于任务本身（工资、基础设施和交通）。相对而言，预算当中用于针对刚果社会的速效专案（quick-impact projects）以及官方武装部队训练与专业化的份额只占总额的一小部分。此外，在为东道国民众提供庇护和安全、对付四处游荡和掠夺的民兵时，联合国部队往往不太擅长。还有就是，强调诸如人权和善治等抽象价值的重要性，往往会以诸如道路与学校修葺等实际问题为代价。

多元（Pluralistic）

联合国维和任务本身具有多元化特点。维和部队由来自不同国家军队的军事人员和民事人员组成，其中包括许多不同国家的军队。此外，他们还雇用东道国人员。因此，东道国国民很喜欢维和任务的多元性，因为这反映了"全面的经验"。与全是西方人的或"白人"的任务行动比起来，它造成了明显不同的印象，前者可能会让人想起那些不太积极的旧殖民时代的回忆。然而，正如前文所见，任务组成人员的这种多元性或国际多样性也在沟通和行动效能方面造成了问题。除此之外，还可以说平民和军人虽然是两条道上跑的车，但方向一致。联合国任务中的军民互动需要得到实质性的改善。最后，联合国和平任务需要更多的女性参与其中，这也与亚当斯一直以来的主张有着明显的联系。这可能有利于任务的有效执行，

【74】 因为女性有助于改善与东道国女性国民的沟通与来往。但最有可能的是，性别均衡的维和部队有可能在东道国民众中产生更多的信任（Bridges 和 Horsfall，2009），从而带来更多优势。

参与（Participatory）

社区参与、包容、民主决策和良好关系的培养是实用主义的主要特征，这也和亚当斯的观念和行动相一致。如前所述，联合国在刚果民主共和国的行动任务也雇了大量的东道国人员，这意味着当地居民可以参与到该任务的管理当中，并且分享所获的成功，这样做很好。然而，东道国民众大多受雇从事日常、家政和清洁等工作，这些工作本身很重要，但却被排除于更高的决策过程。在刚果民主共和国任务中的高级工作人员几乎没有刚果人，尽管确实有许多刚果人在任务中使用林格赖斯语（Lingalese）和其他当地语言广播节目。正如我们将在第七章中所讨论的那样，当地人通常被雇来提供语言服务（Pouligny，2006）。尽管如此，不管这些语言传达者有多重要，他们的贡献往往被更高级别的人员所忽视。此外，正如我们之前所看到的，还可能存在针对东道国雇员的偏见，在他们与那些可能没有机会受雇于联合国任务以便谋生的人之间催生紧张、嫉妒和愤怒等负面情绪。

临时（Provisional）

实用主义的最后一个方面强调了在提高技能以实现既定目标的同时，也强调进行实验和边行动边制订目标的重要性。这当然是联合国维和行动中需要改进的一个要素，尽管霍华德（Howard，2008）揭示了一些在行动和组织学习方面都取得成功的行动任务。然而，联合国的维和任务大体上是烟囱管或电梯式的大型科层机构，并且没有太多的横向互动，组织学习与实验倾向也太局限（Williams 和 Mengistu，2015）。他们仍然恪守着制订计划时的"工程风格"，以及一个外部的、专家"自上而下"地审视任务内容的视角。他们面向的是最终目标，而很少面向过程当中可能出现的、用于决定下一步骤的中间目标或结果。因此，联合国代表团（UN missions）很可能类似于他们原来所在的军事母体组织。亚当斯建议，这些事情可以另辟蹊径去做，尽管她也同意调整传统的做法与结构绝非易事。但是，这并非可望而不可及。

为阿富汗妇女赋权

在国家团结计划（NSP）框架内的一项大规模实验中，阿富汗 250 个随机抽选的村庄和小城镇被授权选举出性别均衡的委员会——因此吸纳了女性的参与——以便获得发展项目资金。在另外 250 个具有可比性的村庄和小城镇构成的对照组中，没有此类政策干预。在大量研究量表的帮助下，结果发现：实验组对女性参与地方治理的接受度更高。尽管妇女在家庭决策或更广大的社会中的角色没有变化，但两性对妇女的态度以及她们在社区生活中的角色发生了变化。研究人员得出的结论就是：即使在妇女受到歧视的社会中，通过政策干预也会造成改变（Beath 等，2013：555–556）。如果亚当斯知道这些结果，她一定会很高兴，因为这与她的想法完全一致。

【75】

结论

简·亚当斯的研究在过去经常被忽视。约阿斯和科诺贝尔出版的《战争与社会思想》（Joas 和 Knöbl，2013）一书中根本没有提到她或她的研究。总体而言，她的研究尽管其中一些发表在《美国社会学杂志》上，但在社会学学术界还没有得到广泛认可。不过，在开始批评美国参与了第一次世界大战之前，她在美国社会很有名望。呼吁反战让她的地位岌岌可危，但她设法克服了敌对情绪，并且在她生命即将结束时获得了诺贝尔和平奖！渐渐地，她的思想先是在女性活动家和学者中赢得了赞誉。最近，又在更为广泛的领域当中得到认可——她绝对称得上是社会学和军事研究领域的奠基人。但是，她也是一位母亲，而来自母亲的教诲，我们还没完全学到。

参考文献

Addams，J. 1896. "A belated industry". *American Journal of Sociology* 1（5）：536–550.

Addams，J. 1899. "Trade unions and public duty". *American Journal of Sociology* 4（4）：448–462.

Addams，J. 1905. "Problems of municipal administration". *American Journal of Sociology* 10（4）：425–444.

Addams，J. 2002（1922）. *Peace and Bread in Times of War*. Urbana and Chicago：University of Illinois Press.

Addams，J. 2007（1907）. *Newer Ideals of Peace*. Urbana and Chicago：University of Illinois Press.

Aoi，Ch.，C. de Coning and R，Thakur（2007）*Unintended Consequences of Peacekeeping*. Tokyo，New York and Paris：United Nations University Press.

【76】 Autessere，S. 2012. "Dangerous tales：dominant narratives on the Congo and their unintended consequences". *African Affairs* 111（443）：202–222.

Beath，A.，F. Christia and R. Enikolopov. 2013. "Empowering women through development aid: evidence from a field experiment in Afghanistan". *American Political Science Review* 197（3）: 540–557.

Beck, U. 2006. "Living in the world risk society". *Economy and Society* 35（3）: 329–345.

BenAri, E. and E. Elron. 2001. "Blue helmets and white armor: multi- nationalism and multi- culturalism among UN peacekeeping forces". *City and Society* 13（2）: 271–302.

Blocq, D. 2010. "Western soldiers and the protection of local civilians in UN peace-keeping operations: is a nationalist orientation in the armed forces hindering our preparedness to fight?" *Armed Forces and Society* 36（2）: 290–309,

Bridges, D. and D. Horsfall. 2009. "Increasing operational effectiveness in UN peace-keeping: toward a gender- balanced force". *Armed Forces and Society* 36（1）: 120–130.

Chenoweth, E. and M.J. Stephan. 2014. "Drop your weapons: when and why civil resistance works". *Foreign Affairs*（July–August）: 94–106.

Deegan, M.J. 2007. "Jane Addams". In J. Scot（ed.）, *Fifty Key Sociologist: The Formative Theorists*, London and New York: Routledge.

Deegan, M.J. 2010. "Jane Addams on citizenship in a democracy". *Journal of Classical Sociology* 10（3）: 217–238.

Farjoun, M., Chr. Ansell and A. Boin. 2015. "Pragmatism in organization studies: meeting the challenges of a dynamic and complex world". *Organization Science* 26（6）: 1787–1804.

Giddens, A. and P.W. Sutton. 2013. *Sociology*. 7th edn. Cambridge: Polity Press.

Gross, M. 2009. "Collaborative experiments: Jane Addams, Hull House and experimental social work". *Social Science Information* 48（1）: 81–95.

Hamington, M. 2009. *The Social Philosophy of Jane Addams*. Urbana and Chicago: University of Illinois Press.

Higate, P. and M. Henry. 2009. *Insecure Spaces: Peacekeeping, Power and Performance in Haiti*, *Kosovo and Liberia*. London/New York：Zed Books.

Howard，L. Morjé. 2008. *UN Peacekeeping in Civil Wars*. Cambridge：Cambridge University Press.

Joas，H. and W. Knöbel. 2013（2008）. *War in Social Thought*；*Hobbes to the Present*. Princeton NJ and Oxford：Princeton University Press.

Junk，J.，F. Mancini，W. Seibelard T. Blume（eds）.2017. *The Management of UN Peacekeeping*：*Coordination Leaning*，*and Leadership in Peace Operations*. Boulder，co：Lynne Rienner.

Lipson，M. 2007. "Peacekeeping：organized hypocrisy?" *European Journal of International lrelations* 13（1）：534.

Madoo Lengermann，P. and J. Niebrugge-Brantley. 1998. *The Women Founders*：*Sociology and Social Theory* 1830–1930. Boston：McGraw-Hill.

Merton，R.K. 1936. "The unanticipated consequences of purposive social action". *American Sociological Review* 1（6）：894–904.

Moskos，Ch. 1976. *Peace Soldiers*：*The Sociology of a United Nations Military Force*. Chicago：University of Chicago Press.

Page Fortna，V. 2004. "Does peacekeeping keep peace? International intervention and the duration of peace after civil war". *International Studies Quarterly* 48（2）：269–292.

Pouligny，B. 2006. *Peace Operations Seen from Below*：*UN Missions and Local People*. Bloomfield. CT：Kumarian Press.

【77】 Sandler，T. 2017. "International peacekeeping operations：burden sharing and effectiveness". *Journal of Conflict Resolution* 61（9）：1875–1897.

Schneidchan，E. 2011. "Pragmatism and empirical sociology：the case of Jane Adams and Hull House，1889–1895". *Theory and Society* 40：589–617.

Shields，P. 2008. "Rediscovering the taproot：is classical pragmatism the route to renew public administration?" *Public Administration Review* 68（2）：205–221.

Shields，P.（ed.）. 2017. *Jane Addams*：*Progressive Pioneer of Peace*，

Philosophy，*Sociology*，*Social Work and Public Administration*. Cham，Switzerland：Springer.

Shields，P. and J. Soeters. 2013. "Pragmatism，peacekeeping，and the constabulary force. In S.J. Ralston（ed.）". *Philosophical Pragmatism and International Relations*：*Essays for a Bold New World*. Lanham，MD：Lexington Books.

Shields，P. and J. Soeters. 2017. "Peaceweaving：Jane Addams，positive peace，and public administration". *American Journal of Public Administration* 47（3）：323-339.

Stephan，M.J. and E. Chenoweth. 2008. "Why civil resistance works：the strategic logic of nonviolent conflict". *International Security* 33（1）：7-44.

Teitler，G. 1977. *The Genesis of the Professional Officer's Corps*. Thousand Oaks，CA：Sage.

Williams，A.P. and B. Mengistu. 2015. "An exploration of the limitations of bureaucratic organizing in implementing contemporary peacebuilding". *Cooperation and Conflict* 50（1）：3-28.

Wozniak，J.F. 2009. "C. Wright Mills and higher immorality：implications for corporate crime，ethics，and peacemaking criminology". *Crime*，*Law and Social Change* 51：189-203.

第六章 威廉·杜波伊斯：社会与军队中的种族、多样性与包容性

威廉·杜波伊斯（1868—1963）是举世公认的"第一位种族社会学家"。尽管早期种族关系确实比现在更为严峻，但可以肯定地说，种族问题仍是当下国际社会关心的一个问题（Nkomo，2009）。证实这点的例子有很多。如今，美国以及其他地区当地民众与警察之间紧张关系背后的种族背景就是很好的一个例子。尽管查尔斯·莫斯科斯和其他学者认为美国军事组织是一个"种族均衡器"（race equalizer）——因为它为在其他部门缺席的非裔美国人提供了社会流动的机会，但其中的种族问题可能并没有那么乐观。即使如此，美国以及其他各国的部队开始允许多种族融合发展的历史，这是一段漫长的历史，一段掺杂着痛苦（同时也有希望）的历史。

但首先让我们来看一看杜波伊斯本人的生活和著作情况（Blackwell和 Janowitz，1974；Nkomo，2009；Morris 和 Ghaziani，2005；Morris，2015）。作为 19 世纪末美国最早开始研究社会学的学者之一，杜波伊斯由于接受过专门的人文与历史训练，所以很快就对现代社会科学（包括后来的方法论）产生了浓厚的研究兴趣。他在柏林学习了两年，其间得到古斯塔夫·施莫勒（Gustav Schmoller）和其他著名学者的指点，并成为马克斯·韦伯的挚友，所有这些都坚定了杜波伊斯从事社会学研究的决心。在 1920年韦伯英年早逝之前，杜波伊斯一直与韦伯保持友好往来，他们之间的这段友谊也影响了韦伯对于种族与族群的思考（Morris，2015：149-167）。

尽管从哈佛大学获得了博士学位，但杜波伊斯身为黑人很难（不是说不可能）在美国顶尖的研究型大学获得学术教职。后来，他成为佐治亚州亚特兰大大学的教授，并在那里建立了亚特兰大社会学实验室。在志愿研究者和实地工作者的帮助下，这一实验室在研究各种非裔美国人的问题上取得了丰富的成果。杜波伊斯一生都在寻找研究经费，从未间断，但常常

被拒之门外。

在去亚特兰大之前不久，他一直在研究费城黑人社区（Du Bois，1996【79】（1899））。受英国的案例以及简·亚当斯对芝加哥城市邻里所做研究的影响，《费城黑人》目前被视为第一本真正地使用混合研究方法探讨城市社区的社会学经验研究作品。该书出版时间要比研究波兰移民的那本著名的《身处欧美的波兰农民》还要早大约二十年（Coser，1977：533）。有趣的是，每个社会学专业学生都非常熟悉后者，对于具有开创性意义的前者往往知之甚少。同样，刘易斯·科塞的《社会学思想名家》（1977；Morris，2015：xv）一书对于杜波伊斯只字未提也就不足为奇了。这表明：杜波伊斯终其一生处于一种被边缘化和被忽视的地位，尽管他取得了诸多学术成就。直到最近，人们才颇为注意对其研究。那么，这些成就都有哪些呢？

杜波伊斯的见解与贡献涉及普通社会学以及种族社会学。更具体地说，涉及黑人（即现在所指的非裔美国人）社区的社会学（Morris 和 Ghaziani，2005：51）。他主张，社会学发展应该建立在全面的田野研究的基础上，并且研究方法应该多元化，而不是一般的理论概括，后者所赖以为基础的观察至多是透过"车窗"看一眼。早在默顿之前，他就指出：要发展社会学的中层理论，而绝不应该追求宏大的抽象理论（Morris，2015：29）。

他关于种族社会学的主要论点现在已被普遍接受，但在当时肯定不是被认可的学问。他认为种族是一个社会建构的动态范畴，而不是生物学意义上得到定义与确定之物。因此，他不仅反对社会上处处或隐或显的种族主义，同时也反对社会学家在自己小世界里的种族歧视。事实上，在许多社会学家的早期著作当中发现的（至少隐含的）种族主义文字让人大跌眼镜。接下来，杜波伊斯指出了"肤色界线"（color line）或是**帷幕**，它将被压迫者与统治集团分开。这一点使他更接近卡尔·马克思的思路。然而，在马克思只关注阶级划分的水平线的地方，杜波伊斯还看到了一条垂直的裂缝——一种按照种族对阶级的划分，这贯穿了马克思揭示的各个经济层次（England 和 Warner，2013：963）。在他看来，黑人社区植根于一个完全不同的阶级结构当中。因此，不能以马克思的方式将其看作一个未分化的大众（Morris 和 Ghaziani，2005：51）。杜波伊斯创造的"肤色界线"现象在美国社会以及全球范围内都随处可见，特别是在殖民统治下的许多国家和当时南非出现的种族隔离制度当中更为明显。

杜波伊斯不厌其烦地拒斥"黑人劣等"的观念，这在当时是一种普遍而顽固的观念。恰恰相反，非裔美国人对于世界的认知拥有独特的天赋和文化信息，他在1903年出版的一本论文集《黑人的灵魂》（*The Souls of Black Folk*）中如是写道。这些论文都与农村社会学、领导、宗教、教育有关，当然还涉及种族关系。这本小书中专门留有一篇特别的文章描写"悲伤之歌"——这是"某种令人难忘的旋律回响，它是黑暗历史年代从黑人灵魂中涌出的美国音乐"（Du Bois，1999（1920）：17-29）。这表明，

【80】杜波伊斯像马克斯·韦伯一样对于音乐作为一种社会现象很感兴趣，但是有所不同（Kemple，2009）。

这些文章与他发表在《白人的灵魂》（*The Souls of White Folk*）中最具批判性的一篇文章形成了鲜明的对比（Du Bois，1999（1920）：17-29）。该文中，他谴责白人的优越地位（Nkomo，2009：384）。有鉴于此，黑人社群的最终目标不是被同化（变得与占支配地位的白人相似），而是谋求社会发展和解放（Morris 和 Ghaziani，2005：51）。

杜波伊斯作品中进一步的关注点则是种族、阶级和社会性别的交叉点，以及他对黑人所面对的所谓**双重意识**的看法。用这个概念，杜波伊斯指涉一种特殊的感觉，就是这种双重意识，一种总是通过别人的眼睛来看待自己的感觉，一种全世界都在轻蔑与怜悯地笑着他的态度来衡量其灵魂的感觉。一个人曾经感受过他的两种身份：一个是美国人，一个是黑人；两个灵魂，两种思想——两种不可协调的抗争；两种交战的理想并在一个黑暗的身体里（Du Bois，1969（1903）：2）

尽管杜波伊斯的语气更加戏剧化（出于可以理解的原因），不难把这一分析与几乎同一时期齐美尔提出的"陌生人"概念联系在一起。

杜波伊斯论军事

杜波伊斯并不经常提到军事当中的种族问题。然而，他写的一部有关

美国内战后若干历史事件的鸿篇巨制却引发了正式的奴隶解放过程——尽管该过程实际上并未完成。这一研究的重点是"黑人自身的努力与经验"（Du Bois，1998（1935）：序言）。因其事实性错误以及夸张的解释，这一研究广受历史学家的批评，但它却是一项"不可忽视"的先锋性研究（Du Bois，1998（1935）：xv）。由于涉及内战本身，军事自然出现在这一研究当中。在平衡南方各州与北方各州之间的力量以及影响战争的最终结果方面，（从前的）奴隶发挥了重要作用。希金森上校在记述战争后期他所领导的第一个黑人士兵团（"第一个奴隶军团"）时，交代了黑人军团的角色，以及一个积极参与废奴运动的白人军官如何看待他们所起的作用（Wentworth Higinson，2012（1869））。

还有一件事特别值得一提。在第一次世界大战期间，美国决定参与欧洲的战斗行动之后，美国政府征求非裔美国人社区及其领导的同意与合作。为此，还专门组织了一次会议，当时邀请了包括杜波伊斯在内的黑人社区领袖参加。这种合作的目的并非不言而喻，因为当时对黑人的聚众私刑【81】（mob-lynching of blacks）达到了顶峰。正如我们所知，杜波伊斯对于美国的种族关系批评有加，但他在一篇核心社论中却说道："忘记我们特别的苦恨，与我们自己的白人公民同胞和为民主而战的盟国并肩作战"（Allen Jr，1979：25）。这一声明与会议的决议形成了鲜明对比，它呼吁对黑人社区的不满做"最小化考虑"。这两种立场都出自同一个心里矛盾的人——杜波伊斯（Allen Jr，1979：32）。

美国军队中的种族关系

美国军队中的种族关系由来已久。黑人士兵从一开始就参与美国的军事组织，甚至在其建国之前就已经参与其中（Nalty，1986；Sibley Butler，1988）。在反抗英国人的革命战争当中，超过五千名黑人与美国军队一起并肩战斗。正如前文所见，从前的奴隶在内战中也发挥了重要作用。将近十八万黑人在一百二十个被命名为"美国有色部队"的独立军事单位中站在联盟的一边作战（Sibley Butler，1988：118）。在随后发生的诸多战事当中，例如与美洲土著人的战争（印第安之战）、古巴战争、第一次世界大战、第二次世界大战，等等，单独编制的黑人士兵承担了大部分的战事工作。在战争间的和平期，黑人士兵的数量则大大减少。从杜波伊斯的社会学视角来看，这都是歧视的表现。

在第二次世界大战期间，黑人士兵增加到了九十万人。此间，美国军队首次经历了种族融合。1944年圣诞节前后的几周里，在比利时阿登战役中，军队从附近的黑人支援部队中求募志愿者。数千人积极响应并自愿投入前线战斗。随后的战绩表明，黑人士兵的战斗表现出色，与白人部队的合作没有出现任何严重的摩擦。对这些互动的研究发表于《美国士兵》之中，我们将在第九章讨论莫里斯·雅诺维茨时论及这个超大型研究计划（Stouffer等，1949）。所谓的"塔斯基空军"（Tuskegee Airmen）就是第二次世界大战中黑人士兵战斗表现优异的另一个著名实例，这些非裔美国飞行员护送轰炸机深入德国境内（Moskos，2007：15—16）。在战争开始之前，许多美国白人认为黑人不能完成像驾驶飞机这样艰巨的任务。杜波伊斯对此愤怒谴责，涉及人种的生物学思想，在第二次世界大战之前的几年里仍然存在。只有实实在在的经验才能避免社会学中存在的托马斯定理所带来的后果："如果人们把情境定义为真实，那么作为结果，它们就是真实的。"

【82】（Coser，1977：521）如果决策者和政策制定者确信黑人不能驾驶飞机，那么黑人士兵将不会接受飞行员培训，因此也不会驾驶飞机。正如杜波伊斯所说，"黑人劣等"是一种社会建构。然而，这种社会建构在第二次世界大战中彻底终结了。

1948年，杜鲁门总统决定取消军队中的种族隔离；这项新政策在朝鲜战争期间受到了考验。种族融合的经历颇为顺利，但这种种族间的和平在20世纪60年代告一段落。在越南战争期间，黑人士兵与白人士兵之间的两极分化加剧，世界各地的军队内部都发生了种族冲突（Moskos，2007：16）。在征募的士兵中，抗命现象规模相当大，而黑人士兵往往最反叛（Cortright，1975：39，201及以下）。非裔美国士兵是美国大兵抗命行为的急先锋，这可以被视为少数族裔军人对于自身遭受歧视与机会不平等的一种反抗。抗命行为不仅限于军内的政治和社会机制之中。世界拳击冠军穆罕默德·阿里是最著名的良知反抗者，他宣称"他不会与越共发生争执"；而在同一份声明中，他指出是由于自己祖国对于"所谓黑人"（Negro people）的诋毁（the denigration）导致他做出这样的决定的。我们将在有关科内里斯·拉莫斯的第十一章中深入探讨越战期间的叛乱问题。

显然，这种状态不会持续很久，并且越南战争本身变成了一个分水岭。自 20 世纪 80 年代以来，随着全志愿军制的引入，种族关系总体上的表现更积极。年复一年，美国军队中的黑人士兵数量不断增加。如果参照美国社会整体的黑人人口比例的话，甚至可以看到一种黑人士兵比例上过度的现象（Janowitz 和 Moskos，1974）。针对美国在索马里、波斯尼亚和伊拉克的军事人员进行的调查研究表明，跨种族的合作"在战场上比在驻军中更为紧密，值勤时比不在值时更为有力，在岗位上比在基地以外的世界更为有效"（Moskos，2007：1617）。更重要的是，非裔美国人在军事等级中成功地攀升，直达最高层（Moskos 和 Sibley Butler，1996）。正如查尔斯·莫斯科斯那著名的说法："军队是美国社会中唯一一个白人常常需要服从黑人指挥调度的地方。（2007：17）"杜波伊斯对此至少在一定程度上会比较满意。然而，尽管情况有所改观，詹姆斯·伯克和艾芙琳·埃斯皮诺莎（James Burk 和 Evelyn Espinoza，2012）却发现，在美国军队当中人事关系上仍然存在种族偏见和制度化了的种族主义，具体表现为三个方面：军官晋升、军事司法裁决和对少数族裔伤残退伍军人的照管。尤其是第三个方面，这些人在进入退伍军人医疗保健系统时遇到了重重障碍，因为在应征入伍之时或者拼死战斗当中都无法找到任何相关的证明（Burk 和 Espinoza，2012：414）。

显然，在种族与性别的交汇处也时常出现紧张状态，杜波伊斯经常提到这一点。

西点毕业　【83】

2016 年春天，媒体发布了一张非裔美国下级青年军官在西点军校完成学业的照片。照片上，他们高举拳头——这似乎与美国历史上的黑人抗议运动有关。有人认为，这可能与 1968 年奥运会期间的黑人权力抵抗运动有着象征性的联系；其他人则认为这张照片与碧昂斯在 2 月早些时候的超级碗表演中对"黑人的命也是命"运动的倡导有关。西点军校毕业生的照片由此引发了一场讨论：一些退伍军人和其他一些人认为这是

"军队分裂"的表现。但如若这样，那么回到第二次世界大战或许倒是件好事。那时候，非裔美国士兵通过战场上的英勇战斗而帮助盟军收获了战胜纳粹的胜利果实。布兰达·摩尔（Brenda Moore，1996）在她那本精彩的著作当中描述了二战期间唯一一支驻扎海外的非裔美国女兵军团的故事。这是一个取得胜利的故事，也是妇女因种族和性别所面临歧视的故事。这本书提供了这支非裔美国女兵军团成员在争取平等权利的长期斗争中并肩作战的证据，那时她们正积极地投身战斗当中，拼力将纳粹分子赶出欧洲。

应该铭记的是，非裔美国人并不是美国社会和美国军队中唯一的少数民族群体。特别是拉美裔美国人（身为拉丁美洲后裔的美国人），还有亚裔美国人以及土著美国人在美国军队军力中的占比都非常大（Rohall 等，2017）。在本章的最后，我们将看到一个例子，它说明了美国土著"战士"是如何在美国军事史上立下了赫赫战功。

其他国家军队中的少数民族关系

富有挑战的种族与群体关系显然并非仅限于美国及其军队当中。几个世纪以来，诸如英国、法国、西班牙、荷兰、德国和比利时等欧洲国家对世界其他地区的殖民，滋生了一些殖民势力或者将殖民地国家士兵融入欧洲军队当中。建立在胁迫、意识形态和/或契约之上的、可称之为"民族草案"的东西是这一切发生的基础（Peled，1994）。由于其自身对殖民者的有用性和可靠性不同，殖民地族群也被分别对待。有些族群被认为不如其他的有价值或可信；而有些则被认为是"战斗民族"（Enloe，1980）。

像非裔美国士兵一样，这些"少数族裔"士兵在战斗中常常背负着沉重的负担。一个著名的例子是阿尔及利亚和塞内加尔士兵在第一次世界大战的法国和比利时战场上与法国军队（他们的殖民者）并肩作战。其他殖民地军队，例如尼泊尔士兵（作为英国军队一部分的廓尔喀人）也参与了这些战斗（Koller，2008）。这些少数民族士兵做出的巨大牺牲往往并没有得到承认。他们一再遭遇与美国军队中非裔士兵同样的种族主义，尽管

【84】

偶尔也是"善意的"（Lunn，1999；Wentworth Higginson，2012（1869））。杜波伊斯本人经常指出：美国的种族关系问题与世界各地（非洲、亚洲和拉丁美洲）的欧洲殖民地的种族关系问题大同小异。

当今拉丁美洲前西班牙殖民地的武装力量就是一个典型的例子。在玻利维亚和厄瓜多尔，将以往边缘化的土著居民纳入国家机构，特别是军队，一直是民主治理方面所面临的主要挑战之一（Selmesky，2007）。自这些国家 19 世纪初独立以来，征募当地人参军就不是不言自明的了。鉴于土著人口本身的极端多样性，只有那些被认为值得信任的群体才有资格应征入伍，而那些一旦受训成为士兵就有可能威胁国家安全的群体马上就被排斥其外或边缘化（Selmesky，2007：50）。就算被征召入伍，**土著**也不是总能得到平等待遇，这也是因为种族偏见。直到 20 世纪 50 年代，当地人获准接受军官培训都很困难。即使在那之后，他们在军事学院时也面临着不少不快的经历。仅举一方面为例——军校的土著学生经常感到压力大，要把他们的印第安名字改成西班牙名字，作为一种"文化伪装"（Selmesky，2007：58）。结果是，至少直到 2003 年，应征兵员大多来自土著群体，而军官主要是欧洲后裔。从 2003 年 10 月 8 日到 17 日，在玻利维亚的"天然气战争"（La Guerra del Gaz）期间，这种情况在一场危机中达到顶峰：军队杀死了数十名土著抗议者，这与 1972 年北爱尔兰的"血腥星期日"的杀戮相似。这些命令下达者主要都是非土著血统的军官（Radio Pachamama，2003）。从那时起，形势变了，也包括政治上的改变。随着土著人的公民权得到很大改善，他们在军队中的地位也得到了提升。

从全球范围来看，有许多这样的故事可讲。其中特别值得一提的是后种族隔离时期南非建立的一支种族融合的武装部队。如前所述，杜波伊斯正确地将美国的种族关系与欧洲殖民地国家的紧张关系加以比较。在南非，荷兰公民和英国军队曾以牺牲土著居民的生存机会为代价在大片领土上开拓殖民地，并且彼此进行了激烈的战争。这催生了直到 1991 年才被废除的种族隔离制度。1991 年所发生事件的后果之一就是南非军队进行了全面检讨。曾经是一支以白种少数族裔为兵员的部队，黑人只被允许在不同族裔各自组成的协同作战部队中服役，但既不被征召入伍，也不允许成为军【85】官。这一构成与军队反对国内反种族隔离的斗争，使得他们与本地居民群体之间产生了很大的距离，军队越来越被视为敌人。在废除种族隔离之后上位的政策导致所有参与抵抗运动的不同力量（即所谓的革命力量）融为一体。种族隔离的终结也催生了一个平权行动政策——重视和支持来自非白人社区的人民。但是，还存在（现在也是如此）一些严重的问题。这个广袤的国度里人口群体的多样性十分显著（这里有十一种语言），而平权行动很可能导致军队的政治化，从而阻碍旨在强调资格、阅历与绩效的专业科层制特征的成熟（Heinecken 和 Soeters，2018）。

最后一个实例可见俄罗斯武装部队的民族组成。随着时间的推移，俄罗斯武装部队的发展也非常迅速（Curran 和 Ponomareff，1982）。俄罗斯和苏联实际上包含大量非俄罗斯人群体，如波罗的海诸国和高加索地区的居民群体。在第二次世界大战期间，红军正式由不分种族的部队组成，但是由于人力短缺，所以允许另外在爱沙尼亚、立陶宛和拉脱维亚等国组建国家部队。然而，这些部队的可靠性备受质疑。此外，预备役部队（如位于乌克兰的）几乎完全由同一种族的东道国国民组成，他们都是为了在家乡附近履行军职而应征入伍的。一般来说，在许多重要战线上都有非俄裔部队的身影，但其可靠性和效力却仍不确定。二战后，国家部队建制一直延续到 20 世纪 50 年代才被解散，取而代之的是民族彻底融合了的部队。其原因是 1956 年第比利斯起义时，格鲁吉亚裔军队拒绝向本族人民开火。如今，苏联解体之后，俄罗斯的民族多样性大大降低。尽管如此，所有公民无论其出身、宗教或其他背景特征如何，都被分配到其领地以外的混编部队服役。

文化多样性的好处

杜波伊斯不停地强调，非裔美国人并不比在美国社会和经济生活中占据主导地位的白人低等。他指出，黑人对世界的认知有着独特的天赋和文化信息（《黑人的灵魂》，Du Bois，1969）。这一点是当今军队必须牢记的，因为它不仅适用于非裔美国人。如今，世界各国军队都可以从关注多样性和包容性的政策中获益匪浅（Kümmel，2012）。有许多理由表明，由性别或肤色、宗教、籍贯、语言群体、年龄和性取向各不相同的人所组成的部队远比那些未能反映出这种多样性的"单一组成"部队表现要好（Van der Meulen 和 Soeters，2007）。

首先，鉴于大多数国家的广大社会构成越来越趋向于多样化，多样性【86】与包容性政策有助于弥合军队与整个社会之间的差距。此外，这也有助于提高部队的合法性和威望。在当今世界中，军队的作用不可忽视，不能认为其重要性居于次要地位，更不能被视为人民之敌或者一部分居民的敌人。所谓的"公共服务问题"是指在政府机构（如军队）中支配着其他人的人口群体，该问题是全球大多数市民剧变的核心要素。为了防止发生这种情况，军队需要与社会的（不断增加的）多样性保持一致，正如我们在马克斯·韦伯那一章中讨论的军队必然具有的科层性质一样。其次，多样性和包容性政策有助于满足许多国家通过征兵制度再也无法征募得到的军队人力的需求。在一个全志愿体制中，新征募的男女士兵要在开放的劳动市场中、在与其他雇主竞争的情况下征募。从尽可能多的潜在新兵中吸引人才非常符合军队自身的利益。最后，增加军队的多样性可能有助于促进他们的效能。例如，二战期间硫黄岛战役中纳瓦霍密码员的例子就是个典型。这些人是美国海军陆战队里作为美洲原住民的纳瓦霍士兵，他们设计了一个从母语衍生而来的复杂代码，用这种密码传递的信息可以在几分钟内转送出去，而日本军方无法破译。它帮助美国人赢得了那场战争（Durrett，1998）。

还有其他一些最近的例子，都能说明多样化的劳动力在军事行动中的优势。

在穆斯林世界中服役的荷兰籍穆斯林士兵

在过去的几十年里，西方军队曾经去到部分人口或主要人口是穆斯林的社会当中执行行动任务：波斯尼亚、伊拉克、阿富汗、马里以及其他地方。由于西方士兵和这些地区的东道国居民之间的社会和文化距离很大，因此有必要让那些与当地人距离较小的军人入乡随俗（on board）。对于部署在穆斯林社会的荷兰籍穆斯林士兵的一项探索性研究揭示了这一行动的实际运作情况（Bosman 等，2008）。这些士兵并没有表示他们必须与自身的多重身份做斗争。首先最重要的是，他们是荷兰的职业军

【87】
人。尽管如此，他们有时也会与朋友或亲戚针锋相对，后者在他们与"穆斯林兄弟"作战时，往往质疑其忠诚。在行动区域，与不同类型的东道国民众遭遇时往往需要区别对待：穆斯林士兵对（宗教）习惯和语言表达十分了解的时候，就会发生积极的相遇；剑拔弩张地遭遇时，存活则是主要的行动逻辑。总体贡献不只是建设性的。总的来说，军队内的文化多样性与跨文化能力之间的联系可能造成有利的行动后果（Hajjar，2010）。

各种事实（Faits divers）

依据齐美尔关于群体机制的看法，可以说部队中的成员数量分布情况产生了与多样性和包容性政策相关的特定行为和社会机制。罗萨贝斯·莫斯·康特尔（Rosabeth Moss Kanter，1977：206-242）明确表示：在偏态群体中的极少数人（所谓的"象征性代表"（tokens））在工作中面临着特殊的关注和压力，因为他们更为显眼，他们与绝大多数人形成了更强烈的对比，而且更容易形成刻板印象。尽管如此，这些象征性代表也更为人所接受——因为只要其观点与行动与既有群体的观念相一致，就不会对大多数人构成威胁。当更多的平衡性亚群体和大规模少数群体（35%~65%、40%~60% 或 50%~50%）出现时，这种情况可能就会有所改变，因为这些群体可能变得足够强大，以至于能够与另一个多数群体竞争。因此，身份冲突可能由此产生。

如果出现"象征性行为"（tokenism）或竞争的亚群体机制，则注意这一点，并且意识到多样性政策不一定与包容性政治相同就很重要。其有三种变体。如果少数群体成员被敦促遵守主流文化（例如，玻利维亚的候补军官取西班牙语的名字），那就是**同化**。如果少数群体成员的价值仅仅与他们所做的贡献有关，但不被视为自己人（军事行动中受雇为翻译员且毫无军事地位的东道国国民），那么就是**分化**。只有当组织中的少数群体成员被视为自己人，同时因为他们所带来的贡献而受到重视，并且被允许和鼓励在组织内保持其独特性时，才会出现**包容**（Shore 等，2011：

1266）。当我们讨论组织多国军事合作的三种方式：同化、分立（＝分化）和整合（＝包容）时，我们可以清楚地看到与爱弥尔·涂尔干那一章中的类型学之间的联系。

最后，有必要承认的是：除了利益之外，与多样性相关的其他棘手问题也可能在军队中出现。如果组织内部的"认同力量"（Castells，1997）变得太大，指挥官从作战的角度决策和操作的自主性可能就会下降。亚基尔·列维（Yagil Levy，2014）分析了这种现象是如何在以色列国防部队中发生的，因为有宗教信仰的士兵已经大量进入战斗部队，他们表达了他们自己对于应该如何做事的看法。按照齐美尔和康特尔的观点，这些数量上【88】的变化可能会造成相当大的子群体紧张关系，并且导致一系列行动后果。此外，极少数群体的成员（"象征性代表"）可能会开始感到遭受刻板印象和压力。当他们无法适应主导群体时，他们可能会开始对同事使用暴力。在美国军队中曾发生过这样的事件，但幸运的是还较为少见。有时候，多样性充其量就是喜忧参半。

结论

与杜波伊斯提出自身学术观点时相比，如今的种族和多样性关系所带来的挑战似乎减弱了许多。把少数民族整合与包容进全员之中是大多数工作组织（包括警察和军队）政策议程的首要内容。然而，在广大社会和组织内部的种族主义偏见与紧张关系却并未消失，这在全球范围内不断发生的许多事件中都有所彰显。此外，**肤色界线**或**面纱**可能仍然以愈加微妙的形式存在。它们可能隐藏在人格测试、个人资料，甚至社会学分析当中。凡此种种虽然力求客观，但却可能无意中产生新的分隔。"抱歉，但你没有通过测试。""抱歉，但你的个人资料不适合这个职位。"那时，**面纱**可能会变成"带着微笑的歧视"（England 和 Warner，2013）。杜波伊斯的研究历久弥新。

参考文献

Allen, E. Jr. 1979. "'Close ranks': Major Joel E. Springarn and the two souls of Dr. W.E.B. Du Bois". *Contributions in Black Studies - a Journal in African and Afro-American Studies* 3（art. 4）：25–38.

Blackwel, J.E. and M. Janowitz（eds）. 1974. *Black Sociologists：Historical and Cotemporary Perspectives*. Chicago and London：University of Chicago Press.

Bosman, F., F. Ait Bari and J. Soeters. 2008. "Dutch Muslim soldiers during peace operations in Muslim societies". *International Peacekeeping* 15（5）：695–705.

Burk, J. and E, Espinoza. 2012. "Race relations in the U.S. military". *Annual Review of Sociology* 38：401–422.

Castells, M. 1997. *The Power of Identity：The Information Age：Economy, Society and Culture*. Vol. II. Malden MA and Oxford：Blackwell.

Cortright, D. 1975. *Soldiers in Revolt：GI Resistance during the Vietnam War*. Chicago：Haymarket Books.

Coser, L. 1977. *Masters of Sociological Thought：Ideas in Historical and Social Context*. 2nd edn. Long Grove, IL：Waveland Press.

Curran, S.L. and D. Ponomaref. 1982. *Managing the Ethnic Factor in the Russian and Soviet Armed Forces*. Santa Monica, CA：Rand Corporation.

Du Bois, W.E.B. 1996（1899）. *The Philadephia Negro：A Social Study*. Philadelphia：University of Pennsylvania Press.

Du Bois, W.E.B. 1901. "The relation of the negroes to the whites in the South". *Annals of the American Academy of Political and Social Science* 18：121–140.

Du Bois, W.E.B. 1969（1903）. *The Souls of Black Folk*. New York：Signet Classic.

Du Bois, W.E.B. 1999（1920）. *Dark Water：Voices from within the*

Veil. Mineola，NY：Dover.

Du Bois，W.E.B. 1925. "Worlds of color". *Foreign Affairs* 3（3）：423–444.

Du Bois，W.E.B. 1998（1935）. *Black Reconstruction in America*，1860–1880. New York：Free Press.

Du Bois，W.E.B. 1944. "Prospects of a world without race conflict". *American Journal of Sociology* 49（5）：450–456.

Durrett，D. 1998. *Unsung Heroes of World War I：The Story of the Navajo Code Talkers*. New York：Facts on File.

England，L. and W.K. Warner. 2013. "W.E.B，Du Bois：reform，will，and the veil". *Social Forces* 91（3）：955–973.

Enloe，C. 1980. *Ethnic Soldiers. State Security in Divided Societies*. Athens，GA：University of Georgia Press.

Hajjar，R.M. 2010. "A new angle on the U.S. military's emphasis on developing cross cultural competence：connecting in-ranks cultural diversity to cross- cultural competence". *Armed Forces and Society* 36（2）：247–263.

Heinecken，L. and J. Soeters. 2018. "Managing diversity：from exclusion to inclusion and valuing difference". In G. Caforio（ed.），*The Handbook of the Sociology of the Military*. Cham，Switzerland：Springer.

Janowitz，M. and C.，Moskos. 1974. "Racial composition in the all-volunteer force". *Armed Forces and Society* 1（1）：109–123.

Kemple，Th. 2009. "Weber/ Simmel/ DuBois：musical thirds of Classical sociology". *Journal of Classical Sociology* 9（2）：187–207.

Koller，Chr.（2008）"The recruitment of colonial troops in Africa and Asia and their deployment in Europe during the First World War". *Immigrants and Minorities* 26（1/2）：111–133.

Kümmel，G.（ed.）.2012. *Die Truppe wird Bunter：Steitkrafte und Minderkeiten*. Baden-Baden，Germany：Nomos.

Levy，Y. 2014. "The theocratization of the Israeli military". *Armed Forces and Society* 40（2）：269–294.

Lunn，J. 1999. "Les races guerières：racial preconceptions in the French military about West African soldiers during the First World War". *Journal of Cotemporary History* 34（4）：517–536.

Merton，R. 1968. *Social Theory and Social Structure*. Enlarged edn. New York：Free Press.

Moore，B. 1996. *To Serve My Country，To Serve My Race：The Story of the Only African American WACs Stationed Overseas during World War I*. New York：New York University Press.

Morris，A.D. 2015. *The Scholar Denied：W.E.B. Du Bois and the Birth of Modern Sociology*. Oakland：University of California Press.

Morris，A. and A. Ghaziani. 2005. "Du Boisian sociology：a watershed of professional and public sociology". *Souls* 7（3–4）：47–54.

Moskos，C. 2007. "Diversity in the armed forces of the United States". In J. Soeters and J. van der Meulen（eds），*Cultural Diversity in the Armed Forces：An International Comparison*. London and New York：Routledge.

Moskos，C. and J. Sibley Butler. 1996. *All That We Cam Be：Black Leadership and Racial Integration the Army Way*. New York：Basic Books.

Moss Kanter，R. 1977. *Men and Women of the Corporation*. New York：Basic Books.

Nalty，B.C.1986. *Strength for the Fight：A History of Black Americans in the Military*. New York：Free Press.

【90】　　Nkomo，S. 2009. "The sociology of race：the contributions of W.E.B. Du Bois". In P.S.Adler（ed.），*The Oxford Handbook of Sociology and Organization Studies*. Oxford：Oxford University Press，pp. 375–398.

Peled，A. 1994. "Force，ideology and contract：the history of ethnic conscription". *Ethnic and Racial Studies* 17（1）：61–78.

Radio Pachamama. 2003. *Para que el Tiepo No Borre la Memoria… No a la Impunidad*. CD recordings of radio reports.

Rohall，D.E.，M.G. Ender and M.D. Matthews（eds）. 2017. *Inclusion in the American Military：A Force for Diversity*. Lanham，MD；Lexington

Books.

Seimesky，B.R. 2007. "Indigenous integration into the Bolivian and Ecuadorian armed forces". In J. Soeters and J. van der Meulen（eds），*Cultural Diversity in the Armed Forces：An International Comparison.* London and New York：Routledge.

Shore，L.M.，A.E. Randel，B.G. Chung，M.A. Dean，K. Holcombe Ehrhart and G. Singh. 2011. "Inclusion and diversity in work groups：a review and model for future research". *Journal of Management* 17（4）：1262–1289.

Sibley Butler，J. 1988. "Race relations in the military". In Ch.C. Moskos and F.R. Wood（eds），*The Military：More than just a. Job*? Washington，DC：Pergamon-Brassey's.

Stouffer，S.A.，E.A. Suchman，L.C. DeVinney，S.A. Star and R.M. Williams. 1949. *The American Soldier：Adjustment during Army Life.* Princeton，NJ：Princeton University Press.

Van der Meulen，J. and J. Soeters. 2007. "Introduction". In J. Soeters andJ. van der Meulen（eds），*Cultural Diversity in the Armed Forces：An International Comparison.* London and New York：Routledge.

Wentworth Higginson，Th. 2012（1869）. *Army Life in a Black Regiment.* Cambridge，MA：Riverside Press.

第七章　欧文·戈夫曼：全控机构、互动仪式与街头官僚

　　加拿大社会学家欧文·戈夫曼（1922—1982）对于军事研究的贡献并不太为人所知。戈夫曼的研究涉及社会的许多部分，但却没有涵盖军事。然而，戈夫曼的研究对于更好地理解武装力量内部的某些机制颇有助益，本章中我们会很清楚地看到这一点。戈夫曼运用拟剧论的视角，关注"舞台"上个体之间的具体互动——这就意味着个体在一个有组织的脉络中进行表演（Turner，1991；Burns，1992；Manning，2014）。

　　从社会学的学术视角来看，戈夫曼的研究非常重要。这是因为他展示了深入观察日常生活的力量，同时也为组织中的情感研究铺平了道路。我们将在第十二章讨论拉塞尔·霍克希尔德的作品时讨论这种现象。同时，戈夫曼的研究也在公众当中产生了一定的影响，特别是对于理解封闭性组织（即个体成员不应或不准离开的地方）的组织机制时，特别具有参考意义。喜剧电影《飞越疯人院》讲述了病人在精神健康机构里的经历，这有助于让戈夫曼的研究与分析变得栩栩如生。从下文可见：这部电影与戈夫曼的互动分析毫无疑问具有一定的军事意义。

军事准入

　　戈夫曼（1991（1961））对精神健康机构、养老院、寄宿学校、监狱或修道院等封闭世界的研究让我们想起了齐美尔之前讨论过的秘密社团。这些都是"高墙"围着的世界，无论是在物理意义上、符号意义上，还是在这两种意义上（Scott，2009：278）。戈夫曼的这一研究立即被认定对于军事最有意义。戈夫曼提出的**全控机构**（Total Institution）概念以及这类机构在新人招募后的社会化、同化与控制方式研究，对于军事院校、驻地、

基地、军舰和海外部署的封闭营地等均有显著的应用价值。诚然，现在这些机构的规则和做法可能有所放宽，但戈夫曼的总体思想仍然适用。

正如我们之前在军事文化分析当中所见，军事倾向于在散布于广大社【92】会之中的孤岛上存在并运作——这些岛屿对外防范甚严。这既是出于安全的理由——没有人希望看到恐怖分子进入驻军所在地；也是为了发展和维护军事文化及其各种表现形式。这里，戈夫曼可以与涂尔干关于**集体意识**（即社会的集体心智或制度文化，或是此处的军事社区）的著作联系起来看。

在这些封闭的社区内部，一小部分监督人员起着主导作用。与普通因犯（inmates）不同，这些监督人员在工作之余可以离开机构。从新成员踏入这一军事世界的那一刻起，他们就向其讲授这些武装力量的**游戏规则**。那些似乎不太适合组织制度的新人则遭到正式或非正式的排斥，或在进入军事组织后的初期，新来者本人就会主动进行自我排斥。正如欧文·戈夫曼著名的描述和分析所示，这一"过渡仪式"（rite de passage）是一个选择和自我选择的高压过程，最终在一场"受洗"仪式中达到顶点。所有这些都与所有全控机构吸纳、同化和规训新人时的做法非常相似。

戈夫曼根据为使新成员内化军事文化特征而创造的各种条件，把准入过程分为如下几个步骤：

● 这一过程始于监管人员剥离了新成员属地的社会性安排，包括他们必须换上机构性服装（制服），还要重新理发。短短几个小时之内，个性化特点全被抹去。去个性化这个第一阶段的特点是完全隔离，并且不准与外部世界交流。时至今日，许多武装力量也禁止士兵与外部世界（包括与家人）联系。时至今日，在军队中，新兵在第一阶段的基本训练中还必须交出手机（Arkin 和 Dobrofsky，1978）。

● 第一个阶段还包括入场程序（例如拍照、指纹识别、分配号码和列出个人物件以供寄存）；这一阶段伴随着监督人员的一系列指责和羞辱；这一过程被称为"欢迎仪式"或是"自辱"，实则是"与过去一刀两断"（Goffman，1991：24f；Dornbusch，1954）。即使是新成员的名字也可能被删除，因为他们可以被改成外号、只用姓氏，甚或参照主导群体改用全新的名字，就像我们在玻利维亚军队的案例中所看到的那样（见第六章）；

在第一阶段，新成员被褫夺了全部隐私。

● 渐渐地，新人们准备好开始遵循集体规则而生活，他们学会了组织内部的行话，这为生活提供了全新的支点。适当地给予奖励或特权，例如有短暂的咖啡时间或一次晚上外出的机会，都是为了换取对上级的服从（Goffman，1991：51-52）。

【93】

●这个阶段一直持续到"受洗仪式"才或多或少算是结束；在几天或几周的确定时间之内，以前经历过这一切的老人，接管了监督新成员的角色（尽管监督人员密切关注当前事态），其方式是在初期狠狠地收拾一番新人，然后重新设定他们在军队中的角色。

●与此同时，新人之间既发展出了兄弟情谊，又有了社会分化。通过这种分化，把"合适人选"与地位较低的新成员区分开来，人员之间的派系开始衍生。

●新人个体可能会发展出各种适应方式：有人选择"情境退出"（把参与度减至最低），或针对监督人员予以反抗；有人则更青睐机构生活而不是外部世界，从而扮演着完美的"机构中人"（inmate）角色，最终变得比监督者还要好。然而，更常见的反应是"冷静"，这是根据身边形势而采取各种反应的机会主义与情绪控制的结合（Goffman，1991：60及以下）。这种应对方式可有助于顺利通过基本训练以及相应的军事纳新仪式（initiation rites）。

●新人中的"幸存者"逐渐学会了如何好好表现，他们也得到了甚至来自监督人员的相应尊重。他们还学会了用"沉默的艺术"来保护组织秘密（Simmel，1906：474）。机构中人的年度仪式说明了新成员与监督人员对比的全新位置与地位，尤其是级别较低的人员；他们正是在新人军事生涯开始时让其吃尽苦头的人。而高级官员则在这个过程之外。

尽管戈夫曼将这些过程性特征应用于所有类型的全控机构，但这类机构的各个类型之间可能存在分殊。正如穆兹利斯（Mouzelis，1971）所强调的那样，年轻僧侣经历的削发感受可能与军校学员不同。僧侣很可能认为这是一种神圣的经历，而军校学员则可能认为这样理发是一种异化，甚至是一种侮辱。权力分配以及其他组织特征相关维度上的改进很可能更有助于分析不同国家武装部队与陆海空三军的准入和入伍过程的变化。尽管超国家的军事文化有许多相似之处，但在纳新仪式上也存在着许多不同，例如法国和美国的军事学院就有差异（Weber，2012）。特种部队在招募新兵方面有自己的一套做法，这与其他部队的做法往往大相径庭。

还有一个与时间相关的方面。当然，如今军队内部的人力资源政策反映了更广泛的社会关注，同时也更有助于开放训练与教育机构，并使其纳 【94】新的做法与当今社会普遍接受的做法保持一致。因此，军事全控机构逐渐倾向于演变为"准全控机构"（Soeters，2018）。军事中的"纳新仪式"不再像以前那样严厉与难堪，这可被视为诺贝特·埃利亚斯提出的"文明的进程"的一种彰显，对此我们将在后面予以讨论。至于这些做法是否合法的争辩，大多都与这一文明化进程有关。

俄罗斯军营中的军队"职责"

比利时军事社会学家约里斯·范·布拉德尔（Joris van Bladel，2003）分析了俄罗斯军营中入伍新兵成为非正式文化群体一部分的过程。其中，他引用了戈夫曼关于全控机构的观点。总体来说，在他对新兵世界的建构中，他看到了与戈夫曼相似的模式，但也不完全一样。

在俄罗斯军队中，**以上欺下**（dedovshchina）的体系非常重要。它是一种非正式的等级架构，主要基于士兵在征兵体制内部资历高低。"祖父说了算"是一个非自愿建立兄弟情谊的过程。在军队服役的时间越长（在2年的兵役期间），则资历越高、权力越大。资历与权威一致，这实际上是军事科层制度的常见特点之一。这种机制与其他军队的情况基本相似，但更为严重。

资历老带来的权力包括随便拿年轻士兵的东西，或让他们交出钱财再从自己那里求取。在俄罗斯军队中，（奢侈）食品、饮料和香烟的短缺现象由来已久。正因为如此，这些"权力游戏"不可避免，并常常导致士兵之间的暴力冲突。那些身体强壮，知道如何使用拳头说话的新兵，可能会躲掉"老资格们"的游戏规则。同时，以地缘纽带为基础的士兵的自发组织也可能对士兵资历体系施加影响。

减少该体系影响的一种方法就是改善士兵与士官团（the corps of NCOs）以及军官团之间的沟通。在兵营里感到受到威胁的士兵应该有机会和他们直属的最高级私密地交谈。

互动仪式与语言调节

除了有关精神病院的研究之外，戈夫曼有关日常生活中的自我呈现及其相应的互动仪式研究（Collins，2004）同样具有参考价值（Giddens 和 Sutton，2013）。这在分析军事人员在执行海外任务时如何与驻地东道国国民交流时特别有用——上至与东道国官方人员（如市长、州长和部长）打交道的最高司令员，下至路上巡逻时与街上儿童交谈或玩耍的士兵。在第四章，我们已经看到我们与之互动的人做何选择，彼时的互动效果具有决定性影响。齐美尔和后续学者的研究已经表明：通过选择与谁互动，"弱关系的优势"会被"强关系的劣势"加以平衡。戈夫曼的研究有助于更好地理解互动本身在人际互动过程中如何决定了互动效果。

戈夫曼分析中的一个研究要点就是个体会试图控制整个互动过程，特别是控制对方的反应。所有的互动参与者都在玩着自己的游戏，而所有玩家都有自己的特殊利益。因此，人际互动往往是一种"策略性互动"（Burns，1992；Hoedemaekers 和 Soeters，2009）。其中一方可以操控、曲解，甚至隐藏一些信息或表意性行为，而另一方则可以揭露或提取、诠释或误读它们（Burns，1992：59）。互动总是兼具人际之间的信任与操控。戈夫曼特别在间谍、走私、密谋犯罪等分析中用到了上述概念。这些活动可不是看上去那么简单，它们不但与军事情报相去不远，而且与日常军事实践关联更紧密——特别是在国外执行任务时。

在我们讨论这一点之前，要着重介绍戈夫曼提出的另外一个要素：脸面论（1967：5-46）。戈夫曼（1967：5）将**脸面**定义为："按照得到认可的社会属性而自我刻画出的形象"。通过**留面**，人们试图保护或挽回自己与他人的脸面或形象。人际互动当中没有人愿意丢脸，这就意味着不分场合的口无遮拦非常不合适。有时出于尊重的考虑，话必须换个说法（例如

"亲爱的阁下"），这是因为伤害别人的脸面不但可能导致自己颜面尽失，同时也会带来一种不悦或尴尬（Goffman，1956）。这在社交压力较高的语境中尤为如此，此时在埃利亚斯意义上做言语的自我约束就成了基本前提（Kuzmics，1991）。这样一来，礼貌被看作该类互动的重要特征。**威胁脸面的行为**应该尽量予以避免或者弱化。这在看重集体主义文化的中东和亚洲尤为如此。在这些地区，丢脸可是严重而又无处不在的问题。比起西方更是如此（Hoedemaekers 和 Soeters，2009）。

上述论断对于研究在海外服役的西方军人与东道国的军人或平民之间的互动非常有用。这些互动本身已经十分棘手了，再加上语言不通，使得这种交流本身变得更加复杂——不可能指望东道国国民恰当地使用西方语言——往往是英语。而让一个西方士兵去说诸如阿拉伯语、普什图语、波斯语、斯瓦希里语、北印度语和乌尔都语等语言则更加不切实际。甚至，【96】用法语这种许多非洲国家通用语或者西班牙语这种在拉丁美洲占主导地位的语言来表达与交际都有些强人所难。

这就意味着，翻译或军事语言学家有必要介入到军事行动中来（另见：Hajjar，2017）。军事语言学家可以分为三类，他们可能是在国内学习相关非西方语言的西方人；也可能是东道国早期移民到西方国家并入籍的外国人；还可能是在行动区域内雇用的东道国国民。显然这三类人在军队组织内部的等级和地位各不相同。

在行动驻地雇用的东道国国民在军队组织内部没有任何正式地位。换言之，只能把他们看成"参与进来的局外人"，也就实打实地是齐美尔意义上的"陌生人"。这种翻译员可能同时得到军方雇主及他们归属并生活的本国社群的信任与不信任。问题一般不会出现在与军方人员的互动过程当中，双方工作关系颇为紧密（Hajjar，2017），反而普通士兵可能对这些翻译员十分冷漠，有时候因为把他们看作竞争者而对其不理不睬。另一方面，其所在社会成员会开始把他们看作叛徒（Pouligny，2006：95），并且威胁要进行报复。这样，翻译员的人身安全就岌岌可危，这也是他们经常掩饰自己从事这种工作的苦衷所在。其所属社群当中，包括他们自己的家人都不知道他们替外国军队干活。诚如英语谚语所言："双语者就是一个无赖。"（Simmel，1955：141）

因此，与两边都有联系很可能会变成一种"折磨人的关系"，因为翻译员和两个群体或集团同时有关，而二者间原本没有任何联系，甚至彼此相悖（见图7.1）。问题就是双方都需要一个中介——这里就是翻译——以与其自身规则保持一致。这种交叉压力倾向于把中介方变得分裂，因此它与双方的关系都是"折磨人的关系"（Krackhardt，1999）。这是最让人崩溃的事情。

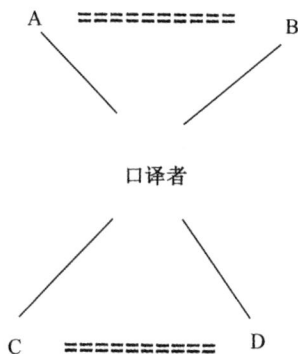

【97】

图 7.1 齐美尔式的联结，表明 A 和 B 属于一个群体或集团，C 和 D 属于另一个群体或集团

然而，还有其他一些角色与位置需要注意。按照齐美尔的分析，翻译员也在扮演一个调解者的角色，即第三方角色，使得对立方参与并帮助自己从事共同的创新中去（Obstfeld，2005）。中介在这里就是翻译员，他可以使双方团结起来，就如同孩子可以避免父母婚姻破裂一样。翻译员也可以是完全相反，比如是一个麻烦制造者，或者作壁上观"看热闹的第三方"（the tertius gaudens），可以坐收渔人之利并把双方玩弄于股掌之间（Coser，1977；Moss Kanter 和 Khurana，2009）。在分析这些不同结果时，三方之间关系是永久性的、暂时性的，还是一次性的（an ending constellation）就起着关键性作用。然而一般来说——如同齐美尔所说——三方交际与两方交际不同，因为其中涉及转变、协调，而且缺少绝对的比照（De Jong，2007：151）。

或许因为第三方能够扮演多样性的角色，人们都愿意充当翻译员。即使工作压力很大，甚至让人备受"折磨"，也有人选择为军队当翻译，其原因很多：他们可能只是为了利用语言技能养家糊口；也可能他认可军队宣告的、给他们的国家带来自由和繁荣的目标，并要双方——外国军队与东道国国民——保持友好往来，有其意识形态上的理由；有时可能就是单纯为了做好语言斡旋工作。对于军方而言，很有必要充分意识到翻译员可能扮演的、齐美尔所说的各式角色，尽量使其为我所用而不是与他们为敌。毕竟，"第三者"也可能十分脆弱。

这就让我们回到了戈夫曼的研究上来。通过分析阿富汗任务中由翻译员做中介的军事人员与东道国民众之间的互动，霍德梅克尔和苏埃斯特（Hoedemaekers 和 Soeters，2009）能够辨识出戈夫曼分析"无线电谈话"（radio talk）（1981：197–327）时曾经区分出来的三个沟通角色：简单地复制、记忆或背诵他人话语的**绘制者**（animator）；在谈话的主题范围内将所说的话组合起来或重新编写脚本的**创作者**（author）；以及主动自由地制定新文本的**主导者**（principal）。

翻译员是否具备演绎上述三个角色的能力，具体要取决于他从雇主那里得到的弹性空间。首先，他——翻译员通常是男的——是台"翻译机器"，在两个方向上生产出所讲内容的直译。但是，他也可以通过向听者提供一些关于言者意思的建议，或者通过重新表述使得话语更加易于理解，从而增添一些额外的东西。最后，翻译者可以为自己说话，例如翻译过程中提出有助于避免误解或填补空白信息的问题。哈贾尔（Hajjar，2017：11）在最近的一项类似研究中发现，当有人隐藏了什么东西的时候，翻译员很容易注意到；而就在另一方还没有注意到这点的时候，他就已经含蓄地把【98】它们揭示出来了。总而言之，结果就是翻译员在戈夫曼确定的三个沟通角色之间不断地切换。

当涉及脸面保护时，翻译员也很重要。他们试图通过使用"姐妹"或"兄弟"等拉近社会距离的称谓标记语来表明自己属于同一东道国群体，从而使互动更为顺畅，同时避免出现问题。这样就可以营造一个值得信任的环境。即使是军方发言人认为没有任何必要的借口时，翻译员也会道歉，并且通常会从简短的谈话开始，这符合许多非西方国家（如阿富汗）常见的仪式。使用隐喻是另一种有用的、间接的沟通方式，而西方人并不习惯于此，这种对话风格在非西方环境中却很重要。翻译员还可以为西方军队处理性别和宗教问题提供建议。

显然，在翻译员的调解下，西方军事人员和东道国之间的对话就变成了一种卓有成效的策略性互动。西方军事人员对任务所需的情报和社会支持感兴趣；东道国民众可能对于所在社群的基础设施筹集资金感兴趣；而翻译员则关心在保护自身安全的同时，可以为军队更好地服务（Hoedemaekers 和 Soeters，2009）。显然如我们所见，后一个因素尤其重要。翻译员的行动具有策略性，而至少在某种程度上他们是通过操纵、歪曲或隐瞒所说的内容做到这一点的。鉴于翻译员在对立或者至少毫无关系的两方之间的地位，他们是不可或缺的。这使得他们既脆弱，又强大。简言之，在国外的军事行动中，需要翻译员来改善沟通过程，因为沟通也是军事任务的组成部分。

"多才多艺"的士兵

美国人类学家詹姆斯·斯科特（1998）批评了各国政府为改善本国人的境况所做的许多失败的尝试，其中包括苏联的集体化政策、诸如巴西利亚等高度现代主义城市的规划，以及世界各国通过大规模植树造林和建立农场来驯服自然的政策。他将这些失败案例归因于"国家简化"（state simplifications）：国家创造的抽象知识、假定具有普遍技术适用性或功能合理性，以及集中的指导和威权式干预。他并未把批评用于军事，但是稍加想象就能做到这点。

斯科特提倡利用地方经验和实践知识，它们在应对不断变化的自然与社会环境时是必需的，而不是采用这种"蓝图"政策。参照希腊神话，他引入了"米提斯"（metis）的概念，这就意味着在实践中要聪敏与耐心并重，同时拒弃或抑制自己的情感冲动。同样，斯科特并没有直接向军方提出这一请求，但这实际上易如反掌。

【99】

这就意味着，军事事务中应该避免国家简化图式（要么盟友，要么敌手；侵入并获胜），而军事人员应该被训练成为"多才多艺"的士兵。换言之，他们的训练内容应该包括：如何与东道国国民进行交流、会依靠积少成多（to rely on small steps）、反向支持、如何策划出其不意、要假定人有创造能力（Scott，1998：345；Soeters，2013；also Hajjar，2014）。当然，学习如何正确使用当地翻译员并尊重他们也是受训内容的一部分。

街头官僚（Street-level bureaucrats）

如前所述，舞台上的行为非常有趣，它应该与后勤办公室、警察局、驻地或总部的后台行为区分开来。当然，在其他与戈夫曼和韦伯不谋而合的理论构造中，这种区分导致了"街头官僚"概念的出现（Lipsky，2010（1980））。基于这个概念，利普斯基（Lipsky，2010）就想到了警察、社会工作者和教师；后来也适用于海关检查员和其他执法者，如边防人员或劳工检查员。这一概念不太常用于军事领域。不过，这个概念很有趣，有助于理解士兵在街头的行为。

利普斯基（Lipsky，2010）使用这一概念指出在公共服务中个体所面临的困境。例如在"街头相遇"时，街头官僚面临着来自后台管理者和前台客户的双重压力。因此，像我们前文看到的翻译员一样，他们受到齐美尔式关系的束缚，这使其岗位上的生活很不容易。街头官僚的工作特点就是时间长、任务重、压力大、资源少。他们还面临着工作目标不明的问题，因此无法确定工作是否能够得以出色地完成。这也使得评估工作表现变得举步维艰。此外，对其服务的要求往往是无法预期的，这与韦伯式科层制的基本特征之一并不一致。最后，还有生理和心理上的双重紧张，有时甚至遭到被逼不得已的客户的威胁。如今，他们的行为受到公众的监督，因为可能随时会被公众用手机摄像头拍摄下来。如果警察的暴力录像被发布到互联网上，可能会引起公愤。

因此，街头官僚人员经常经历一种相当程度的异化，这是我们在卡尔·马克思一章中已经谈过的一个概念。异化很可能发生，是因为街头官僚只就客户行为的一个方面（法律地位、教育进步、健康状况）进行工作，也因为他们无法控制工作投入和最后结果，而且如前文所说，他们无法控制工作节奏。如果警察在社交媒体上受到不在现场之人的批评，他们可能因【100】此备感沮丧。

作为一项反制策略——记住，戈夫曼教导说，每一次人类互动都是策略性互动——街头官僚可以通过实践来为自己创造自由裁量空间与自治权，并控制任务及其后果（Lipsky，2010：117 及以下）。在与客户互动时，他们通常会"礼貌地不注意"，这也是人们在街上下意识所做的事情：承认他人的在场，但避免任何可能被认为太过冒昧的姿态（凝视、靠近、触摸）（Giddens 和 Sutton，2013：302）。

但是，因为街头官僚塑造并决定着明确的互动条件（时间、地点和内容），因此他们占据着有利的位置。他们设定了互动发生的时间、方式和地点，特别是选择互动发生的场景以让客户印象深刻，并让他们感到自己对于街头官僚（学校、医院、法庭、警察局）有一种依赖感。当然，街头官僚通常穿着制服，用戈夫曼（1959）的另一个著名表述来说，表现出相当程度的"印象管理"能力。如果可能的话，他们也要确保客户彼此孤立，并且显得自己的服务充满善意；对客户造成影响的行动总是以"为了他们利益的最大化"。就应对管理层官僚——身处后台办公室——的策略而言，街头官僚倾向于通过评估表现来衡量一切。这完全符合他们自己的利益。

有鉴于此，街头官僚被说成在街头"制定政策"也就不足为奇了。当然，事实并非完全如此。一般法律和政策构成了街头官僚履行职能的一般性框架。然而，街头官僚确实有机会以符合其自身信念和利益的方式来解释这些法律和政策，并采取相应行动，其表现形式多样：根据对彼时彼刻的社会定义所规定的是非对错，抑或介于是与非、对与错之间的各种状态。按照第六章中有关种族和歧视的讨论，族群或种族识别（即警察越来越频繁地讯问有色人种）在二十年前可能或多或少是合法的，而在如今却会造成大规模的公共风波。

将所有这些用到执行任务的军事人员身上并非难事。如果士兵没有充分地参与战斗，那么他们通常会处于街头官僚的地位，这尤其适用于联合国行动任务和其他后冲突或半冲突处境，这种情况往往比实际战斗的情况更为常见，而军队却发现自己身处其中。实际上，在所谓的安全间隙（security-gap）期内是没有警察的，这时军队发现自己必须进行治安而非执行军事任务（Neuteboom 和 Soeters，2017）。这很困难，因为他们没有受过正规的治安训练。在没有适当准备的前提下，指挥官需要了解士兵在海外执行任务时的街头机制，而它们很可能像利普斯基（Lipsky，2010）所描述的那样发生。了解了这些机制，就可以防止军事人员可能发生的行为不当，例如滥用权力或其他偏差行为。士兵也可能在行动中过于被动，因此全面理解这些机制也有助于指挥官对那些可能会对街头处境感到力不从心、格格不入或者郁郁寡欢的部属将心比心、有所共情。　【101】

　　因此，采纳利普斯基（Lipsky，2010：227）所总结的建议或许是有意义的：需要明确一项任务；为每个成员、团队或部队设定具体的目标；监督表现；以及指挥官要亲自参与到当下事件中来。营地或总部的后勤部队与街头人员之间的距离不应过大，后勤部队最好通过自己之前的经验了解街头情况。在这方面可以做的补充是，军事的"印象管理"——太阳镜、战斗装备、重型车辆——乍一看可能还行，但最终效果却可能会适得其反、弊大于利——街头官僚与其"客户"之间的距离可能会变得过大。

非战斗状态下的军事暴力

　　学者们一直关注士兵在战斗中的行为。然而，许多军事任务涉及维和、巡逻、检查站人员配备、情报搜集和嫌犯排查，例如通过审讯来排查。这些活动看起来更像治安。在执行这些任务时，士兵就属于利普斯基（Lipsky，2010）所指的"街头官僚"。然而，这些士兵可能比普通的"街头官僚"感到更加疏离、更加脆弱，因为他们可能成为恐怖分子或其他普通民众中的反对者的攻击目标。毕竟，他们出现在大街上表明当下街头存在着不安与威胁。以色列边境的局势可能就是一个很好的例子。根据柯林斯对暴力的微观社会学研究（Collins，2008），加齐特和本-阿里（Gazit 和 Ben-Ari，2017）展示了士兵在这类非战斗情况下存在使用暴力的倾向。根据他们在以色列边境的田野调查，他们辨别出：（a）士兵谋划与实施诸如借助明显可见的暴力（抓、打、推）来逮捕嫌疑人，或在没有瞄准的情况下四处射击等暴力行为；（b）士兵将展示暴力当作消遣或者娱乐，仅仅因为"这很有趣"；（c）士兵欺负和不尊重他人，经常炫耀他们的硬汉气概。指挥官日常工作当中就包括防止这种行为失控，尤其是防止"少数暴力分子"引发恶性暴力事件。

最后，皮尔斯特等人（Pilster 等，2016）的研究表明：士兵在大街上的行为举止同其所在部队的组织架构直接相关。基于理论推理和统计分析，

这些学者证明：如果这些武装力量是建制在分化程度更高的部队、准军事组织或警察组织当中，那么士兵违纪行为的发生概率会降低许多。这种分化是一种保障，它能让当地组织的偏见通过与当地特定形势无关的其他部队而得到转变或者缓和。在这些学者眼中，印度就是一个极具启发性的例子——因为它自独立以来，建立了规模虽大、但却分化的准军事组织和防御部队。

结　论

欧文·戈夫曼的拟剧论为后续学者开展自身研究——特别是情感研究与人际日常交往研究——带来了许多真知灼见。正如前文所述，戈夫曼研究的实务含义有很多，对军事而言也是如此。它们可以为指挥官提供难以忽视的见解与工具。我们将在第十二章有关霍克希尔德的研究中发现另一些实务含义。工作中的情绪可能包括乐趣与热情，但是同时也包括悲伤与沮丧。

参考文献

Arkin，W. and L.R. Dobrofsky. 1978. "Military socialization and masculinity". *Journal of Social Issues* 34（1）：151–168. Burns，T.（1992）Erving Goffman. London and New York：Routledge.

Collins，R. 2004. *Interaction Ritual Chains*. Princeton，NJ：Princeton University Press.

Coser，L. 1974. *Greedy Institution Patterns of Undivided Commitment*. New York：Free Press.

Coser，L. 1977. *Masters of Sociological Thought：Ideas in Historical and Social Context*，2nd edn. Long Grove，IL：Waveland Press.

De Angelis，K. and M. Wechsler-Segal. 2015. "Transitions in the military and the family as greedy institutions: original concept and current applicability". In R. Moelker, M. Andres, G, Bowen and Ph. Manigart(eds), *Military Families and War in the 21st Century: Comparative Perspectives*, London and New York: Routledge.

De Jong, M. 2007. *Icons of Sociology*. Amsterdam: Boom.

Dornbusch, S.M. 1954. "The military academy as an assimilating institution". *Social Forces* 33（1）: 316–321.

Gazit, N. and E. Ben-Ari. 2017. "Military violence in its own right: the micro-social foundations of physical military violence in non-combat situations". *Conflict and Society: Advances in Research* 1（3）: 189–207.

Giddens, A. and P.W. Sutton. 2013. *Sociology*. 7th edn. Cambridge: Polity Press.

Goffman, E. 1956. "Embarrassment and social organization". *American Journal of Sociology* 62（3）: 264–271.

Goffman, E. 1959. *The Presentation of Self in Everyday Life*. New York: Anchor Books.

Goffman, E. 1967. *Interaction Ritual: Essays on Face-To-Face Behavior*. New York: Pantheon Books.

Goffman, E. 1981. *Forms of Talk*. Philadelphia: University of Pennsylvania Press.

Goffman, E. 1991（1961）. "On the characteristics of total institutions". In E. Goffman, *Asylums: Essays on the Social Situation of Mental Patients and other Inmate*. London: Penguin, pp. 13–115.

Hajjar, R.M. 2014. "Military warriors as peacekeeper diplomats building productive relations with foreign counterparts in the contemporary military advising mission". *Armed Forces and Society* 40（4）: 647–672.

Hajjar, R.M. 2017. "Effectively working with military linguists: vital intercultural intermediaries". *Armed Forces and Society* 43（1）: 92–114. 【103】

Hoedemaekens, I. and J. Soeters. 2009. "Interaction rituals and language mediation during peace missions: experiences from Afghanistan". In G.

Caforio（ed.）, *Advances in Military Sociology*: *Essays in Honor of Charles C. Moskos*, *Part A*. Bingley, UK: Emerald, pp.329 –352.

Krackhardt, D. 1999. "The ties that torture: Simmelian tie analysis in organizations". *Research in the Sociology of Organizations* 16: 183–210.

Kuzmics, H. 1991. "Embarrassment and civilization: on some similarities and differences in the work of Goffman and Elias". *Theory, Culture and Society* 8（2）: 1–30.

Lipsky, M. 2010（1980）. *Street level Bureaucracy*; *Dilemmas of the Individual in Public Senvices*. New York: Russell Sage Foundation.

Manning, P.K. 2014. "Organizational analysis: Goffman and dramaturgy". In P. Adler, P. Du Gay G. Morgan and M. Reed（eds）, *The Oxford Handbook of Sociology*, *Social Theory and Organization Studies*: *Contemporary Currents*. Oxford; Oxford University Press, pp. 266–298.

Moss Kanter, R. and R. Khurana. 2009. "Types and positions: the significance of Georg Simmel's theories for organizational behavior", In P.S, Adler（ed.）. *The Oxford Handbook of Sociology and Organization Studies*: *Classical Foundations*. Oxford: Oxford University Press, pp. 291–306.

Mouzelis, N.P. 1971. "Critical note on Total Institutions". *Sociology* 5（1）: 113–120

Neuteboom, P. and J. Soeters. 2017. 'The military role in filling the security gap after armed conflict'. *Armed Forces and Society* 43（4）; 711–733.

Obstfeld, D. 2005. "Social networks: the Tertius Iungens orientation, and involvement in innovation". *Administrative Science Quarterly* 50（1）: 100–130.

Pilster, U., T. Böhmelt and A. Tago. 2016. "The differentiation of security forces and the onset of genocidal violence". *Armed Fores and Society* 42（1）: 26–50.

Pouligny, B. 2006. *Peace Operations Seen from Below*: *UN Missions and Local People*. Bloomfield, CT: Kumarian Press.

Scott, A. 2009. "Georg Simmel: the individual and the organization". In P.S. Adler（ed.）, *The Oxford Handbook of Sociology and Organization Studies*: *Classical Foundations*. Oxford: Oxford University Press, pp. 268–289.

Scott, J.C. 1998. *Seeing Like a State*: *How Certain Schemes to Improve the Human Condition Have Failed*. New Haven CT and London: Yale University Press.

Segal, M.W. 1986. "The military and the family as greedy institutions". *Armed Forces and Society* 13（1）: 9–38.

Simmel, G. 1906. "The sociology of secrecy and secret societies". *American Journal of Sociology* 11（4）; 441–498.

Simmel, G. 1955.（originally various publications） *Conflict and the Web of Group-Affiliations*. New York: Free Press.

Soeters, J. 2013. "Odysseus prevails over Achilles; a warrior model suited to post-9/11 conflicts". In: J. Burk（ed.）*How* 911 *Changed Our Ways of War*, Stanford Ca.: Stanford University Press.

Soeters, J. 2018. "Organizational cultures in the military". In: Caforio, G.（ed.）（2018） *Handbook of the Sociology of the Military*, Cham, Switzerland; Springer.

Turner, J.H. 1991. *The Structure of Sociological Theory*. Belmont, CA: Wadsworth.

Van Bladel, J. 2003. "Russian soldiers in the barracks: a portrait of a 【104】 subculture". In A.C. Aldis and RL.N. McDermott（eds）, *Russian Military Reform* 1992–2002. London and Portland OR: Frank Cass.

Weber, Cl. 2012. *À genou les hommes, debout les officiers*: *la socialisation des Saint-Cyriens*. Rennes: Presses Universitaires de Rennes.

第八章　米歇尔·福柯：军队的规训与监督

　法国社会哲学家与社会学家米歇尔·福柯（1926—1984）发表了许多优秀的著作，有些与军事偶有关联，有些则毫无关系。但是，其中有些著作——例如在法兰西学院的演讲中——确实谈到了保卫社会的必要（Foucault，2003（1975/6））。福柯从历史视角针对社会医学问题撰写了许多重要的论著，其中包括医疗机构建设以及精神疾病与性问题的应对机制（Foucault，2006（1961））。这些作品中的深刻见解对于许多职业、部门和国家都具有重要的参考意义。福柯的著作不但与马克斯·韦伯有许多共通之处（O'Neill，1986；Szakolczai，1998；Dandeker，1990），同时也和涂尔干、卡尔·马克思、欧文·戈夫曼以及诺贝特·埃利亚斯有所见略同之处。最后一位社会学巨匠我们将稍后介绍（Van Krieken，1990）。福柯的视角很新，并且原创性十足，但却带有一种悲观主义色彩——这一点并非广受欣赏与赞同，有些著作因为自身抽象的理论而晦涩难懂。

规训、监督和另一个著名的福柯式术语——"治理术"（governmentality），都是关于"**引导他人行为**"（conducting the conduct of the others）的表达，这类现象的影响十分深远。正如克里斯托弗·丹德克尔（Christophor Dandeker，1990）所说，福柯在规训和监狱制度起源方面的研究（1991a）对于军事有着直接的参考意义。军事监督最初是指对于外部边界和内部秩序的观察与监控。在当代背景下，对他人的监督至少可以通过两种方式应用于军事：第一，监控任务区域内（包括国内）的居民群体及其潜在敌对能力；第二，监督自己的军队。当然，与情报机构和社区联系起来时，其意涵就更为明显了。这与当下的反恐斗争有着明显的联系。在当前的安全语境下，由于欧洲及其周边地区的难民危机，福柯的研究就变得至关重要。边境管制问题以及（准）军事机构和警察机构（包括欧洲国际边境管理署与欧洲刑警组织）在这一领域中的作用值得给予更多的关注。

规训、监督与全景敞视建筑（panopticon） 【106】

在其最具社会学意义的著作《规训与惩罚》中，福柯（1991a（1975））认为：在过去的几百年间，社会处理人们的犯罪或越轨行为的方式有所改变。直到大约250年前，公开的酷刑和处决是欧洲及其他地方当局处理罪犯的典型手段——正如福柯所描述的1757年巴黎公开处决事件那样（Foucault，1991a：3-5）。仅仅"80年后"（Foucault，1991a：6），刑罚制度就改头换面了。不仅在法国是这样，在整个西欧也是如此。从存在了几百年的、残忍的公开处决（钉十字架、砍头、五马分尸）当中衍生出全新的刑罚制度——由专业法官来审判个体，而不是犯罪本身。这一全新制度旨在监狱系统依据严格的规章制度和程序来给罪犯提供一种治疗或"救治"。从公众角度来看，惩罚已经成为刑罚过程中最隐秘的部分（Smart，1985：71及以下）。

作为这一监狱体系的基本要素之一，"全景敞视建筑"（panopticon）一词是福柯从英国哲学家杰里米·边沁那里借用而来。18世纪末期，边沁设计了一种他称之为"全景敞视监狱"（panopticon）的公共制度建筑，在这种建筑中，全体事物（"pan"）都可以被看到（"opticon"）。它的建造原理是：外围是一座环形建筑；中央有一座塔；这座塔的四周装有大窗户，可以环视环形建筑的内部；外围建筑被分成多个小隔间……每个隔间内外各装一扇窗户。现在就需要在中央塔里安置一个监督员，在每个隔间里分别关上一个疯子、病人、死刑犯、工人或学生。基于背光效果，在光线的映衬下，监督员可以从塔上清晰地观察到周围隔间里关押者的行为举动。每个人都被牢牢地限制在相应的隔间之内，监督员从前面都能看到他。侧面的墙阻止他接触其他在押者。关押者能被人看见，但自己看不见其他人。他是监督的对象，而非交流的对象。其隔间的布置、环形建筑的分割以及那些彼此分割的隔间意味着从侧面看不见。这种不可见性是秩序的保证。（Foucault，1991a：200）

因此，"四周环形建筑当中在押者的举动一览无余，但却看不到别人；在中央塔里的监督员可以看见其他人的一举一动，但却不会被其他人看到"（Foucault，1991a：202）。

这种设计使得"权力走向自动化和去个性化"（Foucault，1991a：202）。不论犯人、工人、病人、学生，任何时候都会将他们处于监督视野当中的想法内化于心（即便他们没有受到监控的情况下也是如此）。这就保证了成员无论是否进入监控视域都会遵守游戏规则。事实上，犯人可能总是处于被监视的状态，这一点就已足够。尽管结构特点描述得很清晰，但"全景敞视"未必一定是一个建筑设计抑或一个实体建筑。它是一个社会学隐喻，隐喻那些物质形态与非物质形态的、无微不至的监督制度及由此而来的内化过程。它是**权力凝视**的社会学（Fox，1998：416）。预防和控制失范行为、遵守规则，以及引导人们的行为是这个游戏的宗旨。

【107】

这个想法自然让人想起了小说家乔治·奥威尔创作出来的"老大哥"形象。从学术意义上看，它让我们想起了杜波伊斯关于非裔美国人地位和心态的"双重意识"：总是在内心深处来应对别人（即美国白人）的注视与评判。对于福柯来说，这一机制应用于所有的"人 – 制度"关系（"human-system" relations）。当然，卡尔·马克思强调的社会不平等主题同样与之关联甚密，而且由于福柯身处在 20 世纪 60 和 70 年代的革命环境中，所以他的理论变得出名也不足为奇（Heilbron，2015）。此外，这个想法也类似于涂尔干的社会化机制，其区别在于涂尔干关注的焦点是一般意义上的文化内化，而福柯则特别强调权力关系的内化。当然，权力与文化相辅相成，二者紧密相关，但两位学者的侧重点却大相径庭。正如后文所述，诺贝特·埃利亚斯以类似的历史社会学研究方法指出了同样的现象——公开展示的残忍和暴力的消退，以及内化了他人评价的个体自我约束的增强。然而，当埃利亚斯强调这一发现的积极意义之时，福柯却拓展了关注焦点，并将某种悲观主义归于其中。他特别描述了监督、规训和自律过程的宏观运作机制。

在上面的引文中，福柯已经扼要地排出了"疯子、病人、罪犯、工人或学生"的身份序列。无论是在现实当中，还是在任何可能的时刻，他们都是监督的对象。福柯本可以增列士兵，因为军人（不论男女）在驻地同样会遭到类似的对待，我们在上一章欧文·戈夫曼对（准）全控机构的分析中已经看到了这一点。士兵必须接受严格的训练，以内化和遵守军事组织规定的规则、程序、技能和训练，这些我们已经在马克斯·韦伯的那一章中有所交代。这就使得士兵按照组织意图纪律严明地采取相应行动。如果规则表明有必要使用暴力，那么暴力的发生方式起码应该具有可控性。对此，福柯使用了一个略带贬义的术语——**驯化**（dressage[①]），因为这提醒我们如何像驾驭马匹一样来驾驭士兵的——和其他人的——工作。换言之，福柯指的就是规训与训练（Jackson 和 Carter，1998）。

指挥官对士兵的**凝视**属于直接的、人对人的命令，但它也依赖于更多【108】的书写、评分和考核等科层做法。事实上，正如韦伯所说的那样，军方可以将这些做法输出到市场部门，从而奠定了美国现代商业的基础。

商业行为的起源与西点军校的联系

英国会计学家基思·霍斯金和理查德·麦克夫（Keith Hoskin 和 Richard Macve，1986；1988）研究了教育实践发展如何推动了会计标准在商业中得到极为普遍的采纳。引入包含"复式输入"技术的阿尔法数字系统（单词连着数字），导致了对控制和规训工人行为的标准的接受。而美国西点军校为此项发展奠定了基础。西点军校参照基于标准、平均值和规范的严格考评程序，根据学员的技能和智力水平而将其分到不同的班级。日常表现的各个方面——无论是学业上还是行为上——都通过通用数字语言不断地予以测量、评估和记录。重大决策通过书面文字进行沟通，这样会使该系统更加非人格化，因此也显得更加"客观"。该系统完全符合福柯对"全景"凝视权力的分析，它在军官学员中具有很强的规训特征。

西点军校毕业生（特别是工程系的毕业生）是第一批把这些技术带到军队之外，用它们帮助武器制造商和铁路公司提高工人表现的先驱。因此，军事实践的规训特征可以看作工业与商贸中新兴实践的源头。

---

① dressage 又有盛装舞步的意思。——译者注

这个例子表明，个人监督与空间监督具有互补性，并且常常被统计或保险精算的监督与规范化所取代。公共组织（学校、大学或医院）绩效指标的收集、公布和排名强有力地表现出持续的可见性和**保持一定距离的**治理，以及对细节的注意（Sauder 和 Nelson Espeland，2009：69-72）。这就形成了一个由比较、分化、等级化、同质化和排斥（Foucault，1991a：183；Sauder 和 Nelson Espeland，2009：72 及以下）所组成的规范化过程。规范化是一种权力工具，因为它强迫人们的行为趋向一致。通过监督与规范化，公共组织之间就具有可比性，因为可以把他们与理想群体区分开来，并可以将其置于一个从优到劣的等级结构当中予以排序。处在监督之下的全体公共组织（例如大学）都被同质化了，因为那些不符合规范的组织会受到公开惩罚或者丑闻缠身，最终被排除在"联盟"之外。这就造成了焦虑与不确定性，但也可能导致抵抗，招致对于大学当局所做排行的谴责。然而，讨论排名的有效性很可能会促进排名的细化与优化，在适当的时候令规训的影响变得更有力。另一类抵抗来自与制度的"博弈"：操纵排名中起作用的变量，而不是真正从导致排名下降的机制着手。例如，经过仔细筛查，不允许表现较差的学生进入大学课程规划当中就是典型例子（Sauder 和 Nelson Espeland，2009；De Bruijn，2007）。

【109】

这就涉及报道公共组织与公司排名——例如"最值得为其工作的公司"——的报纸或期刊文章。对他们来说，排名是一个相对新鲜的现象。然而如前所述，在这一过程之前曾经出现的内部组织实践促成了会计——对组织内部单元及员工的表现进行量化——的出现（Mennicken 和 Miller，2014：25-27）。会计学通过"把实质上隶属于不同种类或类别的事物提炼成一个单一财务（或统计 /JS）数字，从而使得无法比较的东西具有了可比性"（Mennicken 和 Miller，2014：26）。

在军队中也有类似的做法。在越南战争中，一种管理至上的思维左右了具体行动决策，其中缴获的武器数量和"清除"越共的面积是重要的统计数据（McCann，2017）。一个重要的进展指标就是所谓的"尸体数"——即由于美国（或盟国）的军事行动导致的越共丧生人数。这是在不同时间段内比较部队与行动的"生产力"的一种定量测量。然而，除了这一统计中令人怀疑的道德因素（杀人激励）之外，如此衡量却总会适得其反。这是因为数字也有灌水的可能，从而导致过度乐观，甚至误判战争的进展（Mueller，1980）。美国公众对这种表示（所谓）成功的方式持最严厉的批评态度。这一粗略统计在后来的军事行动中并未再次启用，但运用这种统计数据去处理军事行动过程的想法依然存在（McCann，2017）。

瑞特珍（Rietjens 等，2011）研究了有关阿富汗军事行动中"对不可测量者进行测量"的过程。这么做是那些给任务下达命令并希望了解具体进展的政客要求的。测量结果显示：在进展指标的可靠性和效度方面存在许多缺陷。一些学者谈到了基于此类数据的、"虚构化了的"管理（McCann，2017：505）。除其他问题外，这些测量往往基于对模糊概念（例如安全或保障）的代理操作化（proxy operationalization）。此外，因为过于细致、复杂，且在国家特种部队以及行动地区之间并不一致，因此绩效指标的数量经常发生变化。此外，等级结构的各个层次结构之间的衔接经常缺失。一位指挥官哀叹道："我们的度量标准太糟糕了。"然而，最引人注目的是军方内部关于军事领导权的争论——理想情况下，是以指挥官的直觉和【110】卡里斯玛还是以统计评估为基准。一些人（特别是高级指挥官）对统计数据非常挑剔，并认为这些数据对于更富洞见不值一提，最好让指挥官依据直觉来做出决断。这些观点可以被视为针对外部行动者（在此情形下即指挥军事行动的政治家）强加给军队的、监督与规范化系统的反抗行为。代表广大社会的政治家，当然希望削减指挥官的自主权以便在超过指挥官所能接受的范围内更好地控制他们。

对于如何评估军事行动效能的研究表明，福柯的分析无论在军队内外都具有客观的价值。全景敞视建筑是一个极具吸引力的强大概念。的确，事情常常就是如此：在每个街角、办公楼、建筑工地或交通工具上，摄像机和传感器都在记录着发生的一切，它们以无限的容量收集、存储和处理信息。即使监督是非人格化的和间接的（Dandeker，1990：196），每个人在路过或工作时都有双眼睛在盯着（Koskela，2002；Sofsky，2008）。这同样适用于个人使用互联网——cookies！①——也就是说，他们不断被远程登录。最后，手机和通过社交媒体上传录音录影的能力使得每个人都

---

① 网站存储在计算机终端的小型文本文件，用于记录用户个人信息。——译者注

被置于监视之下。至少从潜在意义上讲，当今没有谁可以不被注视。

同样的情况也发生在无人机不间断地监视居民行动的军事行动地区。这一点在第十四章介绍布鲁诺·拉图尔的研究时还会看到。相应地，士兵现代化计划引入了诸如摄像机和传感器等技术设备，这将使得行动中的每一个事件、士兵的每一个举动和声音都能受到远程监控。这些信息有助于评估和训练，但也为在可能发生违反规则和程序的情形下采取法律行动提供了依据。

尽管如此，也有人认为应该放弃"全景敞视建筑"的概念（Boyne，2000）。正如前文所见，试图看见并判断每件事也会引起来自工人（也包括士兵）的反抗。当他们在等级的阶梯上攀爬之时，就更是如此。如前所述，这可以解释为指挥官对政客的抵抗。但还有另一个方面值得注意。对绩效指标更复杂的使用可能会使指挥官的指挥表现暴露在整个组织之内的士兵和船员面前。如今的世界不仅允许少数人监视多数人（正如最初的"全景敞视建筑"概念所暗示的那样），而且也允许多数人（士兵）注视少数人（指挥官）。现在，监视机器既服务于高层，也可为普通民众所用（Boyne，2000：301）。如前一章所述，人们（包括一般公众在内）也可以观察和拍摄警察或士兵在街道上的一举一动。

【111】 此外，出于对公民权和隐私的关切，普通社会中的监视受到各种限制。其后果之一就是，当潜在的恐怖分子正在准备并接近实际实施恐怖行为时，我们对其有所忽视。政客和普通公民经常很纳闷：为什么情报机构知道存在恐怖分子但却无法阻止他们的恐怖袭击？实际上，其主要原因通常在于没能与其他机构共享情报信息，抑或任务分配的优先顺序设置不够充分。这通常会给人留下一种印象——负责监视的人会预期到所谓"正常损害"的发生。微观层面上的"全景敞视"控制不仅看似不可能，甚至也用不着（Boyne，2000：302）。

至于国外的军事行动（伊拉克、阿富汗），我们可以得出这样的结论：尽管地面上有大量的士兵，或者有无人机持续监视，但实际上不可能对东道国民众（包括他们中的敌对分子）实施全面监控。如今的海外驻军以及殖民时期的驻军几乎总是临时的、受地理局限的。他们只能覆盖社会的一部分，而非社会整体。因此，大量的军事行动——在已被发现的地区、在军事行动之后，以及在看不见的地方——都不在军事的全景敞视建筑覆盖的范围内。

　　无论其价值几何，这都使福柯的分析角度显得与众不同。正如前文所述，戈夫曼的全控机构也失去了其某些无所不在的特征，而充其量只是一种准全控机构。尽管控制能力不断增强，但不太可能完全控制他人，而且民众对此也不买账——即便这意味着总体安全观念的丧失。

治理术与国际关系

　　除澄清了监视中的权力维度之外，福柯（1991b（1978））的学术声誉还与其提出的**治理术**（governmentality）概念有关。这个概念包含了"政府"（government）和"合理性"（rationality）两个词，但也可以指"政府"和"艺术"（Gordon，1991），甚至指"政府"和"心态"（mentality）（Merlingen，2003）。政府关乎如何治理：谁治理、治理谁、承认谁的治理、治理到底是如何发生的？治理术关乎权力的合理性和技术，传统上分为三个层次：人民本身、家庭和国家（Foucault，1991b：91）。

　　迈克尔·梅林根（Michael Merlingen，2003；2011）运用这一概念在国际安全关系领域做出了令人颇感兴趣的贡献。在实施共同安全与防御政策（CSDP）的背景下，梅林根运用了治理术的概念研究了国际政府组织（IGOs）和欧盟的治理。具体来说，他指出了国际政府组织对于社会与国家所起的国际社会化作用，并且国际政府组织行使了"一种分子形式的权力，从而避免并消除了对其影响的物质、法律与外交限制"（Merlingen，2003：362）。通过研究欧洲安全与合作组织（欧安组织（OSCE））如何【112】设法将中欧和东欧（波兰、匈牙利等）的前东欧阵营国家引入西方国家集团一直以来比较青睐的行为模式，他详细阐发了福柯的主题。这样，欧安组织就可以设法观察、监视并塑造后社会主义政府、其公民社会甚至个人。以此，仍运用福柯的名言来说，欧安组织设法**引导**其他国家的**行为**（conduct the conduct of）。这显然还包括武装部队的正规化和专业化过程。这个过程中，是北约（而非欧安组织）起到了带头作用。

　　为实现这一目标，欧安组织运用了各种机制：培训与教导、研讨与工作坊、平等伙伴关系调解、进行社会影响即强调通过国际规范和标准而获得合法性的利益所在，以及承诺提供联合国或个别国家援助的物质刺激。正如我们在讨论大学（或者学校、医院）排名时所看到的那样，欧安组织使用国家统计数据来观察这些国家的发展变化，用"检查"来评判它们（Merlingen，2003：369-370）。一旦前东欧阵营国家本身（特别是前南斯拉夫）变得不稳定并充满暴力时，欧安组织就通过发起所谓的长期任务来强化其活动，具体包括：事实调查和报告任务、维和行动与特设指导小组，等等。

这些努力并非徒劳。然而，当时不温不火的结果以及一些国家政府当下的民主品格有其不足再次表明，福柯所揭示的"权力－知识"机制并非无所不包。我们在第五章中讨论的联合国维和任务也可以进行类似的福柯式分析。维和任务可以解读为国际社会为遏制世界冲突地区的混乱而加强监督与规训机制的历次尝试（Zanotti，2006）。有时，正如前文所见，它行得通，但有时则不然；而且即便取得成功，也几乎总是喜忧参半。这一结论也适用于当前政府对于国家边界划定时的诸多举措。

边境管理

福柯从未对边境问题表现出特别的兴趣。在 20 世纪 70 年代，边境问题并没有什么争议，也没有像现在这样从政治上加以讨论（Walters，2011）。然而，福柯式的思维方式却与欧洲、美国以及其他地方（例如非洲）处理日渐增长的移民和难民的政策与做法有特别的关联。这些激增人口导致了政治局势紧张，并且强迫政策制定者提高应对与解决问题的能力。问题是繁多的。其中最为主要的就是要把遭受到战争、残暴的政府与其他危机的难民同那些所谓的"经济移民"区分开来（van Houtum 和 van Naerssen，2002）。对于后者，还要进一步区分为两类：一类能够利用自身技能与能力为东道国经济生产力增长做出贡献，一类则不大可能做到这点。随之而来的至少有三重挑战：第一，在难民和移民停留期间为其提供救援与支持；第二，决定移民企图的合法性问题；第三，应对安全威胁，毕竟移民中可能混杂着恐怖分子。

【113】

此时，福柯式视角就有了用武之地。例如，它清楚地表明远离边界的远程非局域化控制、文件与个体经历核查以及生物特征检测——指纹、虹膜扫描——如何融入了"凝视"系统（Walters，2006；Epstein，2007）当中。新技术可以为这些发展提供助力。同样，福柯强调的"规训社会"似乎已经变成了一个几乎不可规避的"控制社会"。但是，这并非实情。

在美国与墨西哥的边境执法导致了可以说是边境控制的"军事化"。三位美国社会学家利用大量有关边境移民的数据库，分析了美国边境管制及其执法的能力与预算增加是如何导致重大意外后果的（Massey 等，2016）。正如预期的那样，执法力度不断加大（边境巡逻人员增加了 5 倍、边境巡逻时间增加了 4 倍、名义资助增加了 20 倍）反而导致了边境地区愈加让人忧心忡忡。然而，移民调整了他们的过境策略，开始转移到新增设的、巡逻较少、更为偏远、风险更大的过境点，例如绕过索诺拉沙漠和亚利桑那州。他们还更频繁地利用所谓的"郊狼"，这些人引导他们穿越边境（Masseyt 等，2016：1564）。更重要的是，移民特征开始从以往的"男性工人向美国三州的循环流动"转变为"散居于 50 个州的 1100 万定居家庭人口"。原因很明显，就是因为边境执法力度的提升既没有影响首次向北无证迁移的成功率，也没有影响此次迁移入境美国的可能性。但事实上，这些做法实实在在地减少了移民群体一旦进入美国境内之后返回墨西哥的可能性。（Massey 等，2016：1588）

加强边境执法往往适得其反，因为它切断了长期存在的移民流通传统，反而促进了非法移民的大规模定居。

在欧洲南部沿海地区的希腊、意大利和西班牙，正在发生或多或少可资比较的情况，但移民进入方式迥异。就欧盟而言，对于来自非洲和亚洲的移民有三种对策。第一，试图通过军队（海军部队）海上巡逻来控制边境和移民；第二，借助警察和边防警卫的力量予以筛查，尽量从那些谎报生平或怀有犯罪意图的人中筛出有权过境者；第三，调用数据分析员使用 【114】计算机系统来识别样式和踪迹，进而检查不法行为（Bigo，2014）。这些问题非常复杂，以至于需要超国家机构来指导各个国家协调合作。欧盟边境管理局（Frontex）就是一个例子，它是欧盟边境及海岸警卫队机构。

除了军警机构（海军、海岸警卫队）之外，各种人道主义非政府组织也发挥着重要作用。与墨西哥和美国之间的边界不同，欧洲各国在这里并没有共同的边界，因为公海在国与国之间（Klepp，2010）。这种情况使得移民通道的风险更大。从法律和政治的角度来看，也更不透明。为应对在人贩子的帮助下，大量移民绞尽脑汁地借助不安全船只来完成偷渡，海岸警卫队、海军和欧盟边境管理局就需要与这些非政府组织密切合作。其着眼点主要是救援海上遇险者，但这种难民保护可能与欧洲各国的边境管制与移民政策相互抵触（Klepp，2010；Walters，2011）。在"团结在一个不稳定的联盟中""疏远政治与关切政治并举""排斥策略与接受策略并用"的情况下，就会出现一个戏剧性的两难境地（Walters，2011：145）。

在这方面，国家海军和欧盟边境管理局等军警机构有时备受苛责。但是，这种批评性言论往往只是一种在关心与控制这两种逻辑之间的紧张、甚至冲突的表现。事实上，边境管制和治安具有强烈的人道主义成分，而人道主义支持本身也蕴含了治安要素，因为它有助于抓住"坏人"（Pallister Wilkins，2015）。解决这些紧张并非易事，甚至有时还会导致国际法某些基本原则发生变化（Klepp，2010）。同简·亚当斯的看法一样，最需要的是在找到可行的解决方案之前，真正地了解迁移的性质。当然，移民迁出国需要参与其中。亚当斯一直提倡所有利益相关者都要参与到解决问题的进程中来。到目前为止，晚近移民现象混乱不堪、糟糕透顶。事实上，它远没有在全景敞视下得到控制。全景敞视建筑在现在和未来的机场里可能更常见。

机场

机场是边境管理特别重要的地方之一。在这里，需要协调安全和效率问题，公共组织和私营公司必须共同行动，从而顺利并安全地完成操作。机场还必须确保防止不受欢迎的人物登机或入境。在机场这个空间里，福柯的全景敞视建筑成为一种现实。尤其是在美国可怕的"9·11"恐怖袭击事件以及2016年布鲁塞尔机场恐怖袭击事件之后，机场边界管制的强度大大增加。生物特征识别、依赖于互联网数据库的数字风险测定、自动档案检查、闭路电视和对身体与物品的安全检查等都有助于在全球范围的机场内建立一个全球监控系统（如 Salter，2008）。然而，这些机场的政策至多与福柯的想法非常接近，但是侧重点不同。当福柯及其他人可能会批评这种发展时，另有许多人认为，如果要为登机的乘客提供安全保障，这些都是缺一不可的。

结 论

米歇尔·福柯在有生之年获得了明星般的声誉和地位，而这些荣誉并非总会降临到社会科学家头上。福柯研究的启示影响深远，得到了组织研究和会计学研究学生，以及医学、护理、地理和边境管理领域学者的高度认可。然而，无论福柯的见解多么有价值，他的基调都是悲观主义的。他夸大了"全景敞视建筑"的力量，忽略了人们控制自己生活和逃避永久凝视的可能性，至少在某种程度上确实如此。此外在当今社会，福柯至少含蓄地加以批评的规训特征却也生产了可观的繁荣、财富，相当数量的绩效与安全。福柯的见解对于军队而言也很有价值，但也必须保持同样的警醒。至于军队及其士兵自己也被越来越多地置于监视之下——虽然并非完全如此——是好是坏，因人、因事而异。

参考文献

Bigo，D. 2014. "The（in）securitization practices of three universes of EU border control：military/navy-border guards/ police - database analysts". *Security Dialogue* 45（3）：209–225.

Boyne，R. 2000. "Post-panopticism". *Economy and Society* 29（2）：285–307.

Dandeker，Chr. 1990. *Surveillance，Power and Modernity. Bureaucracy and Discipline from* 1700 *to the Present Day*. Cambridge：Polity Press.

De Bruijn，H. 2007. *Managing Performance in the Public Sector*. London and New York：Routledge.

Epstein，Ch. 2007. "Guilty bodies，productive bodies，destructive bodies：crossing the biometric borders". *International Political Sociology* 1（2）：149–164.

Foucault，M. 1991a（1975）. *Discipline and Punish*：*The Birth of the Prison.* London：Penguin.

Foucault，M. 1991b（1978）. "Governmentality". In G. Burchell，C. Gordon and P. Miller（eds），*The Foucault Effect*；*Studies in Govermentality.* Chicago：University of Chicago Press，pp.87–104.

Foucault，M. 2003（1975/1976）. *Society Must Be Defended*（*Il faut défendre la société*）. Lectures at the Collège de France，1965–1976）. Trans. D，Macey. New York：Picador.

Foucault，M. 2006（1961）. *Madness and Civilization*；*A History of Insanity in the Age of Reason.* London and New York：Routledge.

【116】　Fox，N. J. 1998. "Foucault, Foucauldians and sociology". *British Journal of Sociology* 49（3）：415–433.

Gordon，C. 1991. "Governmental rationality：an introduction". In G. Burchell，C. Gordon and P. Miller（eds），*The Foucault Effect*：*Studies in Governmentality.* Chicago：University of Chicago Press，pp. 1–51.

Heilbron，J. 2015. *French Sociology.* Ithaca NY and London：Cornell University Press.

Hoskin，K.W. and R.H. Macve. 1986. "Accounting and the examination：a genealogy of disciplinary power". *Accounting，Organizations and Society* 11（2）：105–136.

Hoskin，K.W. and R.H. Macve. 1988. "The genesis of accountability：the West Point connection". *Accounting，Organizations and Society* 13（1）：37–73.

Jackson，N. and P. Carter. 1998. "Labor as dressage". In A. McKinlay and K. Starkey（eds），*Foucault，Management and Organization Theory.* London and Thousand Oaks CA：Sage.

Klepp，S. 2010. "A contested asylum system：the European Union between refugee protection and border control in the Mediterranean Sea".

European Journal of Migration and Law 12（1）：121.

Koskela，H. 2002. "'Cam-era' —the contemporary urban panopticon". *Surveillance and Society* 1（3）：292–313.

Massey，D.S.，J. Durand and K.A. Pren. 2016. "Why border enforcement backfired". *American. Journal of Sociology* 121（5）：1557–1600.

McCann，L. 2017. "'Killing is our business and business is good'：the evolution of 'war managerialism' from body counts to counterinsurgency". *Organization* 24（4）：491–515.

Mennicken，A. and P. Miller. 2014. "Michel Foucault and the administering of lives". In P. Adler，P. Du Gay，G. Morgan and M. Reed（eds），*The Oxford Handbook of Sociology，Social Theory and Organization Studies：Contemporary Currents*. Oxford：Oxford University Press，pp. 11–38.

Merlingen，M. 2003. "Governmentality：towards a Foucauldian framework for the study of IGOs". *Cooperation and Conflict* 38（4）：361–384.

Merlingen，M. 2011. "From governance to governmentality in CSDP：towards a Foucaldian research agenda". *Journal of Common Market Studies* 49（1）：149–169.

Mueller，J. 1980. "The search for the 'breaking Point' in Vietnam". *International Studies Quarterly* 24（4）：497–519.

O'Neill，J. 1986. "The disciplinary society：from Weber to Foucault". *British Journal of Sociology* 37（1）：42–60.

Pallister-Wilkins，P. 2015. "The humanitarian politics of European border policing：Frontex and border police in Evros". *International Political Sociology* 9（1）：53–69.

Rietjens，S.，J. Soeters and W. Klumper. 2011. "Measuring the immeasurable? The effects-based approach in comprehensive peace operations". *International Journal of Public Administration* 34（5）：329–338.

Salter，M.B.（ed.）. 2008. *Politics at the Airpor*. Minneapolis and

London：University of Minnesota Press.

Sauder，M. and W. Nelson Espeland. 2009. "The discipline of ranking：tight coupling and organizational change". *American Sociological Review* 74（February）：63–82.

Smart，B. 1985. *Michel Foucault*. London and New York：Routledge.

Smart，B. 2002. *Michel Foucault*. Revised edn. London and New York：Routledge.

Sofsky，W. 2008. *Privacy*：*A Manifesto*. Princeton NJ and Oxford：Princeton University Press.

Szakolczai，A. 1998. *Max Weber and Michel Foucault*：*Parallel Lifeworks*. London and New York：Routledge.

【117】 van Houtum，H. and van Naerssen，T. 2002. "Bordering，ordering and othering". *Tijdschrift voor Economische en Sociale Geografie* 93（2）：125–136.

van Krieken，R. 1990. "The organization of the soul：Elias and Foucault on discipline and the self". *Archives Européennes de Sociologie* 31（2）：353–371.

van Thiel，S. and F. Leeuw. 2002. "The performance paradox in the public sector". *Public Performance and Management Review* 25（3）：267–281.

Walters，W. 2006. "Border/ control". *European Journal of Social Theory* 9（2）：187–203.

Walters，W. 2011. "Foucault and frontiers：notes on the birth of the humanitarian border". In U. Bröckling，S. Krasmann and Th. Lenke（eds），*Governmentality*：*Current Issues and Future Challenges*. London and New York：Routledge，pp. 138–164.

Zanotti，L. 2006. "Taming chaos：a Foucauldian view of UN peacekeeping，democracy and normalization". *International Peacekeeping* 13（2）：150–167.

第九章　莫里斯·雅诺维茨：职业士兵、军政关系与全志愿军制

　　莫里斯·雅诺维茨是本书中唯一一位真正意义上的军事社会学家，【118】尽管其著作也属于普通社会学和政治社会学的范畴（Janowitz，1970；1975）。事实上，雅诺维茨（1919—1988）被称为"军事社会学家的教长"（Cortright，1975：3）。可以说，通过他的研究与出版的众多著作，以及他在芝加哥大学的硕博学位课程教学，雅诺维茨创立了军事社会学这个社会学分支学科。雅诺维茨是美国军事社会学传统的排头兵，该传统陆续产生了查尔斯·莫斯科斯（Charles Moskos）、大卫和马迪·西格尔（David和 Mady Segal）以及詹姆斯·伯克（James Burk）等知名学者。雅诺维茨还影响了军事社会学的国际发展，他指导了来自世界各地的学者从事博士研究，并创建了该领域内的社会和政治科学家网络（Burk，1993）。此外，他的名字还可以与其他在二战结束时开始其学术生涯的学者联系在一起：例如，塞缪尔·亨廷顿（Samuel Huntington）和塞缪尔·斯托弗（Samuel Stouffer）——在此仅举两个例子。最后，在他的有生之年，雅诺维茨提出了美国军队生发并培养内部凝聚力的见解，而这在以前一直是个棘手的问题（Segal 和 Wechsler Segal，1983：157）。

　　所有这些关于军事社会学的研究都始于雅诺维茨在第二次世界大战中作为士兵服役的亲身经历。经济学系毕业之后，雅诺维茨应征入伍，并加入了在伦敦的战略事务厅（OSS）的研究和分析科（Burk，1991）。和其他战后声名鹊起的社会科学学者露丝·本尼迪克特（Ruth Benedict）和赫伯特·马尔库塞（Herbert Marcuse）一样（Laudani，2013），雅诺维茨所开展的研究就是要更好地理解敌人所在的社会。更具体地说，雅诺维茨通过分析德国无线电广播的内容来研究德军大众传播和宣传的各个方面。1944年6月盟军登陆日后，雅诺维茨离开伦敦前往欧洲大陆，开始采访德

国战俘。他和爱德华·希尔斯（Edward Shils）一起为其有关二战期间德国国防军凝聚力建构的著名论文搜集数据，我们在爱弥尔·涂尔干一章中曾讨论过该文（Shils 和 Janowitz，1948）。

在此之前，基于 1945 年从 100 名德国平民中收集的数据，雅诺维茨在《美国社会学杂志》上发表了一篇有关民众对纳粹暴行反应的论文（Janowitz，1946）。在该文中，雅诺维茨揭露了战争刚一结束，德国市民就普遍表示他们意识到了有集中营这么回事，也知道其功能运转，尽管他们不知道具体细节。然而，他们没有表现出负罪感，而是把这种野蛮行径的责任推到纳粹党或党卫军身上。尽管如此，所有被采访者都知道战前和战争期间德国犹太公民所遭受的虐待。这一研究对于德国反思历史（Vergangenheitsbewältigung）而言是一份早期的重要文献，而反思历史则是德国政治与社会为认真面对二战所做的长期而深思熟虑的尝试。

雅诺维茨并没有参与著名的"美国士兵"计划，尽管该计划对于经验社会学和社会心理学的发展及其研究方法产生了巨大的影响（Stouffer 等，1949a；1949b；Williams，1946；Merton 和 Lazersfeld，1950；Boëne，1995；2011）。这个项目的独特之处在于：把调查问卷发放到二战期间各个行动区域成千上万的参战士兵手上——例如欧洲战区（涵盖地中海地区）和太平洋战区。这样，就产生了一个存储有关军人在战斗前、战斗中和战斗后态度、情感和行为的海量经验数据宝库（Merton 和 Lazersfeld，1950：9）。其规模之巨大、研究方法之创新，使得该计划成为调查分析的一个经典（Williams，1989：159）。

这些研究均始终坚持从实际出发，但它们在对科学理论的发展上对以下方面极具价值：初级群体理论、战斗情境中的动机、包括相对剥夺在内的参照群体行为、种族关系、人力资源政策的影响、态度数据的统计分析，等等。这些研究的实用性使得雅诺维茨区分了他所提出的社会学研究的"工程"模式和"启蒙"模式（Janowitz，1969）。他将保罗·拉扎斯菲尔德和罗伯特·金·默顿的名字与工程模式联系在一起，这两位学者也都参与了"美国士兵"计划。在他看来，这类社会学研究属于应用性研究，是对基础社会学中常用的关键概念、假设、定理和定律的运用。该类研究倾向于确定：当前问题的相关变量、给定研究背景中变量的赋值，以及公认有关联的变量之间的关系。相反，启蒙模式并不强调基础社会学和应用社会学的区别（Janowitz，1969：89）。在启蒙模式中，社会学家认识到他们自己与研究对象之间保持互动，社会学研究的结果会影响到研究对象和各路听众。因此，这种模式更强调社会背景的重要性，并着重发展可供政策制定者和各门专业所用的、不同的知识类型（Janowitz，1969：92）。雅诺维茨的成名之作如今依然争议不断，但他一定是遵循了社会学的启蒙模式。

职业士兵 　　　　　　　　　　　　　　　　　　　　　　　　　　【120】

　　为了延续第二次世界大战期间迸发出来的研究兴趣，雅诺维茨继续在军事机构和组织当中工作，同时他也在展开自己作为一名社会学家的学术生涯。同以前发表的学术论文观点完全保持一致，其著作《职业军人》（Janowitz，1957；1959）在1960年一经出版，马上被看作军事研究的扛鼎之作，至今这一点也依然如此。这本书涉及许多主题，具体包括军官的职业模式、军事社区中的生活、公共服务传统和军队使用的压力群体策略。同样，本书是可以想象得到的、对军事社会学的最好引论。当然，不仅仅如此——这本书中还包含着许多其他信息。

　　在詹姆斯·伯克为其撰写的简明摘要（1991）当中，他说《职业军人》这本书："为军官这一新兴职业提供了社会与政治画像。其核心论点就是：自世纪之交以来，泾渭分明的军民边界正在逐渐消退。本书描述的军事组织，其威权统治让位于对说服和操控的日渐依赖；技能要求反映的近乎是平民的技能结构；招募军官的社会基础不断扩大，使得军官队伍更具社会代表性。同时，革新后的职业模式带来的回报也在不断增加。然而，战争观从绝对主义转向实用主义，这使得军官们……更多地考虑对外事务中军事行动的政治后果。"（Burk，1991：13-14）

　　据此来看，雅诺维茨与米尔斯的观点相左，后者认为极度团结的军事权力精英掌控了政治舞台。我们在介绍卡尔·马克思的那一章中讨论过这一点。雅诺维茨强调，军事中逐步发展的劳动分工在军事精英中间导致了权力与控制日渐分散（而不是集中）（Burk，1991：14-15）。

书中，雅诺维茨（1960：283-344）区分了在美国和其他地方军官所持有的两种不同态度（Shields 和 Soeters，2013）："绝对主义"态度和"实用主义"态度。绝对主义心态认为：战争（无论是实际的还是潜在的）都是国际关系的核心，因此只有胜利才有价值。"实用主义"观点与此恰好相反，它把军事行动与政治和经济工具相结合，以便预防、遏制和解决大规模的暴力冲突。如果认为只有胜利了才有意义，那么就预设了固定的目标。相反，"实用主义"的观点认可目的和手段的灵活性与关联性，这样就可以留有余地，好虑及居住在行动区域的"其他本地人"。这也意味着某些目的的实现与否很难确定，毕竟军事力量也是有局限的。此外，以胜利为准绳的"绝对主义"思维意味着对手失败将遭受惩罚，而以"实用主义"观点看，惩罚性措施不应成为更广大的政治目标的一部分。最后，"绝对主义"观点强调地缘政治利益，而"实用主义"观点强调国家使用武力对于国际联盟体系的重要性（Shields 和 Soeters，2013：90-91）。

【121】

对此还可以说上很多。第一，"绝对主义"和"实用主义"的观点分野，很明显让我们想起了简·亚当斯找到的灵感之源，即约翰·杜威及其追随者所阐释的实用主义哲学。当然，雅诺维茨和简·亚当斯一样受到杜威的启发。第二，这种分野类似于卡尔·曼海姆提出的功能理性与实质理性之间的社会学区别。我们在导论那一章曾经介绍过。这一区别与军事密切相关，因为就特定情况和内容下到底选择哪种军事行动的问题，它产生了完全不同的观点。"绝对主义"观点是功能理性的一种表达，其目的与手段之间的关系（"目标和摧毁桥梁"）清晰而紧密，而"实用主义"观点则从利益与时空方面提出了更大背景下更为宏观的问题（一旦这座桥被摧毁了，那么会发生什么情况？）。雅诺维茨认为，与空军那种"上帝视角"相比，"踏在地上的靴子"更接近一种"实用主义"视角（Shields 和 Soeters，2013：90）。此外，雅诺维茨（1960：470 及以下）特别指出组建一支高水平**警察部队**的重要性——它们可以把使用武力降至最低并解决实际问题，这特别适用于维和行动。在当今的各种讨论和政治军事评估当中，不难看到这两种观点的差异。由此来看，《职业军人》这本著作并没有失去其价值。

西方与发展中国家的军政关系

雅诺维茨有关军事职业与组织发展的观点, 对军政关系以及军事的政治控制和文官控制的论争, 也有所贡献。"谁守护守卫者?"这个问题高度概括了这场辩论的实质。我们在卡尔·马克思那一章中讨论了军事控制的话题, 以及军事政变和革命。这种叛乱事件在当今世界十分罕见, 但肯定还会发生, 特别是在民主尚未完全成熟的国家尤为如此 (Janowitz, 1988 [1964])。1973 年智利发生的臭名昭著的军事政变和 2016 年夏季土耳其发生的军事叛乱都是典型的案例。

然而, 即便军事反抗、抵抗与政变并不常见, 军事对于就安全和冲突事务所做的战略决策的影响还是十分明显, 因此值得研究 (Feaver, 1999)。问题是军事影响到底有多大、又应该有多大。一方面, 军队不应逃避政治控制——军人是国家公仆, 而不能本末倒置。经选举产生的文官【122】是、也应该是其政治主人 (Feaver, 1996)。对此, 有两种声音形成鲜明对比: 其中一种是由雅诺维茨提出的。他对另外一位著名学者就该主题所写的一本专著予以回应, 而该书的出版时间要早于《职业军人》。

1957 年, 在冷战的鼎盛时期, 塞缪尔·亨廷顿出版了《士兵与国家》。在这本书中, 他对文官对军队的控制阐明了自己的明确立场。他提出了"客观文官控制"(objective civilian control)的概念——首先需要认识到理想的军事行动领域应该是独立、自治, 且与政治分开的 (Feaver, 1996: 160; Burk, 2002)。据此, 应该避免政客涉足军事事务。在亨廷顿的分析中, 军事自治带来军事专业化, 而军事专业化则带来政治中立和自愿从属, 而这反过来将保障文官控制 (Feaver, 1996: 160)。这种在军中颇为流行的推论在其他人 (包括雅诺维茨在内) 看来却很成问题。例如, 不能否认土耳其军队的专业性, 但在 2016 年夏天, 至少有部分军队发动了政变。并且, 这还不是土耳其国内的第一次军事政变。

雅诺维茨反对亨廷顿所提出的在政治与军事之间作为理想类型的劳动分工。相反, 他看到了政治与军事领域间的模糊性和彼此渗透关系 (Burk, 2002)。雅诺维茨采用一种更具体的方式来分析政治 (文官) 与军事之间的关系。因此, 他看到这两个领域在下述意义上有所交汇: 政治家和公务员都可以通过预算程序、角色与任务分配以及对外政策建议来影响军事决策（Feaver，1996：165）。另一方面，雅诺维茨认为，军事也可以通过政治活动影响政治决策，包括在重大决策准备阶段（如购买武器系统）进行政治活动、政治－科层制领域内的变通措施、不同军种之间的竞争，以及与军方关系密切的人士进行的广泛游说。雅诺维茨赞同采取措施力求减少军方在决策中的影响力，他还相信军官的职业伦理可以控制军队。在这一点上，他再次与亨廷顿的军事专业性观点有所接近。

因此，有关文官控制军队的辩论尚未结束，还有待进一步细化与阐发。这也可能影响军队在行动中的效率（Bland，1999；Nielsen，2005）。彼得·费弗（Peter Feaver，2003）运用组织经济学理论分析了所有者与企业管理者之间的关系（Douma 和 Schreuder，1991）后，将委托－代理思想应用于军政关系研究。虽然这种方法源于经济组织理论，但它也类似于韦伯所说的科层制中支配者与公务员之间的关系。从逻辑上讲，费弗认为政治家是委托人，而军队是代理人，是"武装公务员"，他们代表委托人执行任务。

【123】从此以后，便可以发展出一个分析框架，其中委托人可以决定是否监控代理人的行为（是或否）。相应地，代理人也可以决定是否按照委托人或自己的意愿执行（工作或回避）。最后，一旦发现，委托人可以决定是否惩罚代理人明显的不当行为（是或否）。这些不同的选项结合到一起，就可以有八种不同的排列组合。费弗（2003：132-152）使用这一分析框架探讨了美国在"冷战"期间是否决定使用武力、以及怎样使用武力的决策过程。他证明了，大多数时候美国军队依循的都是文官政治家想走的路线。只有在很有限情况下（例如，20 世纪 50 年代的朝鲜、1983 年的格林纳达、1983 年的黎巴嫩）军队逃开了——和民选政治家的所想与期望完全不同。军队的进攻性表现时强时弱。费弗的研究是分析社会学的典型示范，这种方法在军事社会学中应予以翔实阐发（Hedström 和 Bearman，2009）。然而，不管这一分析路径多么成果丰硕，它都不可避免地掺杂着研究者的个人看法。

除了费弗之外，丽贝卡·谢夫（Rebecca Schiff，2009；2012）最近的研究对于军政关系领域也有所贡献。谢夫（Schiff，2012）认为亨廷顿采取"分立"的思路研究军政关系——文官政治家决策并让军队负责战事——这在美国政治及其军事行动中仍然颇具影响力。事实上，这种制度性分立本来是军事行动结束后要在伊拉克贯彻的理想状态。显然，这样的打算落空了。其具体原因就在于把民主国家从伊拉克当地的部落权威那里分立出来的模式——对军事的影响也内在于该模式之中——并不是伊拉克问题得以解决的最佳出路（Schiff，2012：322）。

　　因此，谢夫认为一个全新的理论，即所谓的"一致性理论"（concordance theory）或许可以为西方乃至全球其他地方的军民关系分析提供一个框架。为研究军方、政客和公民之间达成一致的水平，她区分了四个关键指标：（1）军官团体的社会构成；（2）政治决策过程；（3）征兵入伍的手段；（4）军事风格。如果在军方、政客和公民三者之间能够就上述四个指标达成一致，那么军队通过军事政变或逃避责任来干涉国内事务的可能性就降低了。她成功地把这个框架应用于许多国家（其中有印度、巴基斯坦、阿根廷、以色列和美国）。2016 年夏天在土耳其发生的政变显然表明三方并未达成一致协议，这完全符合该分析框架。然而，这里面还有其他如经济因素也在起作用。

"卡其色资本主义"（**Khaki capitalism**）和军民关系　【124】

　　保罗·钱伯斯和那皮萨·魏图尔基亚特（Paul Chambers 和 Napisa Waitoolkiat，2017）揭示了东南亚，特别是泰国以及其他地方军队把持经济资源的程度。军队通过建立一个经济帝国取得了这样的支配地位。其途径有时候是"靠地为生"（木材、矿藏以及出售野生动物），有时为私人"客户"提供武力服务。通过最大化其收入的来源，军队可谓权倾朝野，哪怕是意愿最为良好的平民政府也很难控制他们。当然，这种"卡其色资本主义"现象不仅仅局限于远东地区。在中东和非洲（例如在刚果民主共和国）也存在类似的现象，这一点我们已经有所交代。即便在西方，随着大量产业与军事利益不断交织在一起达到了相当大的程度，军队本身也在逐渐成为一个经济因素。然而，在发展中国家，这种相互渗透更为引人注目，却也更不受控。

　　这让我们又回到了雅诺维茨身上，特别是其针对从前叫作"新兴国家"

的发展中国家所做的军事机构与强制研究（Janowitz，1988 [1964]）。在《发展中国家的军事机构与强制》这本小书中，他运用统计数据说明了拉丁美洲及其他地区的发展中国家里准军事部队越来越重要的角色。这些国家中研究强制发挥的作用所需的视角需要跳出常规武装部队。它还需要把警察和准军事力量（宪兵、工人民兵队以及地方国防部队）及其内部治安中的相关角色囊括到考察视野中来。雅诺维茨还呈现并分析了这些发展中国家独立之前发生军事政变的统计数据。他通过运用发展中国家军队严谨的统计数据，逐一评估个案，为当代军事社会学家提供了一个从事比较分析的案例，也提供了一个将各大陆"连接"起来的军事社会学的研究案例。这样，他使得涂尔干几十年前的教诲又再次焕发勃勃生机。

全志愿军制

正如前文所述，西方国家的军队在过去的二十年间发生了翻天覆地的变化。自拿破仑以来，军事组织一直都是由大量应征入伍的士兵组成。然而，第二次世界大战之后不久，加拿大又废除了征兵制，后来英国、澳大利亚和美国在 20 世纪 60 年代和 70 年代也陆续效仿加拿大的做法（Van Doorn，1975；Burk，1992）。后来，自 20 世纪 90 年代开始，欧洲大陆国家（诸如荷兰、比利时、法国、德国、意大利和瑞典）也都开始废止这一征兵机制（例如 van der Meulen 和 Manigart，1997）。进入 21 世纪以后，包括波兰、匈牙利和保加利亚在内的中欧国家也采取了同样的举措。尽管备受争议，但俄罗斯仍然实行征兵制。与其他许多学者——其中包括荷兰社会学家雅克斯·范·多恩（Jacques van Doorn）——一道，雅诺维茨分析了早期的这种发展态势（Janowitz，1972）。在越南战争期间，因为年轻人教育水平的提高、与"自在"的平民生活对比下兵役的相对剥夺，以及民族主义吸引力的消减，义务兵役饱受诟病（Burk，1992：48）。此外，越南战争进程——通过电视全国直播——对于美国人来说既不幸又严酷，这尤其导致了服兵役热情的直线下降。确实，媒体对于国内看待这场战争的批判性目光起到了推波助澜的作用（Carruthers，2011）。媒体或许也是导致长时段下暴力衰退论的重要元素，这一点在后续讨论诺贝特·埃利亚

【125】

斯的章节中还会谈到。公共政治舆论中的类似发展也出现在欧陆。在这些国家里，出现领土危机的可能性远比盎格鲁－撒克逊"诸岛"要高得多。但是，"冷战"结束之后，这一点就发生了变化。这些发展和不断变化的技术要求相结合，使得引进职业军队成为可能。这种变化的到来远比许多分析者预想的要快得多。

结果大受欢迎。职业士兵、志愿者远比征募入伍的士兵更容易派往海外作战，其优势在于所需和可用的人员数量大大减少。这一点在 20 世纪 90 年代发生的前南斯拉夫危机、后来的阿富汗和伊拉克军事行动以及阿拉伯海反海盗任务中表现得淋漓尽致。此外，职业士兵都是自我选择入伍当兵，因此也情愿并能够使用暴力解决问题。再者，与强征入伍的士兵——公民士兵——相比，其训练强度可以更大，因此其技能、训练和一般作战能力都要比前者好许多（King，2013）。全志愿军制证明，它确实对于美国少数民族公民的职业与就业机会提升非常有益（Janowitz 和 Moskos，1974）。全志愿军制把组织过程的平民标准引入军队，其中包括对女性的准入。从公民权和女性主义角度来看，这是一个巨大的进步。此外，全志愿军制更加符合工作人群日趋增长的职业取向（更能计算、更理性、更功利与更个体主义），而不是一味地要求男子为国当兵服役的制度取向（Moskos，1977；Segal 和 Wechsler Segal，1983；Moskos 和 Wood，1988）。最后，全志愿军制事实上更小巧、更灵活，这同样有益于快速调度决策（Dandeker，1994）。不过担忧一直存在。

最担忧的就是军队整体与社会脱节。在对美国志愿军的第一个五年的评估当中，雅诺维茨和莫斯科斯（Janowitz 和 Moskos，1979）讨论了各种【126】可能的影响因素。他们从所需人力规模、财政花费、军队的教育背景和社会构成、职业士兵的政治倾向及其政治倾向对军民关系影响等多个方面特别考察了全志愿军的后果。两位社会学家对其政治社会影响松了口气，因为职业士兵的人员流动率很高，并且他们的军旅生涯只是整个职业生涯的一小部分。如两位学者所言，由于这种广泛的人员流动，那么总人口中会有足够多的男男女女参军（Janowitz 和 Moskos，1979：211）。

然而在过去的一段时间里，与整体劳动人口数量相比，职业士兵与水手的数量持续下降（Liebert 和 Golby，2017）。美国高级军官群体的政治取向是另一个让人头疼的问题，因为大部分职业军官都隶属于共和党（Liebert 和 Golby，2017：119）。最近几十年间，表示自己持政治独立态度的军官数量锐减。与之相反，普通民众群体中与任何一个政党有隶属关系的人群数量也在下降。与以前相比，这使得美国的职业军队越来越偏离主流社会，这会带来多种后果。其中一个可能的后果就是政客——受到军队里指挥着"尚武部落"的高层人员的影响——更易于决定参与海外行动，并且倾向于战斗而非选择维和或者重建任务。有时这样会取得积极成效，有时则并非如此。

在美国所产生的情况和困境与世界其他地方不但具有可比性，而且还会对其产生一定的影响。然而，其他国家可能有着不同的政策考量和疑虑。

征兵制又回来了？

尽管许多西方国家决定废除征兵制，也有一些国家并不愿意，还有一些国家处于修正全志愿军制的边缘。这种摇摆不定与许多方面的发展变化有关。第一，不同国家间感知到的威胁是不同的。波罗的海诸国认为俄罗斯威胁着他们的边界，特别是考虑到过往历史、最近发生在乌克兰东部的事件以及这些国家里讲俄语的少数民族的特殊境遇。基于以上原因，爱沙尼亚从来没有废止过征兵制，而立陶宛正在重新考虑建立一支职业军队的决策。出于相似的动机（除了讲俄语的少数民族），瑞典重新引入了征兵制，在其中义务兵与志愿兵混合在一起。在芬兰、挪威、以色列、希腊和土耳其，因为受威胁感一直居高不下，所以强制征兵制一直实施。对于放弃征兵的想法的质疑还有其他原因。首先，很难征募并维持足够的人员，特别是具备高级专业化技能的士兵。支付更高的工资、雇用更多的文职人员、提供更高的位阶以及把工作外包给私人军事公司都是解决问题的方案。然而，没有足够好的人员仍然令人担忧。第二，如果把所有人在其有生之年的一段时间内都安插在部队服役，那么公民士兵（即义务兵）的减少对于军民关系会是致命一击，因为军队和社会不会再像以前一样彼此信任（Burk，2002）。其中值得一提的是，如今的政客鲜有军旅生涯，而以往几乎所有的从政人员都有早年从军的经历。

【127】

结 论

在其职业生涯当中，雅诺维茨是杜威实用主义思想的一名信徒与支持者。如前所见，简·亚当斯也受到这些思想的影响，这让其一生都带有政治激进主义的特色。雅诺维茨并没有选择这条路，但是他深信社会学不应该选择"自我陶醉"，社会学研究应该与迫切的社会问题直接挂钩（Burk，1991：27）。基于对人类如何组织共同生活的批评性分析，雅诺维茨的研究一直致力于社会重建与发展。在雅诺维茨看来，社会学研究应该有助于解除社会紧张、界定行为的现实主义的、可供选择的行动过程并澄清具体后果。对此，雅诺维茨从事学术研究的根本动机是与其他社会学前辈们一起共有的。

参考文献

Bland，D.L. 1999. "A unified theory of civil- military relations". *Armed Forces and Society* 26（1）：7–26.

Boëne，B. 1995. "Conditions d emergence et de développement d'une sociologie specialisée：le cas de la sociologie militaire aux Etats-Unis". Thesis，University of Paris V René Descartes.

Boëne，B. 2011. "Classiques des sciences sociales dans le champ miltaire". *Res Militaris* 1（3）：1–42.

Burk，J. 1991. "Introduction：a pragmatic sociology". In M. Janowitz，*On Social Organization and Social Control*（ed. J. Burk）. Chicago and London：University of Chicago Press.

Burk，J. 1992. "The decline of mass armed forces and compulsory military service." *Defense Analysis* 8（1）：45- 59.

Burk，J. 1993. "Morris Janowitz and the origins of sociological research on armed forces and society". *Armed Forces and Society* 19（2）：167–185.

Burk. J. 2002. "Theories of democratic civil military relations." *Armed Forces and Society* 29（1）：7–29.

【128】　　　Carruthers，S.L. 2011. *The Media at War*. 2nd edn. Basingstoke and New York：Palgrave Macmillan.

Chamber，P. and N. Waitoolkiat. 2017. *Khaki Capital：The Political Economy of the Military in Southeast Asia*. Copenhagen：NIAS Press.

Cortright，D. 1975. *Soldiers in Revolt：GI Resistance during the Vietnam War*. Chicago：Haymarket Books.

Dandeker，Chr. 1994. "New times for the military：some sociological remarks on the changing role and structure of the armed forces of the advanced societies." *British Journal of Sociology* 45（4）：637–654.

Douma，S. and H. Schreuder. 1991. *Economic Approaches to Organizations*. New York：Prentice-Hall.

Feaver，P. 1996. "The civil-military problematique：Huntingon，Janowitz，and the questions of civilian control". *Armed Forces and Society* 23（2）：149–178.

Feaver，P. 1999. "Civil-military relations". *Annual Review of Political Science* 2：211–241.

Feaver，P. 2003. *Armed Servants*. Cambridge，MA：Harvard University Press.

Hedström，P. and P. Bearman（eds）. 2009. *The Oxford Handbook of Analytical Sociology*. Oxford：Oxford University Press.

Huntington，S.P. 1957. *The Soldier and the State；The Theory and Politics of Civil Military Relations*. Cambridge，MA：Harvard University Press.

Janowitz，M. 1946. "German reactions to Nazi atrocities". *American Journal of Sociology* 52（2）：141–146.

Janowitz，M. 1957. "Military elites and the study of war". *Journal of Conflict Resolution*. March：9–18.

Janowitz，M. 1959. "Changing patterns of organizational authority：the military establishment". *Administrative Science Quarterly* 3（4）：473–493.

Janowitz，M. 1960. *The Professional Soldier and Political Power：A Theoretical Orientation and Selected Hypotheses*. Ann Arbor：University of

Michigan Press.

Janowitz, M. 1988（1964）. *Military Institutions and Coercion in the Developing Nation*. Chicago and London： University of Chicago Press.

Janowitz, M. 1969. "Sociological models and social policy". *Archives for Philosophy of Law and Social Philosophy* 55（3）： 307–319.

Janowitz, M. 1970. *Political Conflicts*： *Essays in Political Sociology*. Chicago： Quadrangle Books.

Janowitz, M. 1972. "Decline of the mass army". *Military Review* （February）： 10–16.

Janowitz, M. 1975. "Sociological theory and social control". *American Journal of Sociology* 81（1）： 82–108.

Janowitz, M. and Ch. C. Moskos. 1974. "Racial composition in the all-volunteer force". *Armed Forces and Society* 1（1）： 109–123.

Janowitz, M. and Ch. C. Moskos. 1979. "Five years of the all- volunteer force, 1973–1978". *Armed Forces and Society* 5（2）： 171–218.

King, A. 2013. *The Combat Soldier*： *Infantry Tactics and Cohesion in the Twentieth and Twentieth- First Centuries*. Oxford； Oxford University Press.

Laudani, R. 2013. *Secret Reports on Nazi Germany*： *The Frankfurt School Contribution to the War Effort*. Princeton NJ and Oxford： Princeton University Press.

Liebert, H. and J. Golby. 2017. "Midlife crisis? The all volunteer force at 40". *Armed Forces and Society* 43（1）： 115 –138.

Merton, R.K. and P.E. Lazersfeld. 1950. *Continuities in Social Research*： *Studies in the Scope and Method of American Soldier*. Glencoe, IL： Free Press.

Moskos, C. 1977. "From insinuations to occupation： trends in military organizations". *Armed Forces and Society* 4（1）： 41–50.

Moskos Ch. C. and F.R. Wood（eds）. 1988. *The Military More Than Just* 【129】 *a Job*? Washington, DC： Pergamon-Brassey's.

Nielsen, S.C. 2005. "Civil-military relations theory and military effectiveness". *Public Administration and Management* 10（2）：5–28.

Schiff, R. 2009. *The Military and Domestic Politics：A Concordance Theory of Civil Military Relations*. London and New York：Routledge.

Schiff, R.L. 2012. "Concordance theory, targeted partnership, and counterinsurgency strategy". *Armed Forces and Society* 38（2）：318–339.

Segal, D. and M. Wechsler Segal. 1983. "Change in military organization". *Annual Review of Sociology* 9：151–170.

Shields, P. and J. Soeters. 2013. "Pragmatism, peacekeeping and the constabulary force". In SJ. Ralston（ed.）, *Philosophical Pragmatism and International Relations：Essays for a Bold World*. Lanham, MD：Lexington Books, pp. 87–110.

Shields, E. and M. Janowitz. 1948. Cohesion and disintegration in the Wehrmacht in World War II'. *Public Opinion Quarterly* 12：280–315.

Stouffer, S.A., E.A. Suchman, L.C. DeVinney, S.A. Star and R.M. Williams. 1949a. *The American Soldier：Adjustment during Anny Life*. Princeton, NJ：Princeton University Press.

Stouffer, S.A., A.A. Lumsdaine, M.H. Lumsdaine, R.M. Williams, M.B. Smith, L. Janis, S.A. Star and L.S. Cottrell. 1949b. *The American Soldier：Combat and Its Aftermath*. Princeton, NJ：Princeton University Press.

Van Doorn, J.A.A. 1975. *The Soldier and Social Change：Comparative Studies in the History and Sociology of the Military*. Beverly Hills CA and London：Sage.

Van der Meulen, J. and Ph. Manigart. 1997. "Zero draft in the low countries：the final shift to the all-volunteer force". *Armed Forces and Society* 24（2）：315–332.

Williams, R.M. 1946. "Some observations on sociological research in government during World War I". *American Sociological Review* 11（5）：573–577.

Williams, R.M. 198. "The American soldier：an assessment several wan later". *Pubic Opinion Quarterly* 53（2）：155–174.

第十章　诺贝特·埃利亚斯：暴力消退、战斗惯习与国际关系

尽管诺贝特·埃利亚斯（1897—1990）的著作出版时间没那么长，但【130】其对社会学思想的影响却不容忽视。20世纪30年代埃利亚斯逃离了德国的纳粹政权统治，而他的社会学理论甚至在其有生之年就已然堪称经典，特别是在军事制度和大规模暴力的研究脉络中无比重要（Mennell，1992；Moelker，2003；Soeters，2005；Kilminster，2007；Dunning 和 Hughes，2013）。如同第一次世界大战爆发时期的涂尔干一样，埃利亚斯（2013）后来思考了在19世纪、特别是20世纪欧洲频发的战争和暴力过程中德国所发挥的具体作用。埃利亚斯的主要社会学观点经常性涉及的领域包括：历史上的宫廷社会中所展现的行为，以及体育赛事中的流氓行为。因此，不仅军校学生，而且历史学家和体育官员都可以从他的研究和分析中获益。

本章我们主要讨论埃利亚斯研究的三个要素，其中一些可能仍然饱受诟病，特别是我们即将讨论的第一点。有些学者甚至对此十分愤怒，因为这些观点冲击了常识；它与大家在报纸上都能读到的内容相互矛盾。

文明与暴力的衰退

1939年，也就是二战开始的那一年，埃利亚斯出版了他的代表作《文明的进程》，后出版了英译本《*Das Prozess der Zivilisation*》（2000（1939））。当时由一家瑞士出版社出版，但是这个出版时机却不幸至极，因为该书中的主要内容与将要发生的事情南辕北辙（Van Iterson，2009）。

在该两卷本的著作中，埃利亚斯展示了人们如何在经济上、社会上和心理上逐渐变得更加依赖于对方。在中世纪——埃利亚斯的著作绝对是历史社会学的一个范本——人们生活在区域性共同体或本地社区当中，诸如

郡县和公爵领。骑士之间以及各位骑士的兼职农民士兵之间的局部战争频繁不断；修建城堡（如今依然遍布整个欧洲）不仅是一个事关地方统治者

所拥有的奢侈与财富的问题，也是自我保护的必要性标志。随着时间的推移，由于中央集权的民族国家的兴起，郡县与公爵领的自治权逐渐消失。前者能够享有税收以及更重要的暴力的垄断。由国家税收资助的中央警察部队和基于征兵制的武装力量（在某些地方较晚产生）与"民族－国家"的崛起密切相关（Tilly，1992）。

这种宏观发展（**社会发生学**）伴随着人们的行为在微观层面（**心理发生学**）发生相当大的变化。这首先在新兴的皇室里发生，后来则扩散到普通民众中——他们开始内化礼仪与道德不断变化中的标准（Van Iterson，2009：330）。用埃利亚斯的话说，几个世纪以来，人们的行为逐渐变得更加**文明**。早期社会逐渐走向雅致化，在早期这一点离不开教师、神职人员和其他权威实行的外部约束，后来逐渐发展为自我约束和人们相互间性情平和的行为。这一过程目前仍在继续。礼仪的变化涵盖饮食习惯、谈话方式、卫生规范、性欲和不拘礼节的标准，以及对**次要**他人（lesser others）（如奴隶等或如今的穷人，发展中国家里无权无势、生计艰难的人）的看法。所有这些不断变化的规范和礼仪都指向，并继续指向更多的克制和自我约束的趋势，举例而言，甚至在对待动物方面也是如此。此外，对这本书来说更重要的是，这些不断变化的规范表明：暴力、侵略性和残忍行径在日常生活和广大社会中的地位不再那么突出。使用暴力成为了一个例外，而不再是日常行为。

军队在很大程度上也是这些发展的一部分。首先，随着"民族－国家"的集权进程不断推进，在中世纪时期可能是家常便饭的刀光剑影的生活逐渐消失。反之，参与军事行动的人员更少了，因为起初只有武装商人士兵，后来只有应征入伍的士兵（年轻人）会参加战争、经历战斗。其他人则被排除在实际军事事务之外，尽管并不总是免受军事后果的牵连，例如，近年来叙利亚城市阿勒颇和该国其他地方的公民所经历的就是很好的例子。近年来，随着全志愿军的引进，导致对于参军人数以及参战人数的要求变得更少了。为此，英国社会学家马丁·肖（Martin Shaw）谈到了**后军事社会**的来临：在后军事社会中，"社会发展已经超越了20世纪大多数时候人

们所理解的那种军事和军国主义。"（Shaw，1991：8）

第二，随着反对暴力趋势的日益加剧，对军事暴力本身的运用变得更加克制，这种趋势今天仍在继续。在社会、政治和法律的压力下，军队一直感受得到尽可能避免附带损害的紧要性。同时，军方还希望减少伤亡，特别是自己的部队，但一般而言也包括敌对势力与敌人。然而，人们对后者的担忧并没有那么上心。因此，对敌人和东道国民众的伤亡监测力度还【132】差得很远。

回顾历史，我们可以看到：两次世界大战中士兵的伤亡人数都比随后发生的许多殖民地战争中丧生的士兵人数要多得多，包括荷兰人在印度尼西亚的"治安行动"（1946—1949）、英国人在马来半岛的反叛乱行动（1946—1960）、20世纪50年代法国在阿尔及利亚的军事行动以及20世纪60年代和70年代的越南战争。人们不太接受大量伤亡，这种趋势始于20世纪下半叶，时至今日仍在继续。

在越南战争中，美国士兵的伤亡人数远远大于最近在伊拉克和阿富汗军事行动中的伤亡人数（如果我们控制住在这些战争中实际部署的人数的话）。如果敌方部队的死亡人数大于自己部队的伤亡人数，越南战争中的指挥官们就很满意了。这就导致越南战争中的军官们采取了不计后果、粗心大意，且毫无意义的军事计划与发号施令的方式。半个世纪后的今天，人们都不可想象当年这些行动是如何实施的，更不用说可以接受了（Caputo，1999（1977））。在伊拉克和阿富汗的军事行动中，尽管在某些时候相当暴力，但至少在西方军队中导致大规模流血的情况较为少见。

通过来自哈佛大学的心理学家和语言学家斯蒂芬·品克（Steven Pinker，2011；2015）的研究成果，对这些发展的埃利亚斯式分析引起了全世界的关注。他还撰写了许多畅销的科普著作。品克对于"历史上暴力的衰落"的研究完全符合埃利亚斯的思想，而实际上他的研究还更广泛。这一研究基于大量（历史）统计数据，这一点埃利亚斯没有用到。品克关注并发展的是一些埃利亚斯不太关注的领域：例如，导致废除奴隶制与死刑的人道主义革命，以及关注妇女、儿童、少数民族、同性恋甚至动物权利的世界性权利运动。此外，东欧和南欧的独裁政权的终结（葡萄牙、西班牙、希腊、罗马尼亚、保加利亚等等，其时间跨度大约有20年）可以被视为这方面的一个案例。在20世纪70年代初，那些由军方支持的政权仍然非常活跃；到了 20 世纪 90 年代，它们都已不存在了。拉丁美洲国家（如阿根廷）也有着类似的经历。除了平克之外，还有其他学者分析暴力消退现象。例如，约书亚·戈德斯坦（Joshua Goldstein，2011）的研究支持品克的观点：基于不同的个案材料，他也认为战争发生的频率正在变得越来越低，危险越来越小。除此之外，一些学者对于几个世纪以来（暴力）犯罪发展的历史研究也对品克的观点持支持态度（Dunning 和 Hughes，2013：42–43）。

【133】　　然而，这些分析（无论学术文献以及全球范围内的比较性研究、持续更新的数据如何予以实际支持）往往争议不断，因为它们违背了流行看法。有些人并不相信暴力消退的观点，并被此惹恼，甚至感到愤怒。叙利亚、利比亚和伊拉克每天都在发生许多的暴力事件；俄罗斯从乌克兰接管克里米亚之后也是战乱不断；欧洲及其邻国（如土耳其）不断遭受恐怖袭击，品克的研究观点肯定不对。它绝对不正确还因为，在猛烈的轰炸之后，2016 年的阿勒颇与 1945 年的柏林和 2000 年的格罗兹尼满目疮痍的境况大同小异。一些人甚至倾向于认为：这一分析低估了那些每天因为暴力而丧生者的生命价值。一些人（特别是军人）倾向于认为这种分析是为了削减武装部队以及其他安全部队的相应预算的托辞。一些人并不喜欢品克的分析所散发出来的和平主义气息。这些人中，英国记者约翰·格雷（2015）等呼应了这些争议，并对品克的研究发表了见解，在其中他几乎无法掩饰自己内心的恼火与不屑一顾的态度。

　　马来塞维奇和莱恩（Malešević 和 Ryan，2012）从学术视角出发批评了埃利亚斯的分析。他们认为埃利亚斯的"文明化理论"不能解释现时代战争不断持续与扩散的现象。他们指责埃利亚斯的研究动机在于"渴望一个完全平静的世界"（Malešević 和 Ryan，2012：178；Malešević，2014；2017），这一点与这场讨论的整个氛围非常匹配。他们的反驳涉及对于埃利亚斯所使用的 20 世纪历史文献的解读，以及用他的推论确实不易理解的 20 世纪的大量谋杀案。值得注意的是，他们并没有像埃利亚斯和品克那样，太多地关注会与不会发生的、或是已经发生的历史上的发展变化。相反，他们提出了一种本质主义观点，即战争没有消失，而这是一件从来没人否认的事情，更不用说埃利亚斯和品克了。品克也不同意塔勒布（Taleb，2015）的观点——在不久的将来，随时可能爆发暴力或激烈的暴力事件。

如果埃利亚斯还活着，他也不会同意。不过，这并不是重点。

埃利亚斯的研究太重要了，根本无法消失在摆脱了事实基础的争论漩涡之中。亚伯拉姆·德·斯瓦安（Abraham De Swaan, 2015；另见2001）——一位来自荷兰的埃利亚斯式社会学家，和我们所有人（包括埃利亚斯本人）一样也在与大屠杀做斗争。在西欧这样的文明社会里，怎么会发生如此普遍的大破坏行为和极端的残忍行径呢？红色高棉在柬埔寨的行动如何导致了20世纪70年代200万居民的死亡（Bizot, 2004）？ 1994年对几十万图西人和所谓温和的胡图人的杀戮怎么可能发生？凡此种种是否最终证明埃利亚斯是错的呢？

德·斯瓦安指出，要理解可怕行径（他造了"病态文明"（dyscivilization）一词表示它们）的出现，结合不同的分析层次很重要。首先，经济萧条、军事战败和/或导致威权政体崛起的政治动荡等宏观社会学条件，为它们提供了温床。如果这与大部分民众内心长期归罪于某些群体、或令其处于不利地位（例如犹太人或图西族人）联系在一起，那么情况就会恶化。如果从中观社会学来看，政权机构能够动员并特别招募那些有暴力倾向的人（Collins, 【134】2008），那么情势就会火上浇油，导致微观社会学层面出现实际杀戮行为。这些就是在地理与时间范围内的"杀戮间隔"（killing compartments）。最不幸的是，这种情形有时发生在和平时期（De Swaan, 2015）。

显然，文明的进程和暴力衰退不断变动，正如埃利亚斯所见以及品克和戈德斯坦所言。它反反复复，摇摆于动荡和稳定之间，但整体趋向于对暴力的控制以及由此而来的暴力减退，图10.1所示为两个不同国家里暴力的历时动态减退趋势图。

文明以及去文明和病态文明（de- 和 dys-civilization）的进程中可能发生的运动可以概括如下（Soeters, 2005：48-51；de Swaan, 2001；Tilly, 2003：55-80）。当今文明社会处于和平时期，往往都有一个稳定的民主政府体系和理性行动的科层制警察部队和军事力量（用蒂利的话说）（2003：75），即**高能民主政权**（high-capacity democratic regimes）。在这些社会当中，对暴力的控制经年累月不断加强，这也就意味着暴力的消退。与以往（例如殖民时代）不同，这些社会的军队行动时并不贸然地使用武力。即使他们有这样做的倾向，新闻和社会媒体的密切监督以及普通民众的敏感神经也会阻止这种情况发生。然而，即使是这些文明社会也可能遭遇严重的倒退，例如暴力亚文化的兴起、蓄意谋杀的犯罪、恐怖袭击和随之而来的动荡。有人可能会说，目前席卷西半球的恐怖袭击浪潮就是这种倒退的表现。这可能会导致这些社会对此予以回击，而最常见的是以受控制的、有约束的方式回击，尽管不总是如此！如果这些社会能够以一种克制、冷静、公正和依法的方式加强对这些内部威胁的预防与控制，它们很可能就会再现太平盛世。

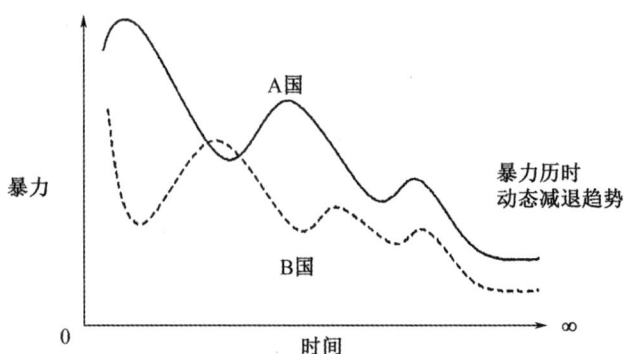

图 10.1　两个不同国家里暴力的历时动态减退趋势图

当政治制度并未牢固地建立在民主与法律的习惯之上时，当警察和武装部队更具有家长制或前科层制特点时，社会在处理暴力方面就不那么先进。用蒂利的话说（2003：75），这就是一种**低能非民主政权**（low-capacity undemocratic regimes）（例如当下的索马里、也门或利比亚等政权）。我们前面已经知晓这意味着什么——这些政府力量可能十分软弱无能，更重要的是在应对发生问题的根源时，它们会在其成分与态度上存有偏见。尤其是在法治既弱小又腐败的情况下，暴力可能就会加剧。只有在犯罪者的嗜血之欲得到满足之后，暴力才会停止。一些可能的外部因素（如联合国的干预）也可能会阻止这种情况发生，但有时这些组织也无能为力或者为时已晚，从而无法有效回应，就像卢旺达种族灭绝或刚果内战时那样（Dallaire，2004）。不难看出，这种情况在当今时代也正在发生演变：中东地区 ISIS 的兴起是一个绝佳的例子。埃利亚斯和他的追随者们是对的，这确实是一个日益和平的时代，但和平并非随处可见。不幸的是，文明总是伴随着不规则的去文明和病态文明的例子。没有谁能确切地预知未来。 【135】

图 10.1 显示了暴力消退的趋势，但这种趋势几乎不具有任何稳定性，并且存在国际差异。该图还表明：在可以预见的未来，暴力事件不会达到零点。在下一章中，我们将更具体地讨论国家在运用（军事）暴力方面的差异。

战斗中的惯习

如果警察和军队（紧连着总的政治和法律环境）在控制暴力方面如此重要，那么问题就出在他们如何做到这一点上。因法国社会学家皮埃尔·布迪厄（Pierre Bourdieu）而知名的**惯习**概念非常重要（Grenfell，2014），它关乎我们在行为、感觉、思考、存在和做出选择时所采取的方式，而它们至少在一定程度上取决于我们迄今为止所依循的路径。它是一个关键的社会学概念，也是古典社会学家与埃利亚斯、布迪厄以及许多其他学者彼此联系之处。

在先前讨论了初级群体凝聚力之后，安东尼·金（Anthony King，2013）研究了"战斗中的惯习"问题。他首先给予当今军队的战斗技能很高的赞扬。前面说过，他认为特别是自二战时期以降，征兵军队即 20 世纪的"公民军队"的表现相对较差，并且凝聚力较低。与此一致，他提到的研究表明，许多美国士兵在与日本军队交战时未能保持冷静；在受到攻击时，也没有表现出足够的反应能力。除第二次世界大战外，美国士兵在越南战争中常常不合格的表现是这方面的另一个典型例子（Moskos，1974）。之所以引入全志愿军制，是因为征兵制度不得人心并且前者成本 【136】更低。但是，它当然也是对于越战中的惨败的一种应对策略（Janowitz 和 Moskos，1979）。从那时起，军队变得更加有效率，因为"职业军队中的所有士兵都接受了高水平的训练，足以执行一套通用的技战术"。这一点很重要，因为"高强度训练从根本上改变了战斗士兵的集体表现，特别是在混乱的战斗环境中所体现的能力"（King，2013：273）。当然，能够为战斗单位和特种部队挑选出"少数暴力分子"（Collins，2008）也是所有志愿部队职责所在，毕竟这有助于提高当今军队的整体战斗力。

金强调了体现在军事训练、能力培养、计划的沟通和指示等方面的正式仪式所做的不可估量的贡献，所有仪式都促进了对规则与纪律的内化。不出所料，他强调的重点落在战斗部队或战斗支援部队。作为一个英国公民，他非常满意地注意到长期以来变得更温和的他国武装部队（例如战后德国的部队）都在走英国军队在过去几十年里所走的路（King，2013：278-280）在他的分析当中，这些正式的训练仪式优先于士兵之间的私人关系甚至对抗关系。它还允许将以前由于族群、肤色、性取向或性别被排除在外或被分开的士兵都包括进来：一旦他们恰当地内化了步骤、训练和技能，所有人都可以成为职业士兵。我们将在第 13 章辛西娅·恩洛的相关研究中再讨论这点。

当然，这些因素有助于让现代士兵更加自律、自控与自信。因此，外部纪律和内部纪律是同时发生的。严格遵守这些训练和步骤以后（也可以是出于法律考量，而法律是外部纪律的最后体现）如今的军人都有着高度的自制力。甚至可以说，一个排在行动中的姿势和动作往往类似于芭蕾舞团的表演那样整齐划一，这是埃利亚斯在这方面所指涉的又一个例子。因此，所有这些都与埃利亚斯的观点完全一致：群体内部以及群体之间的自我约束能力总体上在不断增长。但是，正如下面的文本框内文字所示，这点并非总是处处说得通。

野蛮的约束

詹姆斯·隆（James Ron，2000）研究了 20 世纪 80 年代末以色列安全部队应对约旦河西岸和加沙地带巴勒斯坦起义的方式。在市民社会、国际人权活动人士和国家公职人员的影响下，以色列国防部队发布了明确和具有法律约束力的指示，旨在限制使用（致命性）暴力。尽管如此，军官和士兵还是倾向于绕开这些规则和指示。他们令公共消费的规则一致性与实际的规则偏离性彼此"脱钩"，从而完成自己的任务。隆描述了军队规定的"操作法则"之所以不起作用，原因就在法则本身。这些法则包括扭曲的监禁程序、法外殴打、酷刑和逮捕嫌疑人时的"简化程序"（Ron，2000：454 及以下）。这一分析表明，受约束的军事行为是当今社

> 会民主的一个形式前提。然而，用隆的话来说，日常军事实践中的这种约束可能表现得相当粗鲁和野蛮。

　　在普通人群特别在士兵群体中，加强自我约束的过程还有一点值得注意。沃特斯（Wouters，2007）分析了自我约束概念与行为**非正式化**发展是如何同时发生、并行不悖的。以往办公室工作人员往往要求穿着必须"正式得体"，但最近一种更随意的风格开始出现于工作环境当中——领带和高跟鞋不再不可或缺，纹身也得到普遍接受；性关系变得越来越随意宽松；彼此之间以及与上级的说话方式也越来越不正式。即使是在传统工作时间（"朝九晚五"）之内，工作也少了些正式要求的意味。沃特斯将这种发展与埃利亚斯所揭示的一般过程联系起来，他将这种趋势称为在工作场合与其他地方"对情感去控制化的控制"（Van Iterson，2009）。如果行为的自我约束减弱，那也要以受控制的方式减弱才行；若非如此，这种偏离行为的社会成本可能就太高了。

　　即使是在军事行动期间也不难确定军事人员的类似倾向。正如前文所见，如今的军事行动表现出高度的自我约束特点，这在军事行动期间针对暴力使用以及禁止饮酒和发生性关系（尽管这些禁令在军事行动中发生的方式可能千差万别）的法律条文当中有所体现。尽管如此，可以看到一定的非正式化倾向，它与等级关系的外部呈现及其松动化有关（例如，上级指挥官跟下级讲话时更频繁地直呼其名）。有趣的是，这种非正式化的合法性可能是出于安全的理由：留胡子和直呼其名都有一定的功能背景。如果士兵效仿东道国国民而自留胡须，那么就会拉近与存在潜在危险的东道国人民之间的距离。同时，因为名字一般而言没有姓氏那么特殊，于是直呼其名就会让上述距离没那么明显。这些非正式的做法有助于实际执行任务。当然，不当值的军事人员也参与了西方社会所中发生的、一般的非正式化进程。

　　在这方面还留有最后一点。在一项有关体育和暴力的合作研究当中，埃利亚斯指出了"在乏味的社会中寻求刺激"（Mennell，1992：141–143）现象。在当今的社会里，人们需要一种稳定的生活，没有情感的爆发或外向的自发行为——哭喊、歌唱、舞蹈、鼓掌、大喊。与我们就非正 【138】

式化所看到的情况相比，这类行为通常是被压抑的，只有在特殊场合或在飞地上，在闲暇或空余时（音乐节、舞会、游戏和体育赛事）才被接受。这些情感爆发偶尔伴随着暴力。因此，足球流氓的问题就出现了。这种现象（压抑、对行为的约束与偶尔的爆发）在军队里也可以看到。莫滕·布兰德（Morten Braender，2016）在一项针对驻阿富汗丹麦士兵的调查中发现，那些有过较多战斗经历的士兵比那些拥有较少战斗经历的士兵更容易展现出高度兴奋的动机。他们是一群从战争中归来并想要得更多的人。莫滕·布兰德将这一点与那些越来越沉醉于麻醉品的瘾君子做了比较：那些士兵对兴奋的耐受性越来越高，因为他们就曾置身于危险之中。自从全志愿军制引入之后，军队对于那些认为常态社会中的日常生活没劲的人来说成了一个有趣的地方。

国际关系

林克莱特（Linklater，2010；2011）指出：埃利亚斯在社会构型与进程方面所做的一般理论研究对于国际关系研究启示良多，而这显然是军事研究的关键学科之一。林克莱特首先注意到埃利亚斯把国际关系置于社会学分析中心这一点本身就非比寻常。与许多在国际关系领域有影响力的社会学理论与杰出著作（Linklater，2011：48）相比，埃利亚斯对各社会间的关系的关注比之要多得多。埃利亚斯的研究全都是关于关联着的进程和相互依赖的，无论是在国家之间还是个人之间。

就国际关系研究而言，埃利亚斯批评了忽视长期历史进程的研究倾向，同时也批评了把国际政治领域视为一个独立于政治、经济和社会等领域而存在的领域。他经常责备当今的学者和政客把眼界局限在当下。埃利亚斯一直强调，不同半球的人们之间、地区之间、国家之间与后国家或超国家社群之间的相互联系日益增长。中世纪时期人们的小世界逐渐发展成为人们所意识到的"广大世界"，后者实质上是一种世界主义世界观。这一进程导致了奴隶制的废除；随后到了今天，人们越来越意识到威胁到地球存亡的环境污染的危险。然而，这种人类的相互关联同时也伴随着模棱两可、左右为难与紧张局势（Linklater，2010）。

各国善于自我克制，但是大规模暴力行为（包括核暴力）爆发的危险始终存在。埃利亚斯声称，通过"双重束缚过程"（double-bind process）的概念，可以更好地理解如今国际事务中的紧张局势（Linklater，2011：52；Elias，1987）。卷入这些过程的国家决策者经常对于威胁进行夸大甚至幻想。当察觉到危险时，他们的应对方式反而会强化他人的不信任感和【139】恐惧感，而这会使所有利益相关者陷入难以停止或难以逆转的恶性过程。"这就会反过来把人们更死地束缚在他们的'生存单位'里，并将他们锁进在圈内人–圈外人的二元对立之中……。因其'集体友爱'（这种爱让人们为使用武力对付他国并凌驾于他人之上而欢呼）的形式，这些问题反而被放大"（Linklater，2011：52）。当然，情感在有关战争与和平的重大决策中发挥的重要作用远比国际关系研究中经常承认的要多得多（Bleiker 和 Hutchison，2008）。

该分析是在埃利亚斯对以往历史事件解释的基础上，在2011年写下的。当我们审视近期西方（北约）和俄罗斯之间的相互作用时，这一分析惊人地切中主题。俄罗斯在2014年利用俄罗斯少数民族在乌克兰东部的定居接管了克里米亚。这导致了各方的焦虑反应。波罗的海诸国和波兰的许多人都担心被俄罗斯以类似的方式接管，于是西方国家觉得自己有责任保护这些国家，因为它们是北约联盟的一部分（根据所谓的北约条款第五条）。然而，俄罗斯看到的却是北约部队在边境附近部署军队：首先是在波罗的海诸国上空巡逻，然后海军船只靠近其沿海水域航行，最近则是邻近地面上调动陆上部队。鉴于近几十年来俄罗斯的影响范围已经缩小，不难想象俄罗斯政客能够并且希望让本国公民相信自己国家的安全处于危险之中，因此有理由采取相应的行动，也就是冲突导向的行动。反过来，北约认为这是一种全新的威胁，等等。在朝鲜半岛及其附近地区也正在发生类似的事情。我们只能希望所有相关国家的领导人在处理这些紧张局势时表现出相当程度的、埃利亚斯意义上的自我克制。

不过，国际关系当中也存在其他紧张关系。这些可以通过参考埃利亚斯的一些其他论著予以进一步的理解。

> ### 《圈内人与圈外人》：难民危机中的人际关联
>
> 诺贝特·埃利亚斯和约翰·斯科特森（John Scotson，1965）在 20世纪 60 年代针对两个英国社区的权力关系进行了一项相对小型的研究。这本小书比其所基于的经验背景重要得多。其意义在当今的难民危机中同样可以看到。在这场危机当中，数十万来自饱受战争蹂躏的叙利亚、阿富汗和伊拉克的难民以及许多贫穷的非洲国家人民到繁荣安全的欧洲寻求庇护。这几乎不可避免地导致了欧洲各国的"圈内"公民与想以寻求庇护者和移民工人身份加入进来的"圈外人"之间的紧张关系。
>
> 正如埃利亚斯永远不会停止强调的那样，这些机制都关乎权力关系，也就是为获得那些（目前为止还被垄断着的）稀缺资源（工作、住房和各种社会利益、群体卡里斯玛或优越地位，以及群体规范）而斗争。
>
> 在这场权力博弈当中，"圈内人"试图通过强调圈外人里最坏的（"少数最坏的人"）之恶劣特征，并将之与"圈内人"里最好的（"少数最好的人"）之特点进行比较，来污名化其他人。这样他们就能够说服他人与自己，强调自己观点的正确性。这些观点应用于难民危机的情况时，会归结到指出如下危险：潜在的恐怖分子或罪犯会藏匿在难民中，而且女性的权利将受到年轻的男性难民的威胁，因为据说他们不知道如何让自己的行为举止礼貌与得体。当然，所有这些紧张局面的出现，都与早年间旨在帮助贫穷国家发展自己、避免令人筋疲力尽的暴力冲突的跨国政策不是失败、就是不够充分有着必然联系（de Swaan，1997）。

【140】

结　论

虽然是一位相对晚出的社会学家，但是诺贝特·埃利亚斯无疑是一位"经典社会学家"。同样，他的研究影响十分深远，打破了时空限制；同时埃利亚斯也为更晚近的理论（特别是对组织化场景中人的情感研究）铺平了道路。虽然他关于暴力减退的研究遭到了严厉的批评，但仍然是一种重要视角，在面对当今社会中发生的暴力事件时，它对所有太过草率的概括是种平衡。而这种过于草率的总结可能导致过于草率地决定使用武力。

参考文献

Bizot，F. 2004（2000）. *The Gate*. London：Vintage Books.

Bleiker，R. and E. Hutchison. 2008. "Fear no more：emotions and world politics". *Review of International Studies* 34（S1）：115–135.

Braender，M. 2016. "Adrenalin junkies：why soldiers return from war wanting more". *Armed Forces and Society* 42（1）：3–25.

Caputo，Ph. 1999（1977）. *A Rumor of War*. London：Pimlico.

Collins，R. 2008. *Violence：A Micro-Sociological Approach*. Princeton NJ and Oxford：Princeton University Press.

Dallaire，R. 2004. *Shake Hands with the Devil：The Failure of Humanity in Rwanda*. London：Arrow Books.

De Swaan，A. 1997. "The receding prospects for transnational social policy". *Theory and Society* 26（4）：561–575.

De Swaan，A. 2001. "Dyscivilization，mass extermination and the state". *Theory，Culture and Society* 18（2–3）：265–276.

De Swaan，A. 2015（2014）. *The Killing Compartments：The Mentality of Mass Murder*. New Haven CT and London：Yale University Press.

Dunning，E. and J. Hughes. 2013. *Norbert Elias and Modern Sociology：*【141】 *Knowledge，Interdependence，Power，Process*. London：Bloomsbury.

Elias，N. 1978（1970）. *What Is Sociology*? London：Hutchinson.

Elias，N. 1987. *Involvement and Detachment：Contributions to the Sociology of Knowledge*. Oxford：Blackwell.

Elias，N. 2000（1939）. *The Civilizing Process：Sociogenetic and Psychogenetic Investigations* Oxford：Blackwell.

Elias，N. 2007. *The Genesis of the Naval Profession*. Dublin：University College Dublin Press.

Elias，N. 2013（1989）. *Studies on the Germans Power Struggles and the Development of Habitus in the Nineteenth and Twentieth Centuries*. Dublin：University College Dublin Press.

Elias, N. and J. L. Scotson. 2008（1965）. *The Established and the Outsiders*. Dublin: University College Dublin Press.

Goldstein, J. S. 2011. *Winning the War on War: The Decline of Armed Conflict Worldwide*. New York: Dutton.

Gray, J. 2015. "Steven Pinker is wrong about violence and war". *Guardian*, 13 March.

Grenfell, M. 2014. *Pierre Bourdieu*. London: Bloomsbury Academic.

Janowitz, M. and Ch. C. Moskos. 1979. "Five years of the all-volunteer force, 1973–1978". *Armed Forces and Society* 5（2）: 171–218.

Kilminster, R. 2007. *Norbert Elias: Post-philosophical Sociology*. London and New York: Routledge.

King, A. 2006. "The word of command: communication and cohesion in the military". *Armed Forces and Society* 32（4）: 493–512.

King, A. 2013. *The Combat Soldier; Infantry Tactics and Cohesion in the Twentieth and Twenty-first Centuries*. Oxford: Oxford University Press.

Linklater, A. 2010. "Global civilizing process and the ambiguities of human inter-connectedness". *European Journal of International Relations* 16（2）: 15–178.

Linklater, A. 2011. "Process sociology and international relations". *The Sociological Review* 59（1）: 48–64.

Lipsky, M.2010（1980）. *Street-level Bureaucracy: Dilemmas of the Individual in Public Services*. New York: Russell Sage Foundation.

Malešević, S. 2014. "Is war becoming obsolete? A sociological analysis". *Sociological Review* 62（S2）: 65–86.

Malešević, S. 2017. "The organization of military violence in the 21st century". *Organization* 24（4）: 456–474.

Malešević, S. and K. Ryan（2012）"The disfigured ontology of figurational sociology: Norbert Elias and the question of violence". *Critical Sociology* 39（2）: 165–181.

Mennell, S. 1992. *Norbert Elias: An Introduction*. Oxford: Blackwell.

Moelker，R. 2003. "Norbert Elias, maritime supremacy and the naval profession: on Elias unpublished studies in the genesis of the naval profession". *British Journal of Sociology* 54（3）: 373–390.

Moskos，Ch. 1974. "The American combat soldier in Vietnam". *Journal of Social Issues* 31（4）: 25–37.

Pinker，S. 2011. *The Better Angels of Our Nature: The Decline of Violence in History and Its Causes.* London: Allen Lane.

Pinker，S. 2015. "Response to the Book Review Symposium: Steven Pinker, The Better Angels of Our Nature". *Sociology* 49（4）.

Ron，J. 2000. "Savage restraint: Israel, Palestine and the dialectics of legal repression". *Social Problems* 47（4）: 445–472.

Shaw，M. 1991. *Post-Military Society: Militarism, Demilitarization and* 【142】 *War at the End of the Twentieth Century.* Philadelphia，PA: Temple University Press.

Soeters，J. 2005. *Ethnic Conflict and Terrorism The Origins and Dynamics of Civil Wars.* London and New York: Routledge.

Taleb，N.N. 2015. "The 'long peace' is a statistical illusion". www. foledbyrandomness. com/ pinker.pdf（accessed 28 August 2017）.

Tilly，Ch. 1992. *Coercion，Capital and European Stales，AD* 990–1990. Cambridge: Blackwell.

Tilly，Ch. 2003. *The Politics of Collective Violence.* Cambridge: Cambridge University Press.

van Iterson，A. 2009. "Norbert Elias's impact on organization studies". In P.S. Adler（ed.），*The Oxford Handbook of Sociology and Organization Studies.* Oxford: Oxford University Press，pp. 327–348.

Wouters，C. 2007. *Informalization: Manners and Emotions since* 1890. Thousand Oaks CA and London: Sage.

第十一章　科内里斯·拉莫斯：罢工与兵变、占领风格与合作

　　作为荷兰与欧洲组织社会学奠基者之一，荷兰社会学家科内里斯·拉莫斯（1928—2009）的学术声誉非常之高（Lammers，1967；1990）。其学术生涯始于军事研究，也终于军事研究。拉莫斯的博士论文写的就是与军队有关的主题，特别是对荷兰海军军官学员的招募与社会化研究。但是，在他作为组织社会学教授的职业生涯当中，他却放弃了这个主题，转而研究包括医院在内的各种组织，并比较了不同国家的组织特征。退休之后，他再次回到军事，把他在组织的国际比较研究与军事管理和军事职业的国际比较联系起来。正如后文所述，其研究结论与见解颇有意义。

　　拉莫斯是另一位荷兰社会学家雅克·范·多恩（Jacques van Doorn）的同事，两人关系密切。后者也对军事社会学研究做出了卓越的贡献。范·多恩（Van Doorn，1975）沿着马克斯·韦伯的思路，分析了军事行动的合理化，并且研究了军事纪律在历史上的引入。他还预见了大规模军的终结。他与社会学家威姆·亨德里克斯（Wim Hendrix）一起发表了一篇关于荷兰军队在现在的印度尼西亚去殖民化战争中（他应征入伍并目睹了这一切）关于暴力使用情况的重要研究。和拉莫斯一样，范·多恩的大部分学术生涯都献给了军事以外的政策和组织论题。但与拉莫斯不同的是，范·多恩再也没有回归到军事上去。

　　拉莫斯回归军事社会学研究具有重要意义，因为他的比较研究对于评估如今的军事行动及其后果有其关联。与其他学者的研究相比，拉莫斯的研究表明了不同国家作战行动风格与军事管理风格不同，并且可能在效能与结果上存有不同程度的差别。此外，如果想要了解当下现行的军队及其行动的国际化机制，拉莫斯的研究就非常有参考意义。首先，我们先来看关于工业组织和军事组织的内部政治（inside-politics）比较。

罢工和兵变

当讨论军事政变现象时，我们在卡尔·马克思那一章中简要地提到了兵变问题。这里我们再次谈一谈这个话题，讨论拉莫斯对于工业组织中的【144】罢工和武装部队中的兵变所做的比较分析（Lammers，1969）。我们很快就会发现，拉莫斯的研究不但符合涂尔干的研究思路，即强调比较研究的重要性、强调社会与组织生活的制度与文化面向。而且，他与马克思研究之间的联系也很明显。从他的学术生涯伊始，拉莫斯（1967）就对权力的概念及实践、参与决策以及统治者和被统治者之间的关系颇感兴趣。20世纪60和70年代，作为一名成熟起来的学者，拉莫斯的批判性思维开始渗透到社会生活和社会学理论构建当中。然而，他从未斩断与其他专业领域共有的主流学术观点的联系。当然，他从未声称自己是马克思主义者。韦伯对他的思想的影响（权力与合法性）至少和马克思对他的影响一样巨大。

拉莫斯对于20次兵变（主要发生在海军舰艇上）和20次罢工的研究，是他感兴趣于统治者和被统治者关系的第一个例子。基于17世纪到20世纪中叶的历史案例，拉莫斯的该项研究认为罢工和兵变都属于抗议运动，都是由与收入或其他工作条件有关的利益引发的。这是导致出现罢工和兵变的最常见的行动逻辑。其他动机还可能是图谋分裂——即争取自治和 / 或夺取权力，亦即通过下属群体来取代上级或上级团体的集体行动（Lammers，1969：558及以下）。这些目标彼此兼容，因为罢工或兵变的目的并不唯一。此外，不同层次的参与者对罢工或兵变的目的的认识并不一样。而且随着时间的推移，其目标可能也会发生改变并被重新定义。对于普通成员来说，发生冲突的原因可能是薪金或者工作条件，而组织中的上级则可能将其反抗行为看作夺权。

依据拉莫斯的观点，当统治者采取反制举措应对反对行为时，罢工和兵变都属于显性冲突。这两种抗议运动当中都可能引发暴力。然而，暴力在分裂国家型或夺取政权型兵变和罢工中更容易浮出水面，也会愈演愈烈；具有这种动机的罢工者或兵变者的暴力通常会遭到反暴力牵制（Lammers，1969：563）。大多数情况下，以提升直接的、关乎工作的利益为目的的罢工和兵变只能以停工的方式而告终。

利用简单的编码与统计程序，拉莫斯证明了罢工与兵变的结果取决于相似的因素——例如，抗议者相对于统治者的力量。拉莫斯还发现：第三方的行动干预会产生不同的影响，并表明其在兵变中更为重要。当发生罢工时，冲突各方可以相对自由地解决彼此之间的争端；而在兵变中，与之相反，鉴于军事组织连带的重要政治与法律面向，更高级别的决策者更有可能直接参与进来。

【145】 拉莫斯（1969：569）得出的结论就是：类似的因素对于罢工和兵变产生类似的影响，因此工业组织和军事组织之间的比较是一种互有关联的研究路径。然而，变量的操作受到工业或军事组织的制度背景制约。在军事组织中，冲突很可能迅速转化为关系到广大社会的政治冲突。将这些结论应用到后来的兵变历史研究中，拉莫斯（2003b）能够验证他此前提出的区分、概念和发现。

把这项研究与最近的军事实践联系起来，人们往往会想到美国大兵在越南战争中发起的（准）兵变事件（Cortright，1975：29 及以下）。这些都反映并影响了军事行动和国内政治氛围中具体事件的进程。这种公开或隐秘的抵抗就是越南战争期间批判风潮最严厉的表现，这一点在大量的良心拒绝申请、大量行政解雇、频频发生的擅离职守以及毒品滥用等案例中可以得到证明。这些行政中的抵制包括小规模的拒绝作战以及巡逻时逃避与敌人交手。但是，越南战争的较后阶段至少发生了十起大规模的兵变事件（Cortright，1975：35），这主要与许多蓄意伤害事件（上级军官遭到自己的兵袭击）有关。凡此种种均表明美国军队同时卷入了"另一场战争"——一场与自己队伍中的叛乱分子缠斗不休的战斗（Cortright，1975：43）。

诚如拉莫斯所示，研究兵变很重要：兵变不但可以影响政治，更可能是军事领导以及军事政策失败的标志。尽管兵变似乎是过去的事，但它仍是长久以来世界多地大规模军事暴力事件中持久而恶劣的问题的核心所在。例如，在最近的阿富汗行动中，所谓的"绿对蓝"（"green on blue"）袭击，亦即阿富汗国家安全部队成员对美国与联合部队成员的内部人袭击，就是一个令人日益担忧的理由（Long，2013）。要想理解世界上许多冲突的性质，就需要研究武装部队中的不满、相对剥夺、异议、叛乱与兵变在这些冲突中发挥作用的方式。

刚果民主共和国的叛乱

与西方军队（特别是废除征兵制后的西方军队）相比，发展中国家的武装力量似乎更频繁地遭遇内部兵变与叛乱。这似乎是我们在讨论韦伯的科层制理论时遇到的科层制武装力量的命运。刚果民主共和国就是一个很好的例子。这个国家遭受了几十年内斗与内战的折磨。试图结束冲突的一个重要特征就是把战斗部队整合为全新的国家军队（Erikson 等，2013）。然而，将背景各异的士兵混编（熔铸）成新部队的意图失败了，因为几个派系从中作梗并隐瞒其部队。其原因大多与不测感和不公平感有关。如果士兵认为自己在新军中的职位大大低于原来的职位（例如是"少校"而不是"司令官"），那么就会出现上述状况。而异议同样会出现在应得利益（如薪水、住房、事物）得不到的情况中。结果，整合过程基本以失败告终——大量逃兵以及政见不同的小规模民兵组织滋生就说明了这一点。解体、叛乱和抢劫增加了，因为这样做才能有利可图，毕竟奖励是给那些会用擅离职守和暴力抵抗做威胁的人准备的。在新军内部，发展出了平级的指挥与控制结构，它们破坏了中央的集中命令，并且见证了部队凝聚力的江河日下（Thakur，2008；Neethling，2014）。

【146】

重要的是，意识到军队内部的抗议并不总会走上暴力的道路。士兵（特别是应征入伍的士兵）有时会试图影响作战行动，将其导向不同于上级指示的方向，甚至南辕北辙。正如以色列军队的经验所示，告发、"灰色"拒绝、故意拖延以及针对部署所做的集体谈判，为士兵提供了一定程度的"内部控制"（Levy，2017）。

占领风格与行政管理风格

在其职业生涯的最后，拉莫斯继续饶有兴趣地研究统治者和被统治者之间的关系。他再次深入历史原始资料，但这回他重点关注了第二次世界大战期间德国和日本军队占领欧洲国家和殖民地（Lammers，1988；

1991；1995）的情况。后来退休以后，拉莫斯继续研究 20 世纪以及更早时期存在的殖民地占领与管理。他再次提出了一种国际比较方法。作为一名组织社会学教授，他对美国、英国、德国、法国和荷兰的工作组织进行了类似的研究比较（Lammers，1990）。结果发现：除了国际趋同趋势相对较强之外，组织研究中还存在一定程度的国际差异。用他自己的话来说：组织既像又不像。很快他就发现，占领制度（occupation regemes）同样也是既像又不像（Lammers，2003a；2005）。

如前所述，拉莫斯倾向于在军事研究方面进行国际比较。他读过一个军事比较研究的有趣例子，格尔克·泰特勒尔（Gerke Teitler，1977）有一本书通过分析英国、法国、荷兰和普鲁士等国的史实，探究了职业军官团是如何发生的。拉莫斯的好奇心促使他首先研究了 1940 年至 1944/1945 年间被纳粹德国占领的三个欧洲国家（即比利时、荷兰和挪威）的跨组织控制情况（Lammers，1988；1991；1995）。

【147】

在他的概念化过程中，他再次使用了统治者和被统治者的视角，二者都有各自影响彼此的方式。新的统治者设立了所谓的**控制组织**，而被统治者则依靠**代表性中介**。在上述三个被德国占领的国家里，代表机构（政党、工会、教堂、福利组织、专业协会以及广播电台）很快就从原来多少有些松散的结构化网络转变为严格控制的层级化组织网络。其实现手段就是建立纳粹顶层控制机构以及其他新设的控制机构、取消或改组"不适合"的代表性组织，以及促进整体的跨组织行政网络的集中化、强化与合理化（Lammers，1988：446 及以下）。随着时间的推移，事实证明要想更有效，控制方法就得更有压制性。然而，随着压制程度的增加，效果却没有相应增加。压制性控制反而适得其反。这是因为控制程度也有一定的临界点，一旦超过这个临界点，自上而下的压制和强制反而逐渐会为社会暴力抵抗的滋长提供富饶的土壤。这种现象会反复出现。用韦伯式的术语来讲，重要的是要意识到（除非在真正的战时条件下）基于消极的惩罚性制裁之上的"赤裸权力"（naked power）长期来看收效甚微。为了安抚民心，占领当局（occupational power）在一定程度上需要基于积极仲裁和奖励的权威与合法化过程。

从对第二次世界大战期间欧洲被占领情况的研究来看，研究欧洲国家和美国在组织其在遥远地区（殖民）政府的方式并非迈出了很大的一步。在一些出版物中，拉莫斯（2003a；2005；2014）分析了殖民时期法国、英国和荷兰的"占领制度"以及后来美国的海外军事任务。拉莫斯再一次使用了统治者和被统治者的视角，但此时他区分出**忠诚精英**（自上获得合法性）和**本土精英**（自下获得合法性并被信任）两种主要的中介人。二者扮演着不同的角色，这种差异取决于"占领制度"希望和允许的具体内容。当忠诚精英的合法性被削弱并开始被居民视为叛徒时，他们实际效果上就很有限了。"太多的武力破坏了占领者保存或维持某种最低限度的准权威的能力。"（Lammers，2003a：1384）

　　拉莫斯基于这些概念并从考察历史原始资料和研究后得出结论：19 世纪和 20 世纪期间，法国在北非和印度支那的殖民统治相对比较直接。在法国的帮助或法国化的趋势下，当时的殖民统治将原有的治理体系转变为一个带有中央集权特点的、自上而下科层制体系，并且吸收了忠诚精英。另一方面，英国和荷兰的殖民占领（分别在印度和印度尼西亚）则倾向于支持较为分权的统治体制，从而使得前殖民地结构相对完整，让本土精英【148】拥有一定的自治权。不过，这两个殖民大国至少有一点不同：与英国人相比，荷兰人对本土精英监视得更紧（Lammers，2003a：1395）。

　　这些差异都是相对而言，而非绝对之事。例如，法国殖民占领有时也冒险使用间接统治策略；英国在印度的做法逐渐表现出直接统治的特点。尽管如此，下面文本框中总结出的占领与行政管理风格差异还是实际存在的，这对于当今海外地区的军事行动必定有所关联。

不同的占领风格与行政管理风格

● 二战时期纳粹政权的德国风格

集权、忠诚精英、严格强制与极致监督（lethal supervision）

● 法国殖民风格

集权、忠诚精英、严密监督

● 英国殖民风格

恢复旧秩序、本土精英、远程监督

● 荷兰殖民风格

> 恢复旧秩序、本土精英、密切监督
>
> ●美国行政管理风格
>
> 政权更迭、本土精英、自由放任
>
> （Moelker，2014：101）

在生命的尾声，拉莫斯把这些想法移用于时下更为关注的情形。他先是探讨了 1945 年以来对后纳粹的德国的行政管理（Lammers，2014：55），法国在其管区内每万名德国居民中雇用了 18 名公职人员，英国则每万名雇用 10 人，而美国甚至更少，仅仅每万名 3 人。前两个数字支持我们刚刚看到的、前文基于历史研究的发现。最后一个关于美国式行政管理的数字提供了研究更多美国案例的动力。美国从 2003 年 3 月开始占领伊拉克就是这样一个例子。

【149】

拉莫斯（2014：57）开门见山地指出，美国在世界许多地方（无论远近）都进行了军事干预。他进一步揭示了这样一个典型的模式：美国的干预大多是冠以"解放"之名，并且持续时间较短，旨在保护美国利益。此外，美国倾向于通过本土或准本土精英来把自身的意志强加于人，而丝毫不对这些公民的命运感到过分的忧虑。一般来说，美国式干预首要表现为军事行动，而不是行政管理或占领。而布雷默（Bremer）大使负责联盟驻伊拉克临时权力机构时则有所不同，那时包含有直接统治，并且解散东道国的国家安全保障构架，也就是军队、警察和总体国家科层制。然而，其效果并不好。这是因为此间美国军队遭遇的抵抗和攻击数量急剧增加；许多以往的当权者权位不再，这引发了他们的相对剥夺感、沮丧和愤怒的感觉（Lammers，2014：60）。在布雷默直接统治了大约一年后，主权移交给了伊拉克临时政府，这才更符合美国人通常的做法：借助具有军事性质的短暂干预来消除被视为对这个国家有害的影响。

伊拉克和阿富汗的行动（21 世纪伊始另两个大规模行动）为比较不同国家的方法提供了机会。许多西方国家参与了这两项任务。不仅是英语国家，几乎所有的欧洲北约盟国都为这两个行动提供了军队支持，特别是 2001 年（即"9·11"之后）以来的阿富汗行动。

例如，在荷兰，参与伊拉克任务以及对阿富汗任务做出的相对大的贡献只能以"重建任务"之名"兜售"给荷兰公众。"重建任务"被说成是帮助各地区发展其行政与安全组织（警察、军队）、重建道路，并再次建立其医疗保健和教育组织（Moelker，2014）。1945 年至 1949 年印度尼西亚的任务失败（Groen，2003）和 20 世纪 90 年代波斯尼亚的悲剧，对两者的记忆使得荷兰选民对新近的海外军事冒险行为（上述两个重点行动）产生了怀疑。现在关注的重点不仅仅是军事，还有其中牵涉的平民工人、军事人员以及或多或少的民事任务。与任何其他国家的投入相比，荷兰特遣队在阿富汗行动中涉及的军事与平民因素都要更多，导致最终形成了完整的双重领导：准将 – 将军同时也与外交部最高级别的公职人员工作层次相一致。这种双重领导逻辑对于美国指挥官来说并不容易理解，更不用说将其看作美国自身更富"战斗取向"的作战方式的一种严肃的替代选项。

所谓的"荷兰方式"（Gooren，2006）却受到当时美国最高级政治家奥巴马总统和国务卿希拉里（Lammers，2014；Moelker，2014）的高度赞扬。这种方法明显不同于"赤裸权力"方式，因为它更强调荷兰军队存在 【150】的合法性，以及其与该地区（伊拉克的穆塔纳和阿富汗的乌鲁兹甘）当地的权力持有者合作的必要性。它强调不仅要注意（新晋）统治者的所作所为，还要注意被统治者（被征服者）对统治者行为的感受。这种直接带有行动影响（防范叛乱）的社会学方法，正是拉莫斯长久以来认为十分重要的一个重要因素。

最后，其他学者认为这种分析过于乐观。荷兰人可能在伊拉克一个相对没什么问题的地区展开军事行动。而且像美国人和英国人一样，他们也曾在阿富汗参与过一些激烈的战斗，尽管数量相对较少。此外，英国和美国最终也采纳了与当地掌权者合作的想法，以此为防范叛乱的策略（例如 King，2010）。尽管可能并非完全独树一帜，但是主要结论仍然没变——侧重合法性以及与东道国掌权者合作的这种"荷兰方式"可能确有不同之处（Soeters，2013a；Kitzen，2016）。

然而更重要的是，拉莫斯研究得出了更具普遍性的见解——即国家武装部队之间的行动、占领与行政管理风格各异。显然，正如没有所谓的"最佳组织方式"一样（这也是几十年来组织理论中广为承认的智慧），也没有"实行军务的最佳方式"一说。大量类似荷兰案例的研究大都关注某个国家（丹麦、英国、法国、挪威、加拿大和葡萄牙）的军事行动方式，而该见解由此很容易得到详细说明（Jakobsen，1998；King，2008；Jauffret，2002；Laugen Haaland，2010；Jardine 和 Palamar，2013；Carreiras，2014）。这种"偏向"自家的军队以及相应地看重国家路径的趋势，其实不足为奇。军事学者通常只能接触到自己国家的部队，因此很难运用比较方法来探讨多国军事行动及其生效条件。显然，涂尔干关于比较法重要性的建议仍然很难适用。

　　尽管如此，仍有一些学者将军事行动结果与战时国家军事行事风格联系起来进行研究。已有研究表明：第二次世界大战之前和期间，参战诸国（德国、美国、英国和法国）之间存在着信念与作战风格上的文化差异，并且产生了显著的作战效果差异（Legro，1994；Kier，1995；Visser，2010）。第二次世界大战当中，即使是无意中造成的敌对升级，也可能与军事信条与习俗（例如，德国和英国的民族军事文化）有关（Legro，1994）。正如拉莫斯不倦地指出的那样，国际性比较研究不仅仅是有趣的问题，它还可以增进我们对于军事行动的理解。这一方面是由于它们在性质上的共变，另一方面是因为其产生的总体后果和效能；这只是研究这一共变的重要性（Soeters，2013b）。基亚拉·鲁法（Chiara Ruffa，2017）

【151】最近用例证对这种方法进行了说明。她对法国和意大利在黎巴嫩行动和阿富汗行动中的贡献进行了比较，结果发现这两个国家特遣队之间在行动上存在着有规则的变动(systematic variations),尽管二者的行动条件非常相似。然而，她的研究并没有进一步联系起各种军事行动风格的总效能。

　　除了这些行动比较研究之外，关于所谓的国家战略文化的论述也在最近几年逐渐增多起来（Gray，1999；Biehl 等，2013）。战略文化包括全部的国家历史、传统、习俗和信仰，只要它们与在军队和对军事手段的实际使用和部署上所做花费的必要性与价值有关。即使在西半球，在这方面也存在相当大的差异，甚至可能导致紧张的政治局势。许多美国总统曾强调，北约的欧洲成员国需要在军事上投入更多的资金，因为除了英国、波兰、爱沙尼亚、希腊和土耳其之外，大多数欧洲国家甚至没有达到签署条约时商定的2%水平。当特朗普总统逐渐施加压力之后，以广袤而富庶的德国为首的欧洲国家迅速做出了支付应付款项的承诺。然而，对于上涨了的军事资金的效用仍存在疑虑。安格拉·默克尔等欧洲领导人认为用于发展援助、外交和危机管理的资金至少也同样重要。似乎处于不同的国家战略文化中的政客持有不同观点并且坚持己见（Soeters，2013a）。受国家战略文化影响的其他领域还包括授予军事联盟的空间（Bartle 和 Heinecken，2006），或者与军事活动外包决策相关的军队角色观（Cusumano，2014）。这些只是一些更为普遍现象的个别案例。

同构（isomorphism）与合作

所有这些都是民族－国家组织和管理的武装力量所带来的结果。从这个角度来看，国家及其政客与公民都倾向于让其军队带有某种民族特征（和美德）也就不足为奇了，军队就好像国家足球队一样。毕竟，在征兵（公民军队）时代，人民构成军队，而军队构成民族－国家。如前所言，军队往往是建立民族－国家的主导因素。因此毫不稀奇的是，建立"欧洲军队"的想法遭到了来自国家政客与公民的极力抵制。一支真正的"欧洲军队"在可预见的未来是不可能出现的。不过，这并不是故事的结局。逐渐增多的国际合作也是大势所趋，因为（小）国家的财力、人力和物力供应不足，因而无法满足所有可能的需求。因此，人们可以从许多方面观察到国家武装部队的国际化或跨国化特点，尤其是在欧洲。

可以看到，在以往是国家总部的地方，有了越来越多的国际演习与普【152】通培训，以及各国互相参与到彼此的参谋课程，还有人力的国际化（King，2005；Bagayoko-Penone，2006）。多年以来，英国的少将已经有可能担任意大利总部副司令官。在德国、荷兰两国联合总部，至少15%的职位由其他北约成员国的官员担任，这同样适用于以前国族取向严格的其他北约成员国总部。同时，也可能存在真正的合并：由于预算持续削减，荷兰坦克部队不再作为独立部队出现，余下士兵被打散后安置于现在德国的骑兵部队当中。2016年，荷兰第十一机动旅正式加入德国军队。比利时和荷兰海军几乎完全整合为一体。欧洲军团中有许多来自欧洲国家的特遣部队，但其核心力量是法德两国的联合旅，尽管历史上双方军队曾经长期敌对（Leonhard 和 Gareis，2008）。德国和波兰以及其他国家之间也已经做出了类似的安排。在整个欧洲层面，军用航空运输在很大程度上已然实现了国际化。正如前文所见（第二章），海外行动与任务在部队组成上几乎总是国际的（Soeters 和 Szvircsev Tresch，2010）。因为挑战太大、距离太远、任务太急，所以一个国家无法单独行动。同时，考虑到美国人巨大的人力和财力，这不会给他们带来类似的问题，但是美国非常重视通过与其他国家的合作来提高自己行动的合法性。

如果没有组织社会学家保罗·迪马乔（Paul Dimaggio）和沃尔特·鲍威尔（Walter Powell）（1991：63-82）发现这种现象，也不可能有这些研究。事实上，这也反过来强化了这种现象。我们已经简单地提到了这种**同构**现象——一个部门或组织场域之内各个组织（例如医疗保健、博物馆和银行业）在战略、结构、技术和实践方面趋向于融合，变得相似。这种倾向是在**强制**、**模仿**和**规范**的压力的影响下发生的。

强制压力是在一个更高的权威影响下的结果，比如在西方军事背景下的北约。首先，北约推进了指导国族信仰发展壮大的教说。它还对其成员的国家武装部队强制实行维护与资质控制制度，并且当其成员国满足所有条件时才对其加以认证。此外，预算限制也导致需要国际合作的国家和国际政客发挥此类影响。在另一个安全相关领域，欧盟最近在边境管理领域向其成员国施加了共享管理制度。有关如何行事的不确定性是鼓励模仿的强大推动力。因此，**模仿**压力就显得格外重要。各类组织（包括武装部队在内）往往仿效那些他们认为更有合法性或更成功的类似组织（Dimaggio 和 Powell，1991：70）。国际职业化水平日渐提升，加上正规教育与标准生涯发展突飞猛进，这些都导致了**规范**的影响力不断扩大与强化。只有那些具备国际背景（接受过正式的国际教育或者在国际总部或任务中有过临时职位经历）的军官才有在国家等级体系中更上一层楼的抱负。此外，采用相同武器系统的国家武装部队将会经历技术创新带来的影响，这常常导致与职业相关的规范性同构。

【153】

然而，这种同构将朝着哪个方向发展的问题依然存在：到底是向资源丰富、技术先进并且强调军事解决方案的武装部队发展，还是向更注重维持和平和发展的军队发展？也许二者永远不能融和；也许同构只会发生在其中一者之内。对此，只有时间才能告诉我们答案。

联合国任务中的合作

鉴于北约内部合作日益趋于严格也更富有有效，联合国任务中的合作还远远不够完善。军力输出国之间的文化异质性十分显著，加上资源差异较大，因此彼此之间的经验交流仍然十分有限，甚至略显肤浅。在很大程度上，这都与参与国的国家背景有关（Ben-Ari 和 Elron，2001）。当联合国部队和东道国部队之间的合作受到威胁时，情况就会变得更加复杂。弗尔韦金（Verweijen，2017）研究了联合国蓝盔部队与刚果军队在刚果民主共和国的合作情况。结果发现二者之间存在相当大的不信任，且不怎么联合行动。由于联合国部队对东道国国民持"家长式"态度，加上刚果军队以"机会主义"态度面对联合国部队，因此两支部队之间的合作程度总的来说很弱。然而，联合国部队和东道国部队之间的合作在其他地方可能并没有那么糟糕，或者在其他研究人员看来没有那么消极。

结论

拉莫斯对军队和军事行动研究的贡献卓著。在研究军队内部冲突的同时，拉莫斯对于国家之间在占领与行政管理上的差异同样别具创见。尽管其他许多学者对此也有所表述，但不像拉莫斯那样以一种社会学的、有系统的方式加以研究。通过比较，拉莫斯可以指出这些行动、占领与行政管理差异在效能上存在程度上的不同。以此，拉莫斯为未来的研究铺平了道路。未来的研究或许会渐渐发现哪种军事行动的特征在何种条件下最有效。

参考文献 【154】

Bagayoko-Penone，N. 2006. "L'Européanisation des militaires Français：socialisation institutionelle et culture stratégique". *Revue Française de Science Politique* 56（1）：49–77.

Bartle，R. and L. Heinecken（eds）. 2006. *Military Unionism in the Post-Cold War Era：A Future Reality*? London/New York：Routledge.

Ben-Ari，E. and E. Elron. 2001. "Blue helmets and white armor：multi-nationalism and multi-culturalism among UN peacekeeping forces". *City and Society* 13（2）：271–302.

Biehl，H.，B. Giegerich and A. Jonas（eds）. 2013. *Strategic Cultures in Europe：Security and Defence Policies Across the Continent*. Wiesbaden：Springer.

Carreiras，H. 2014. "The sociological dimension of external military interventions：the Portuguese military abroad". *Portuguese Journal of Social Science* 13（2）：129–149.

Cortright，D. 1975. *Soldiers in Revolt*；*GI Resistance during the Vietnam War*. Chicago：. Haymarket Books.

Cusumano，E. 2014. "The scope of military privatization：military role conceptions and contractor support in the United States and the United Kingdom". *International Relations* 29（2）：219–241.

Dimaggio，P.J. and W.W. Powell. 1991. "The Iron Cage revisited：institutional isomorphism and collective rationality in organizational fields". In W.W. Powell and P.J. Dimaggio（eds），*The New Institutionalism in Organizational Analysis*. Chicago and London：University of Chicago Press.

Erikson Baaz，M. and J. Verweijen. 2013. "The volatility of a half- coked bouillabaisse rebel military integration and conflict dynamics in Eastern DRC". *Africa Affairs* 112（449）：563–582.

Gooren，R.H.E. 2006. "Soldiering in unfamiliar places：the Dutch approach". *Military Review*，March/April：54–60.

Gray，C.S. 1999. "Strategic culture as context：the first generation strikes back". *Review of International Studies* 25（1）：49–69.

Groen，P. 2003. "Militant response：the Dutch use of military force and the decolonization of the Dutch East Indies，1945 –1950". *Journal of Imperial and Commonwealth History* 21（3）：30–44.

Jakobsen，P.V. 1998. "The Danish approach to UN peace operations after the Cold War: a new model in the making?" *International Peacekeeping* 5（3）: 106–123.

Jardine，E. and S. Palamar. 2013. "From Medusa past Kantolo; testing the effectiveness of Canada's enemy-centric and population-centric counterinsurgency operational strategies". *Studies in Conflict and Terrorism* 36（7）: 588–608.

Jauffret，J. Ch. 2002. "The war culture of French combatants in the Algerian conflict". In M.S. Alexander，M. Evans and J.F.V. Keiger（eds），*The Algerian War and the French Army*，1954–62: *Experiences*，*Images*，*Testimonies*. Basingstoke and New York: Palgrave.

Kier，E. 1995. *Imagining War: French and British Military Doctrine between the Wars*. Princeton，NJ: Princeton University Press.

King，A. 2005. "Towards a transnational Europe: the case of the armed forces". *European Journal of Social Theory* 8（3）: 321–340.

King，A. 2008. "The British way in war: the UK approach to multinational operations". In J. Soeters and Ph. Manigart（eds），*Military Cooperation in Multinational Peace Operations: Managing Cultural Diversity and Crisis Response*. London and New York: Routledge.

King，A. 2010. "Understanding the Helmand campaign: British military operations in Afghanistan". *International Affairs* 86（2）: 311–332.

Kitzen，M. 2016. *The course of co-option of local power-holders as a tool for obtaining control over the population in couterinsurgency campaigns in weblike societise*. Ph.D. dissertation，University of Amsterdam. 【155】

Lammers，C.J. 1967. "Power and participation in decision- making in formal originations". *American Journal of Sociology* 73（2）: 201–216.

Lammers，C.J. 1969. "Strikes and mutinies: a comparative study of organizational conflicts between rulers and ruled". *Administrative Science Quarterly* 14（4）: 558–572.

Lammers，C.J. 1988. "The inter-organizational control of an occupied country". *Administrative Science Quarterly* 33（3）：438–457.

Lammers，C.J. 1990. "Sociology of organizations around the globe：similarities and differences between American，British，French，German and Dutch brands". *Organization Studies* 11（2）：179–205.

Lammers，C.J. 1991. "Macht und Autorität des Deutschen Besetzers in den Niederlanden während des zweiten Weltkrieges. Ansätze zu einer Soziologie der Besatzung". *Journal für Sozialforschung* 31（4）：401–415.

Lammers，C.J. 1995. "Levels of collaboration：a comparative study of German occupation regimes during the Second World War". *Netherlands. Journal of Social Sciences* 31（1）：3–31.

Lammers，C.J. 2003a. "Occupation regimes alike and unlike；British，Dutch and French patterns of inter-organizational control of foreign territories". *Organization Studies* 24（9）；1379–1403.

Lammers，C.J. 2003b. "Mutiny in comparative perspective". *International Review of Social History* 48（3）：473–482.

Lammers，C.J. 20050. *Vreemde Overheersing：Bezetten en Bezetting in Sociologisclt Perspetief.* Amsterdam：Bert Bakker.

Lammers，C.J. 2014. "The American occupation regime in comparative perspective：the case of Iraq". *Armed Forces and Society* 40（1）：49–70.

Laugen Haand，T. 2010. "Still homeland defenders at heart? Norwegian military culture in international deployments". *International Peacekeeping* 17（4）：539–553.

Legro，J.W. 1994. "Marility culture and inadvertent escalation in World War II". *International Security* 4（Spring）：108–142.

Leonhard，N. and S.B. Gareis（eds）. 2008. *Vereint Marschieren - Marcher uni：Die deutschfrazösische Streiträftekooperation als Paradigma europäpische Streitkräfte?* Wiesbaden：VS Verlag für Sozialwissenschaften.

Levy，Y. 2017. "Control from within：how soldiers control the military". *European Journal of International Relations* 23（1）：192–216.

Long，A. 2013. "'Green on blue'：insider attacks in Afghanistan".

Survival 55（3）：167–182.

Moelker，R. 2014. "The genesis of the 'Dutch approach' to asymmetric conflicts：operations in Uruzgan and the 'softly，softly' manner of approaching the Taleban". *Armed Forces and Society* 40（1）：96–117.

Neethling，Th. 2014. "Rebel movements in the DRC：the phenomenon of sub-national terrorism and ungoverned spaces". *African Security Review* 23（4）：339–351.

Ruffa，Ch. 2017. "Military cultures and force employment in peace operations". *Security Studies* 26（3）：391–422.

Soeters，J. 2013a. "Odysseus prevails over Achilles：a warrior model 【156】 suited to post 9/11 conflicts". In J. Burk（ed.），*How 9/11 Changed Our Ways of War*.Stanford，CA：Stanford University Press.

Soeters，J. 2013b. "Do distinct（national）styles of conflict resolution exist?" *Journal of Strategic Studies* 36（6）：898–906.

Soeters，J. and T. Szvircsev Tresch. 2010. "Towards cultural integration in multinational peace operations". *Defence Studies* 10（1/2）：272–287.

Teitler，G. 1977. *The Genesis of the Professional Officer's Corps.* Thousand Oaks，CA：Sage.

Thakur，M. 2008. "Demilitarising militias in the Kivus（eastern Democratic Republic of Congo）". *African Security Review* 17（1）：52–67.

Van Doorn，J.A.A. 1975. *The Soldier and Social Change：Comparative Studies in the History and Sociology of the Military.* Beverly Hills CA and London：Sage.

Verweijen，J. 2017. "Strange battlefield fellows：the diagonal interoperability between blue helmets and the Congolese army". *International Peacekeeping*（online）.

Visser，M. 2010. "Configurations of human resource practices and battlefield performance：a comparison of two armies". *Human Resource Management Review* 20：340–349.

第十二章 阿莉·拉塞尔·霍克希尔德：组织与军队中的情感

在研究组织中的情绪与情感规则时，阿莉·拉塞尔·霍克希尔德（1940年出生）是沿着之前戈夫曼所探索出来的道路继续前进的。实际上，霍克希尔德的研究同诺贝特·埃利亚斯的论著也有着明显的关联，后者强调了社会对于个体学习自我约束、自律以及主要是控制其情绪的方式的影响。当然，社会学先驱也曾关注过社会生活的情感方面。杜波伊斯对于音乐相关的情感维度就很敏感；格奥尔格·齐美尔有关尊重、友谊、感激、爱与嫉妒方面的著作同样值得关注；卡尔·马克思关于劳动异化思想的研究也不容忽视。作为批判社会学悠久传统的继承者，霍克希尔德一直对于"情感的商品化"保持着谨慎的态度（Smith，2014）。此外，涂尔干对她的影响也值得关注。

人们能感觉到很多情感：快乐、爱和喜欢、感激、同情、希望和骄傲、同情、悲痛和悲伤、怀旧、沮丧、消沉、气恼、恐惧、愤怒、厌恶、轻蔑、内疚、痛苦、羡慕、嫉妒、怜悯、尴尬、耻辱与羞辱——所有这些都属于生物学和心理学的研究领域。但是，这些当然也属于社会学领域的一部分（Greco 和 Stenner，2008）。情绪和情感至少在某种程度上具有一定的社会性。

霍克希尔德以空乘人员和收债人为入手点的组织情感研究可谓享誉学界。在研究这些职业员工的行为时，她提出了**心灵的整饰（the managed heart）**（Hochschild，1983）的概念。这不但使她立即声名鹊起，而且还激发了许多新研究。与戈夫曼研究的影响相比，霍克希尔德的研究不仅在社会学界占有重要地位，而且在广大公众中也有一席之地。在 2016 年美国总统选举期间，她发表了一份针对"自己土地上的陌生人"的研究报告，刻画了那些在全球化经济中倍感失落的人们的愤怒与悲哀。在政治光谱上，他们的观点往往处于保守的一端（Hochschild，2016）。

霍克希尔德与军事研究的相关性不能被高估。如果有什么关联的话，那么使用暴力与遭受暴力都是一种情感体验。暴力行为带有感情，因为暴力会影响到自己和他人（无论他们是亲密的同事、被当成目标的人还是偶然的旁观者）。暴力本身的表现可能会产生迷恋、享受和庆祝的感情（Ben-Ari 【158】和 Frühstück，2003）。在战斗或威及生命的攻击之类的暴力情境中如果得以幸存而不失毫发，可能会产生幸福感、无敌感或至少有满足感。然而，即使这样按部就班地行动，这种经历也可能在事件发生很久之后留下一道情感的伤痕，特别是当一个人观察到战斗火力给他人带来的直接后果时尤为如此。如果行动没有按照计划进行，那么引起的情绪可能会更加强烈、更为消极。

这甚至可能给整个余生带来持续的健康问题，会导致我们此前看到的士兵自杀现象。如今职业的武装部队往往求助于外部专家以便竭尽全力地控制士兵在行动中或行动后，因使用或经历暴力而受到的负面影响。但是，士兵并不是唯一卷入其中的人，身处暴力事件中的居民当然也会产生强烈的情绪反应。战争和严重的冲突可能会给普通公众和士兵带来快乐和幸福，特别是在庆祝胜利的时候更是如此。然而更多的时候，战争的伤悲却无处不在，就像越共的一位退伍士兵对于战争所做的入木三分的描述那样（Ninh，1998（1991））。在同一场战争中，美国海军陆战队的一个士兵也做了同样反思（Caputo，1999（1977））；十年后一位被派到阿富汗执行任务的俄罗斯士兵也写了同样的回忆录（Alexievich，2017（1989））。显然，报道过这种感觉的人并不止这几个人。

情感性工作与整饰

如上所述，霍克希尔德（1979；1983）研究了空乘人员和收债人的工作方式，以及他们接受专业培训与管理的方式。"情感性工作（劳动）"（emotion work/labour）的概念是指影响他人感情的行为（例如父母安慰孩子）。如果这样做是为了赚钱，那就被认为是一种**工作**，例如保姆照顾孩子就是这类例子（Smith，2014：397–398）。情感性劳动不同于体力劳动或脑力劳动，因为在后者那里只是将无情感的对象转化为他人后来所使用的样子。而情感性劳动的对象则是另一个人或另一些人。该工作存在营利或非营利两种可能。非营利性情感劳动涉及教师、护士、外交官和警官；营利性情感劳动则主要包括霍克希尔德研究的机组成员，以及艺人与销售人员。

情感性工作的基本特征就是它将工作者的个人情感及其表达与对其他人的影响联系了起来。情感性工作非常注重互动、相遇和表演，这些使得这个概念与戈夫曼研究的核心内容非常接近。在社会学家看来，一种情绪或一种感情是指"我们通过既定的方式关注内在感受、通过既定的方式来界定相关情境、通过既定的方式管理……情绪管理的行为可以被看作情绪生成变化的一部分"（Hochschild，1983：27），情感性工作者的行为通过后天学习从而获得**脚本行为**（scripted behaviour），它需要符合科层制度内部工作的要求与组织的期望。脚本是一套情感规则，不仅涉及做什么，更涉及感受什么，必要时还得能够抑制自己的情感（Hochschild，1983：56–75）。

【159】

有一个针对雇员的脚本——告诉他们一旦飞机上的乘客或商店里的顾客开始紧张或有攻击性行为时，他们应该怎么做。这些脚本已经被反复演练过很多次，因此**扮演相应角色**就成了工作人员举止中最重要的元素。正是因为这个原因，霍克希尔德提到了**心灵的整饰**。霍克希尔德（1983：8）研究中的空乘人员经常说他们的微笑是**挂**在脸上的（being on them），而非**发自**内心的（being of them）。有些人发现自己即便在下班以后也很难完成切换——在回家的路上，他们依然对火车或公共汽车上的陌生人微笑（Smith，2014：401）。对于工作人员（甚至对受其影响的人）来说，问题在于如何区分"真情"和"假意"。工作人员通过微笑、讲笑话或显得自然而然等举动来伪装情感，到了这种地步时，异化和失范（用古典社会学中两个著名概念）就不远了。

霍克希尔德的研究因为过于悲观和绝对而饱受批评，仿佛劳动者对如何具体扮演其角色没得选一样。相反，有人认为：总是有一个自由裁量的空间来解释、操纵和实施整饰的约定规则（Bolton 和 Boyd，2003：303）。此外，据说霍克希尔德夸大了情感工作者在工作时真实的异化感（Smith，2014：405）。最后，有人反驳说：她过于关注劳动者及其雇主的利益，而在某种程度上忽视了顾客或旁观者的利益（Wouters，1989）。尽管众说纷纭，但霍克希尔德的研究已在许多环境中得以应用，并取得了进一步的拓展（Steinberg 和 Figart，1999；Wharton，2009）——例如，在医院和大获成功的零售连锁店（Martin 等，1998）。这里特别有趣的是对魁北克消防员的情感性工作研究（St-Denis，2013）、身处学校枪击案现场的有关领导的研究（Fein 和 Isaacson，2009）以及对"9·11"事件之后空乘人员的研究（Santin 和 Kelly，2017）。

在对魁北克消防员的研究当中，黑色幽默成了消防员处理自身所面对的戏剧事件的一个主要因素。然而，这导致了他们与自身亲密但处于自己职业之外的人们（如家人）之间关系的紧张。"黑色幽默"给人的印象就是，消防员麻木不仁，并且与人们心目中的英雄形象相比有很大的落差（St-Denis，2013：150–152）。

对"9·11"事件之后空乘人员的研究尤其重要，因为它提出了在安全情景下与情感性工作相关的附加概念。圣丁和凯利（Santin 和 Kelly，2017）的研究表明自"9·11"事件以来，新近强调"安全胜于礼貌"的做法为客舱乘务员提供了一种规范资源，使其在与乘客的互动中显得更加【160】独立和强势。尤其是当安全受到威胁时，乘务人员可以超越既定的礼貌角色。他们可以切换到扮演"消防员"甚至士兵"前线作战"的角色，从而保护所有乘客免受潜在的安全威胁。然而，乘客可以录制空乘人员的行为并将这些视频上传到社交媒体上——等于创造了令米歇尔·福柯非常害怕的"全景敞视建筑"——这一点给他们的工作带来了新的压力。下面来看看军队里的情况。

军队和家庭是"贪婪机构"

完成了对情感工作的分析之后，霍克希尔德注意到了她所说的"第二次转向"——即父母努力将两份全职工作结合起来并养育子女（Hochschild 和 Machung，1989）。这对母亲来说似乎比对父亲来说更成问题。在军事领域，这些问题也都广为人知。

美国社会学家刘易斯·科塞（Lewis Coser，1974）基于"全控机构"概念提出了"贪婪机构"（greedy institution）的概念。这些社会性任务对个人的时间、忠诚和精力提出了极高的要求，因为它们要的是"不可分割的承诺"（undivided commitment）。科塞以牧师和家庭主妇的社会地位为例，说明了他的想法。

梅迪·赛格尔（Mady Segal，1986）指出，军人和其家庭成员也是此类机构的实例，而军人家庭恰好落在两者的交叉点上。军队和家庭分别对其成员提出了实质性要求；军人家庭中二者的重叠造成了产生意外的紧张、压力的增大，甚至冲突不断。在当今世界，军人（包括预备役人员）经常被派往国外执行任务，这使得他们在这一段时间之内不可能照顾自己的子女，因此随军迁居到遥远的地方仍然是军队里的一种常见做法。所有这些都可能会给一般的双军(dual-military)家庭以及双薪（dual-earner）或双生涯（dual-career）夫妇造成额外的问题。随着妇女在劳动市场上参与程度不断提高，双薪家庭也在不断增加。显然，自从赛格尔的研究以来，军队 – 家庭交接处上的问题并没有表现出消失的趋势；相反，这两个机构看起来可能变得更加贪婪（De Angelis 和 Wechsler-Segal，2015）。

军队中情感性劳动的应对

军方主要通过尽可能避免直接接触并且尽快地完成行动的方式来应对与暴力有关的情感性工作。正如前文所见，职业军人更倾向于他（她）所参加的战争是"清晰、简短和决定性"的，今天还可以再加上"远距离的"。

[161] 现代技术使得"远距离作战"越来越具有可行性，对此我们将在第十四章中予以介绍。从程式中消除与暴力的直接遭遇是避免军队中情感性工作带来严重后果的一条出路。

但是，即使是在从远程使用暴力的空军当中，情感也起着作用。这在出现失误时尤为如此。失误可能影响飞行员和飞机本身的安全，但也可能对地面造成找不到正当理由的附带损害。飞行员如何应对潜在的空中风险或失误，以及一旦出现失误他们该如何承认并从中吸取教训？这些问题的答案与傲慢、自负、惭愧、不安和怀疑等情绪密切相关。事实上，这种与情绪相关的行为是更一般的组织（安全）文化的组成部分（Catino 和

Patriotta，2013）。军队内部的文化越是开放、越不容易表现出优越感和无懈可击，就越容易承认失误。即使是在那些**镇定**（sangfroid）的飞行员中，情绪的作用也不容忽视。

　　为了规避暴力对于行使者和经历者产生影响的另一种方法，就是军队需要从广大民众中选择合格的人选。兰德尔·柯林斯（Randall Collins，2008）的研究发现，"少数激烈的人"（violent few）往往最擅长在军队中执行高强度、强有力的行动。他们很可能保持冷静与钝感，至少在某种程度上是这样。军队从强制征兵制到全志愿制的转变使得对这些人的选拔工作更加容易。自从全志愿制引入后，士兵参与战斗的动机有所增强也就不足为奇了（Van den Aker 等，2016）。在征兵部队中，类似的选拔过程已经十分到位，这些过程旨在将那些"少数激烈的人"分配到战斗和战斗支援单位（也就是作战行动单位）当中。然而，按比例计算来看，"少数激烈的人"的数量在募兵制中仍然较低。

执行任务的狙击手

　　为数不多的狙击手是一个较为特殊的兵种。他们的情感必须保持相对稳定。狙击手的任务就是"消灭"特殊目标——那些被认为会对自己的部队和行动而言特别危险的敌对个体。狙击手是从事致命行动的军事独行者。

　　以色列学者内塔·巴尔和埃亚尔·本 - 阿里（Neta Bar 和 Eyal Ben-Ari，2005）的一项研究揭示了以色列国防部队里的狙击手如何处理工作中的情感压力、困境和道德方面的问题。首先，狙击手的狙击行动在很大程度上受到要用于具体作战环境中的、正式约定规则的指导。正如霍克希尔德所说，情感性工作是规则导向的脚本行为。此外，他们还要依靠之前的训练、技能、指挥官的指令和政客提供的合法性。当狙击手透过望远镜或双目镜盯住目标时，他们还对目标人诉诸一种"去人性化"的观察。在这里，距离和技术程序起到了一定的缓解作用。用美国海军陆战队专家的话来说："瞄准目标、扣住扳机、屏住呼吸。把注意力集中在铁质瞄准器上，而不是目标上，目标应该是模糊的。"（Klay，2014：15）

　　尽管如此，在以色列学者们的研究中，狙击手们还是会表现出怀疑、

【162】

犹豫、动摇和矛盾的情绪，这些都源于杀人的罪恶感。但是，他们也为出色地完成职业工作而感到自豪。狙击手没有感到任何愤怒或憎恨，但他们通过"将威胁中性化"（neutralizing the threats）的说辞来将其他人"去人性化"，将杀戮客观化。狙击手也觉得战友们待他们怀有一种不安，因为他们的任务大多具有隐蔽性。

武装部队试图通过其他机制遏制暴力的负面影响，这些机制与埃利亚斯、戈夫曼以及后来的霍克希尔德的研究密切相关。这一切都是为了训练并引导士兵准备好在合理可控的暴力运用和失控的暴力之间保持平衡。事实上，这都是对情感的控制。

霍克希尔德正是由此切入："戈夫曼曾经写道'当他们发放制服时，他们发放的是皮肤。'我们还可以加上两英寸的肉（Hochschild，2008：47）"。这与涂尔干的观点（社会渗透到个人心灵的深处）产生了共鸣。就军队而言，用霍克希尔德的话来说，军事社会和文化渗透到军人与军事机构的方方面面。

然而，这些情况出现时往往总是带有犹豫和怀疑的元素。埃亚尔·本－阿里（1989；1998）曾是以色列军队的一名上尉，他是最早研究军人执行任务时的情感和心灵的整饰的人之一。令人惊讶的是，虽然没有明确参考霍克希尔德或埃利亚斯的开山巨著，本－阿里却处于一个研究士兵在行动中的实际经验和感受的完美位置，尤其是在希伯伦市的起义期间，希伯伦市是约旦河西岸的主要城市中心之一。他在以色列国防部队担任预备役上尉八年，而作为一名专业的人类学家，他非常适合在作战条件下进行田野调查。作为一名预备役军人和"被深深困扰着的参与者"，本－阿里（1989：373）希望找到士兵的行为举止如何与他们作为平民时的行为举止完全不同"这一问题的答案。他的研究强调了预备役人员再次进入军队被派往行动区时的陌生感。重新穿上制服就像戴上了面具——这种比较不无意义。使用面具和伪装含有一种从事不同行动的特殊潜能。虽然据说预备役部队主要从事警务工作，但他们很快会转入军事行动，其中就包括关注中性的作战效能和角色表现，而不在意其所作所为的合法性（Ben-Ari，1989：383）。部署结束回归平民生活中以后，作者长期感到不安、愤怒和内心躁动（Ben-Ari，1989：384）。

在大约十年后出版的一本小书中，本－阿里（1998）介绍了自己在部署于希伯伦市内的以色列国防部队预备役营从事军事工作时的情感经历。与我们在其他分析中看到的一样，他描述了士兵必须在行动中保持冷静，并且必须在不采取行动和失控的行动之间保持平衡。军人的"冷酷精神"（cold spirit）才是最重要的。军事组织反对士兵在平民中推搡、击打和开火——即使在空中也是如此——因为他们认为这是情绪失控和"不当武力"的表现。失去控制的士兵应该像多余的机器零件一样被替换出去。

然而，军方倾向于对希伯伦市及其周边地区的抗议平民（他们显然不是受过训练的士兵）重新采用常规的军事态度。显然，军事思维方式（军事文化）无处不在。一旦行动开始，这种思维方式几乎就会立刻回归。这就可以解释隆对于以色列国防部队为了完成任务而出现偏离规则的做法的分析。值得注意的是，本－阿里（1998：82-88）以去人格化而非妖魔化的方式描述了对"军事他者"（对手、反对者或敌人）的情感评价；妖魔化意味着对方具有邪恶的特点，甚至不是人类。这更可能发生在激烈的战斗当中（例如，美军发现自己一直处于交战状态当中）。

沿着霍克希尔德和本－阿里的研究路径，瑞典社会学家路易斯·威布尔（Louise Weibull，2011；2012）出版了自己的博士论文。在该论文中，她关注的是在维护和平行动期间瑞典军队的情感问题。她（2011；2012）主要基于在利比里亚和科索沃田野调查期间收集的数据，揭示了相对较高程度的"去人格化"是士兵在执行任务时的主要特征。每个人因为身着制服而看起来都很像；每个人都随时可见；每个人工作之余都没有很多空闲时间；每个人总是要适应自己与之共事的群体的规则，适应睡在同一个帐篷或舱室里的战友。此外，她还注意到能够在短时间内在不同的情感表现之间切换的重要性，戈夫曼将这一现象称为"杂耍与合成"（juggling 和 synthesizing）。先在路障处检查车辆，然后与乡村权威喝杯咖啡——这都要求不同的角色，但这些场合之间可能只有短暂的间隔。暴力事件发生后的情感消退也非常具有挑战性。一般来说，士兵在利比里亚或科索沃的街道上，无论他们真正的想法或感受如何（尽管瑞典人倾向于"做好事"），但他们都要表现出坚定的举止和"冷面无情"的态度。总体来说，作战环境中充满了相互冲突、相互矛盾的特点与要求。和她之前的其他学者一样，威布尔也注意到幽默在安保人员处理情感时所起的作用。然而，与军人在其他情况下所经历的相比，本研究中所处理的情感本身虽然具有挑战性，但并没有那么极端。

【164】

1945—1950 年荷兰士兵在印度尼西亚的情绪

美国前总统奥巴马在他的回忆录中给出了如下描述：一位荷兰士兵被派遣到印尼执行所谓的"治安行动"之后，回国后点燃了继父家的房子，并杀死了他的家人（Obama，2007：42）。1945 年至 1950 年间的军事行动并不是荷兰人特别引以为荣的事情，主要是因为他们对印尼人民及其家园和财产所做的破坏。荷兰人的目标——在某种殖民统治下带来和平与安宁——如今在道德上却似乎是蹩脚的，并且只会在印尼群岛这片"地球上不幸的人"中引起愤怒和悲伤（Fanon，2004）。在另一方面，退伍军人们回忆说：他们总是被误解，并且从来没人有兴趣或怀着感激愿意倾听他们的心声。直到最近，他们才受到历史学家的更多关注，这些学家旨在揭示退役军人群体被长时间压抑的情感。恐惧、愤怒、沮丧、复仇和羞耻感，这些情感反应都是那些被认为参与"历史错误的一面"行动中的士兵的某些情感。

军队中的情感性工作的最后一个方面涉及死亡经历以及死亡一旦降临军事组织如何应对这一问题。死亡是军事职业和组织回避不了的话题，并且通常被理解为具有一种意义：为了祖国以及为了所有人的自由的美好事业。尽管如此，可在某些情况下士兵死于车祸或者类似事故，这使得人们很难接受（Ben-Ari，2005）。一般来说，接受死亡本身就很艰难；如今对意外伤亡的反感以及军队为避免自身意外事故所做的努力，与我们在诺贝特·埃利亚斯那一章中看到的暴力明显衰减是并行不悖的。

当死亡发生时，军事组织需要介入。在许多出版物中，莫滕·恩德尔及其同事注意到意外伤亡援助官（Casualty Assistance Officers，CAOs）在美国部队中的作用，其职业就是为牺牲者家庭提供行政与照护支持（Bartone 和 Ender，1994）。他们强调，《意外伤亡援助手册》中的角色规定提供了有关行政部分的适用指南，但并没有提供情感支持和处理极度悲痛情绪的指南（Ender 等，1999）。此时，意外伤亡援助官员自身情感的复杂性就出现了，尤其是当他们不得不与"后现代"家庭（家庭成员彼此分居、离婚、再婚或属于"次等近亲"关系并且都有自己的情感与需求）打交道时就更是如此（Ender 和 Hermsen，1996）。

下班后：从"酷"到后部属迷失和创伤后应激障碍　【165】

继其他学者之后，本 – 阿里（1998）指出：服兵役很可能会在成年人工作之余的私人生活中留下情感足迹。兵役和军事职业倾向于灌输给男性一种看待世界的情感态度："酷"、具有某些与"男子气概"或别的适当行为有关的观念，并且表现出某些（政治）价值观。这些情感不太可能在下班后消失。事实上，它们很可能在许多退伍士兵的脑海中伴其余生。离开军事组织以后，军事思维和文化还将长期存在。

任务执行后，几乎立刻又出现了另外一种现象。如前所述，路易斯·威布尔（Louise Weibull，2012）描述了她所提出的"后部属迷失"的最新进展，这是一种在部属任务结束以后在军人群体当中出现的感觉。她提醒人们注意，现实情况是与国内的生活水平相比，军人要面对国外（例如，科索沃和利比里亚）生活的贫困。这可以被视为一个好心的警告，但也可能令人深深地迷失。另一个让人迷失的原因在于许多士兵和军官在国外任务部属期间经历了个人成长，但在国内却遭遇了漠视或缺乏理解。

军事回忆录

了解士兵参与军事行动时的经历的一种方法就是研究军事回忆录。艾丝美拉达·克莱因勒辛克（Esmeralda Kleinreesink，2016）以美国、英国、加拿大、荷兰和德国的士兵和退伍军人出版的 53 部自传为素材完成了自己的博士论文。这些士兵都是在 2010 年之前被派遣到阿富汗执行任务的。从她的内容比较分析来看，似乎士兵都给出了个体情感体验的完整叙述：从成熟、教育到幻灭。对于幻灭和一般的消极描述大多发生在战士的书写当中，而不是医生或农业专家等辅助人员的书写当中。然而，后部属迷失的迹象却几乎随处可见。几乎所有的作者都经历过从部属所在地返回家乡后的种种适应问题。

通常（或者更确切地说，更经常的）工作后的感问题变得更强烈与复杂、持续时间也更久。这些问题可能会影响整个家庭的福祉（Kramer，2007），尤其是当军人面临的问题失去控制并变成创伤之时。创伤后应激障碍（Post-Traumatic Stress Disorder，PTSD）已成为一种与军队有关的恶**【166】**性综合征（尽管它也发生在那些经历过一般性紧张事件的人当中，因此也发生在军事领域之外）。创伤后应激障碍通常与这些人有关：他们违反深深信奉的道德价值观或信仰，最后导致所谓的道德伤害。这种伤害可能表现为内疚、羞耻、愤怒、厌恶和鄙视（Farnsworth 等，2014）。发生创伤后应激障碍时，可能就会伴随家庭暴力，一些士兵寻求自杀来逃避这个问题。我们在爱弥尔·涂尔干那一章中对此已经有所论及。创伤后应激障碍被认为是一个严重的问题，需要军事组织及其卫生保健机构予以密切关注。

当然，这一现象并不局限于西半球的士兵，其他地方的后果可能更为严重。研究表明，患有极度创伤后应激障碍的乌干达和刚果前童子军不太愿意和解，因为他们更容易受到报复情绪的左右（Bayer 等，2007）。如果没有得到正确的认可与适当的对待，这些儿童的恢复和重新融入平民社会将是一个严峻的考验；虽然他们不太可能再次做出暴力举动，但会一次又一次地持续表现出敌意。

结论

霍克希尔德对于情感的社会学研究为研究组织内部的重要现象做出了杰出贡献。她发表了关于工作的管理和组织方式的批判性分析，以及这如何影响情感性工作和员工在工作时的情感体验。同样，霍克希尔德的研究对于军队、士兵训练、工作中和工作后（二者同样重要）的情感体验，以及这些又如何影响了士兵一辈子的行为、健康与福祉都有广泛的参考价值。然而，霍克希尔德见解之深刻还远不止于此。她曾经满怀激情地分析了政治人物如何利用军事行动和战争来疏导当今社会和全球经济中那些迷失者与被无视者（这些人往往是白人蓝领工人）的挫败感。与早年间的自己或父辈相比，这些人再也不会富有，甚至还会愈加贫困与无足轻重。就像霍克希尔德指出的那样，"出路"只有一条。当士兵所在军队参与海外行动时，他们将为祖国而骄傲。"让他们去吃战争"，而不是冰箱里找到的牛排——她就是如此批判性地把政治和军事行动结合到一起。

参考文献

Aker，P. van den，J. Duel and J. Soeters. 2016. "Combat motivation and combat action：Dutch soldiers in operations since the Second World War：a research note". *Armed Forces and Society* 42（1）：211–225.

Alexievich，S. 2017（1989）. *Boys in Zinc*，London：Penguin Books.

Bar，N. and E. Ben-Ari. 2005. "Israeli snipers in the Al-Aqsa intifada：killing，humanity and lived experience". *Third World Quarterly* 26（1）：133–152.

Bartone，P. and M. Ender. 1994. "Organizational responses to death in the 【167】 military". *Death Studies* 18（1）：25–39.

Bayer，Chr. P.，F. Klasen and H. Adam. 2007. "Association of trauma and PTSD symptoms with openness to reconciliation and feelings of revenge among former Ugandan and Congolese child soldiers". *Journal of the American Medical Association* 298（5）：555–559.

Ben-Ari，E. 1989. "Masks and soldiering：the Israeli army and the Palestinian uprising". *Current Anthropology* 4（4）：372–389.

Ben-Ari，E. 1998. *Mastering Soldiers：Conflict，Emotions and the Enemy in an Israeli Military Unit*. New York and Oxford：Berghahn Books.

Ben-Ari，E. 2005. "Epilogue：a 'good' military death". *Armed Forces and Society* 31（4）：651–664.

Ben-Ari，E. and S. Frühstück. 2003. "The celebration of violence：a live-fire demonstration carried out by Japan's contemporary military". *American Ethnologist* 30（4）：540–555.

Bolton，S. and C. Boyd. 2003. "Trolley dolly or skilled emotion manager? Moving on from Hochschild's Managed Heart". *Work，Employment and Society* 17（2）：289–308.

Caputo，Ph. 1999（1977）. *A Rumor of War.* London：Pimlico.

Catino，M. and G. Patriotta. 2013. "Learning from errors：cognition, emotions and safety culture I the Italian Air Force". *Organization Studies* 34（4）：437–467.

Collins，R. 2008. *Violence：A Micro. Sociological Approach.* Princeton NJ and Oxford：Princeton University Press.

Coser，L. 1974. *Greedy Institutions：Patterns of Undivided Commitment.* New York：Free Press.

De Angelis，K. and M. Wechsler-Segal. 2015. "Transitions in the military and the family as greedy institutions original concept and current applicability". In R. Moelker，M. Andres，G. Bowen and Ph. Manigart（eds），*Military Families and War in the 21st Century：Comparative Perspectives.* London and New York：Routledge.

Ender，M. and J. M. Hermsen. 1996. "Working with the bereaved：U.S. Army experiences with nontraditional families". *Death Studies* 20（6）：557–575.

Ender，M.，M. Wechsler-Segal and S. Carson-Stanley. 1999. "Role conformity and creativity：soldiers as administrators and caregivers after loss". *Journal of Personal and Interpersonal Loss* 4（X）：1–23.

Fanon，F. 2004（1963）. *The Wretched of the Earth.* New York：Grove Press.

Farnsworth，J.，K.D. Drescher，J.A. Nieuwsma，R.B. Walser and J.M. Currier. 2014. "The role of moral emotions in military trauma：implications for the study and treatment of moral injury". *Review of General Psychology* 18（4）：249–262.

Fein，A.H. and N.S. Isaacson. 2009. *Echoes of Columbine；the emotion work of leaders in school shooting sites.* American Behavioral Scientist 52（9）：

1327–1346.

Greco，M. and P. Stenner（eds）. 2008. *Emotions：A Social Science Reader*. London and New York：Routledge.

Hochschild，A. Russell. 1979. "Emotion work，feeling rules，and social structure". *American Journal of Sociology* 85（3）：551–575.

Hochschild，A. Russell. 1983. *The Managed Heart：Commercialization of Human Feeling*. Berkeley：University of California Press.

Hochschild，A. Russell. 2003. "Let them eat war". *European Journal of Psychotherapy，Couselling and Health* 6（3）：175–185.

Hochschild，A. Russell. 2008. "Feeling in sociology and the world". *Soiologisk Forskning* 45（2）：46–50.

Hochschild，A. Russell. 2016. *Strangers in Their Own Land：Anger and Mourning on the American Right*. New York and London：The New Press.

Hochschild，A. Russell and A. Machung. 1989. *The Second Shift：* 【168】 *Working Parents and the Revolution at Home*. New York：Viking.

Klay，Ph. 2014. *Redeployment*. New York：Penguin Books.

Kleinreesink，E. 2016. *On Military Memoirs：A Quantitative Comparison of International Afghanistan War Autobiographies*，2001–2010. Leiden and Boston：Brill.

Kramer，Z.A. 2007. "After work". *California Law Review* 95（2）：627–667.

Martin，J.，K. Knopoff and C. Beckman. 1998. "An alternative to bureaucratic impersonality and emotional labor：bounded rationality at the Body Shop". *Administrative Science Quarterly* 43（2）：429–469.

Messinger，S.D. 2013. "Vigilance and attention among U.S. service members and veterans after combat". *Anthropology of Consciousness* 24（2）：191–207.

Ninh，B. 1998（1991）. *The Sorrow of War*. London：Vintage Books.

Obama，B. 2007. *Dreams from my Father：A Story of Race and Inheritance*. Edinburgh：Canongate.

Oostindie, G. 2015. *Soldaat in Indonesië* 1945—1950: *Getuigenissen van een oorlog aan de verkeerde kant van de geshiedenis.* Amsterdam: Prometheus Bert Bakker.

Ron, J. 2000. "Savage restraint: Israel, Palestine and the dialectics of legal resin". *Social Problems* 47（4）: 445–472.

Santin, M. and B. Kelly. 2017（2015）. "The managed heat revisited: exploring the effect of institutional norms on the emotional labor of fight attendants post 9/11". *Journal of Contemporary Ethnography* 465）. doi: do0809216151919.

Segal, M.W. 1986. "The military and the family as greedy institution". *Armed Forces and Society* 13（1）: 9–38.

Smith, St. 2014. "Arlie Russell Hochschild: spacious sociologies of emotion". In P. Adler, P. Du Gay, G. Morgan and M. Reed（eds）, *The Oxford Handbook of Soiology, Social Theory and Organization Studies: Contemporary Currents.* Oxford: Oxford University Press, pp. 393–413.

St-Denis, K. 2013. "Entre reconnaissance sociale et cohérence personelle: management des émotions chez les pompiers de Québec". *Reflets* 19（2）: 142–161.

Steinberg, R.J. and D.M. Figart. 1999. "Emotional labor since The Managed Heart". *American Academy of Political and Social Science* 561: 8–26.

Weibull, L. 2011. "La gestion des émotions dans les operations en faveur de la paix". *L'Année Sociologique* 61（2）: 407–430.

Weibull, L. 2012. *Emotion Matters: Emotion Management in Swedish Peace Support Operations.* Karlstad; Karlstad University Studies.

Wharton, A.S. 2009. "The sociology of emotional labor". *Annual Review of Sociology* 35: 147–165.

Wouters, C. 1989. "Flight attendants and the sociology of emotions: Hochshild's Managed Heart". *Theory, Culture and Society* 6（1）: 95–123.

第十三章 辛西娅·恩洛：女权主义视角下的军队及其周遭环境

出生于 1938 年的辛西娅·恩洛（Cynthia Enloe）紧紧跟随着简·亚当【169】斯的脚步，强调女性在军队内外的地位与作用。与亚当斯和其他学者一样，恩洛把女权主义者的观点同寻求和平联系起来（Gold stein，2006：34–58）。然而，用女权主义的视角研究军事事务并不属于恩洛的早期学术活动范畴。在她学术生涯的前期，恩洛研究了警察与军队之间的关系以及军中种族地位的诸方面（Enloe，1977；1978；1980）。恩洛对于军队种族地位的研究与杜波伊斯那一章的内容有一定的联系。然而，本章将重点介绍恩洛在军事研究中的女权主义视角，尽管在许多人看来该视角相当激进。

她的许多畅销书和常被引用的著作都包含有这类研究（Enloe，1983；2000；2004b；2014；2016）。除了与简·亚当斯的联系之外，恩洛的研究让我们想起了查尔斯·赖特·米尔斯所展现的推理色彩及其严谨性；我们在讨论卡尔·马克思的章节中对此有所提及。目前采用类似的激进推理方式的学者包括诺姆·乔姆斯基（Noam Chomsky，2017）和内奥米·克莱（Naomi Klein，1999）。即使（或者可能是因为）这种推理总是不按常理出牌，但还是值得有所了解。

在倡导结合社会性别视角来分析女性相对于男性的地位这一方面，辛西娅·恩洛并非孤军作战，例如皮埃尔·布迪厄（2001）就出版了一本《男性统治》。恩洛研究的优势在于支撑其分析的信息来自世界各地，从而呈现了"互联社会学"（connected sociology）的研究方式。若说有什么区别的话，恩洛的研究展现出了对实质理性的践行，亦即提出那些常被看作不那么直接相关的、更广泛的问题。而"实质理性"是我们在这本书的导论部分一开始就遇到的概念。

一开始，恩洛（2016）认为所有与军事相关的分析都应该始于**女权主**

义的好奇。这是基于如下几个问题：**女人在哪里？哪些女人专门在那里？以及为什么这是自然而然的事？** 同样的问题也适用于男人。这些问题构成了社会性别分析的基础。从那时起，恩洛界定了一些有助于她具体研究的概念。

【170】　　**女性化**是指任何"自然地"或"特别地"与女人、女孩和女性气质一致的特定事物，而**男性化**则有利于催生任何"自然地"或"特别地"与男人、男孩和男子气概一致的事物。通常女性化的角色是护理、小学教育和照顾孩子。当兵和制定国家的全民安全战略属于典型的男性化角色（Enloe，2016：5）。**军国主义**是指在军民事务中都培养军事价值和信仰的一整套思想——例如，"命令的等级制度是社会的自然组成部分"的这种观点，"在人类事务中有敌人是很正常的事"这种信念（Enloe，2016：11-13），以及"战斗和武士都是生活当中不可避免的、很自然的现象"。

　　军事化是人们逐渐吸收军国主义思想和由此而来的军国主义做法的过程。用更正式的术语来讲，可以说军事化是一个循序渐进的过程，在其中某些事物被军队或军事标准所控制并逐渐依赖于它们，或从中衍生其价值（Enloe，2000：291）。恩洛指出，边境治安和情报机构是当今最可能充当军事化引擎的（Enloe，2016：19）。对于边境治安，我们在米歇尔·福柯那章节中已然有所了解。"军事化"的概念还适用于灾难管理，如下面文本框中文字所示。"军事化"的进程往往是在人们没有意识到自己其实也为其做出了贡献的情况下演变而来，这甚至可以适用于那些青睐女兵的人。那些热衷于女性扮演战斗角色的学者似乎一般不会质疑战斗是有用的。

　　非军事化也是一个循序渐进的过程，但它是维吉尼亚·伍尔夫（Virginia Woolf，2006（1938））这样的活动家和小说家提出的概念。他们有意想要制定相关政策，以便既减少军队参与又可以解决冲突。恩洛提到简·亚当斯与其同事于1915年成立的国际女性争取和平与自由联盟（ＷＩＬＰＦ）以及国际反地雷组织（ＩＣＢＬ）（Enloe，2016：123-143）。简·亚当斯和国际反地雷组织都获得了诺贝尔和平奖，但世界各地的女权主义和平运动远远不止这些。最后，恩洛明确关注**全球化**对军事事务（可见于国际武器销售或私人军事公司的活动）的影响。全球化不是什么新鲜事，因为这在历史发展进程中都有迹可循，特别是在殖民时期的军事表现中尤为明显。

作为灾难的战争

凯斯琳·蒂尔尼和克里斯提尼·贝芙克（Kathleen Tierney 和 Christine Bevc，2007）在卡特里娜飓风袭击新奥尔良后，撰写了《卡特里娜飓风的社会学研究》当中的一个章节，专门探讨了军队如何协助应对和灾后恢复工作。超过 6.3 万名美国国民警卫队和有效军事人员被派往灾区执行搜救工作、运送救援物资、转移人员并为他们提供庇护所，同时还负责处理"城市叛乱分子"以恢复秩序。为了完成最后一项任务，军事人员配备了实弹武器和作战装备，但提供的弹药数量比作战行动时要少。

【171】

部署如此庞大数量的军事人员赶赴灾区救援并非巧合。在美国，灾害管理与战争相关问题之间的联系由来已久，特别是要在核战中保护普通民众、使其做好准备方面。而这样的联系已变得越来越强。两位学者声称，美国政治家经常使用的"战争隐喻"（如"毒品战争""打击恐怖主义的战争"）导致民众越发支持军队参与到通常由其他实体执行的各种活动当中。

飓风过后，各个媒体基于自称所看到的猖獗抢劫与暴力，便开始将不断演变的局势描述为"社会崩溃"和"无法无天"。其结果就是部署大量军事人员"两线作战"——即针对灾难本身的后果以及据说在该地区各地都会发生的城市骚乱。由于大部分被派遣到新奥尔良的军事人员都曾在伊拉克有过战斗部署经历，因此很容易做比较。根据两位学者的说法，灾害管理和军事事务之间日益密切的相互关系是"一种基于对使用武力的制度充满信心的军国主义氛围"的结果（Tierney 和 Bevc，2007：46；Tierney 等，2006）。

女性生活的军事化

在讨论女人在当今军队中的作用之前，留意那些虽然形式上不在军队当中，但却仍受其影响的女性群体是十分重要的。正如辛西娅·恩洛

（1983；2000；2014）所言——女性生活正在被军事化。她和其他学者在这方面对许多角色做了区分：

- 在驻军、基地或营地内以平民身份来为军队从事正式工作的女性；
- 在驻军、基地、营地之外为军队从事正式或者非正式工作的女性；
- 在东道国居民中经受了军事活动后果的女性；
- 嫁给军人或与军人有亲密关系的女性，即所谓的军嫂；
- 士兵的母亲。

【172】 在驻防、基地或营地从事非军事工作的女性大多从事非核心工作（如洗衣、清洁、餐饮和行政工作）。这些女性下班后离开基地；她们及其家庭依赖于这些工作来养家糊口。这种现象尤其发生在发展中国家中那些在西方国家军事基地（例如遍布世界各地的许多美国和法国军事基地）内部工作的女性。例如，在加蓬或塞内加尔为法国军队工作对当地女性来说是一项有利可图的好事。同样的情况也适用于在关岛为美军工作的女性群体。但是，这在广大社会中却造成了不平等，因为不是所有地区或国家的人都可以通过在军事基地为军队工作而获利。

在营地或基地之外为军队从事正式工作的平民女性可以是任何人，她们甚至可以是在家中在线进行专业工作的国内同胞。大多数情况下，这些女性受雇的无论何种工业部门都与国防工业有关，尤其是在男性工作者受到行动部署的战争时期（Enloe，1983）。纵观历史，不难发现：没有女性工作者的国防工业不可能存在。住在基地附近的女性往往通过为军队服务（开小店或其他小本生意）来赚取工资。女性们一般都被吸纳进娱乐业，多被酒吧、酒馆、餐馆甚至妓院雇用。众所周知，从越南丛林的战斗中短暂休假的美国男兵试图在泰国和其他亚洲女性的怀抱里寻求慰藉。迄今为止，男兵寻求与当地女性进行有酬或无酬性行为的方式一直是联合国行动倍受关切的一大原因，因为这可能会影响该地区的社会和经济结构。

军队出现在人们的生活环境周围并不总会带来有酬工作。一个臭名昭著的反例是所谓"慰安妇"的命运：来自韩国、菲律宾、印度尼西亚和中国的女性在第二次世界大战期间被逼像娼妓一般来为日本士兵提供性服务（Enloe，2000：79-89）。这是一个令人震惊的一般现象，即在军队周边环境中的女性经常成为战争罪行的受害者，如绑架、强奸、人口贩卖和性剥削（McKay，1998；Gold stein，2006）的特定例子。有时，甚至连小女孩都会被威逼利诱而参与到战时恐怖袭击中来（McKay，2005）。另一个值得关注的、极为不同的情形是，当地女性愿意与外国士兵来往。这本不应该是什么问题，但却可能会导致骚乱。例如，第二次世界大战期间驻扎在英国的非裔美国士兵就在当地居民和国民政治家中引发了争议，因为英国当地女性开始与美国士兵约会、结婚、生子。这与当时社会的共同价值观不符，因此导致了军事环境内外的非正式压力，旨在抑制这种两个种族和两个民族间的互相来往（Enloe，2014：135–141）。

这就使我们来到了有关军嫂的讨论中来。那些嫁给士兵或与男性士兵有亲密关系（或与女兵有同性关系）的女性被称作军嫂。正如恩洛（2016：71）所说，她们的生活当然是军事化了的，因为她们不得不和家人一起频频搬家；经常牺牲自己的职业抱负；在丈夫执行任务时，要忍受单身母亲【173】的孤独；在家里丈夫压力过大时要保持振作、欢笑以对；当她们的丈夫战死沙场时，要在悲痛中波澜不惊。军嫂在持家度日中起着关键作用——"让家里的炉火一直烧着"（Enloe，1983：46 及以下）。这并非易事，因为军队和家庭都是我们之前看到的"贪婪机构"（greedy institutions）。

大多数情况下，尽管她们在伴侣执行任务期间经受了各种压力，但军嫂还是设法保持稳定的婚姻关系（Aducci 等，2011）。当然，军人家庭生活的消极面往往被下述积极面打消和超过：社区生活的种种好处、体面的收入和各种社会利益，以及女性也能从丈夫良好的职业前景当中受益。然而，如果利益和牺牲之间的平衡不成比例的话，就可以选择"发声"（抗议）或"退出"（离婚）。女性对于军事生活的不满是一个指挥官和征兵人员要特别加以关切的理由，因为当爱人或妻子阻止伴侣开始或继续为武装部队工作时，很可能导致兵力短缺（Enloe，2015）。

对于最后一类被军事化的女性——母亲和祖母，只有在问题失控的情况下才会选择抗议"发声"。士兵母亲群体的抱怨常常能对终止军事泛滥、甚至对终结战争产生重要影响。众所周知的是阿根廷布宜诺斯艾利斯的马约广场上的母亲和祖母们，即使以前所抗议的军政府被民主选举的政府所取代之后，她们的抗议仍旧持续了多年。俄罗斯的母亲们不断哭诉自己在阿富汗战争中的丧子之痛是导致战争结束的重要原因（Alexievich，2017

（1989））。于是自然而然地，各个国家的军队都竭尽全力让母亲不反对儿子入伍，例如动员母亲的爱国主义情感，并努力增加她们对儿子军事工作的认同（Enloe，2000：244–260）。

当然，所有这些女性的生活都被军事化了；但是在军队里的女性（女兵、女海员、女士官和女军官）很可能会对军队行动后果的感触最深。

军队里的女性

纵观历史，在战争时期，女性一直在军队中发挥着自己的作用，即使只是在偶然的情况下才会在军队和战争中发挥主要作用（Gold stein，2006：1–58）。女兵现象较为罕见，但在世界各地各个时期总能看到她们的身影（Gold stein，2006：59–127）。更为常见的是她们从事的辅助性工作。护理军人（如弗洛伦斯·南丁格尔所做）历来是女性在军队中最早的、也是备受推崇的任务之一（Enloe. 1983：92 及以下）。第二次世界大战战场上方方面面发生的事件都是鲜活的例子。白人女性、非裔美国女性和日裔美国女性都曾在美国部队服役，尽管大部分在辅战单位从事辅助性工作。

【174】借此，她们对于取得战争的最后胜利做出了重要贡献（Moore，1996）。女性在苏联红军中的表现同样让人震惊不已。就是因为战斗中牺牲的男兵太多，因此有超过100多万苏联女性遍布各个岗位参与到反纳粹的战斗中。同样，这些女兵也损失惨重（Alexijewitsch，2015）。但是随着战争的结束，苏联和其他地方的女性又回归家园。在和平时期，军队不是女人的地盘。一旦**男子**征兵制在多个国家逐渐淡出，这种情况就会改变。

自从许多国家放弃征兵制以来，军队中的女性（即女兵）已经成为世界范围内的争论、政策以及学术兴趣的焦点（Weber，2015；Woodward 和 Duncanson，2017）。通过引进全志愿军制，女性参军的形式障碍已经移除。然而，仍然存在社会和制度方面的障碍。首先，年轻女性似乎不像年轻男性那样热衷于追求军事生涯。对于被广泛接受的女性气质观念，军方似乎并不完全认同。第二，军事组织本身可能并不总是对有许多年轻女性当兵很感兴趣。因为军事文化似乎仍然坚守男子气概，因而对于士兵应该以两性为主流的观点仍然存在分歧。一个很好的例子就是女兵在海军舰艇上的一般工作和生活条件（van Wijk 和 Finchilescu，2008）。上述两点就是近几十年来女兵数量并没有大幅度增加的原因，这一现象几乎在所有国家的军队当中都能观察到（Soeters 和 van der Meulen，2007；Enloe，2016）。

目前，现役军人中女性的比例从 5.5%（日本）、7.5%（中国）、8.5%（德国）、10%（俄罗斯、英国）、12.5%（澳大利亚）、14%～16.5%（加拿大、美国、法国、新西兰）到 26%（南非）和 30%（以色列和厄立特里亚）不等（Enloe，2016：84）。没有一支国家部队中男兵和女兵的比例接近五五开。取消征兵制度确实促进了性别整合，但西方国家部队中女兵比例的最高记录是由以色列国防部队保持的。而自 1948 年以色列建国以来，他们的强制征兵制度没有男女之分。

为了详细说明女兵中种族代表性过低或过高的情况，有必要对这些统计平均值进行修正。例如在美国，自女性参军以来，非裔美国女兵的数量相对较大（Enloe，2000：280–281）。这可能与美国社会中这个人口群体在经济和社会上缺乏有利条件有关。对于女性来说，不错的收入是其选择军事工作的一个重要因素，尽管并非首要因素（Shields，1988：105）。

恩洛认为，自从强征兵制废除以后，鼓励女性参军的原因并非女权主义自身（2000：280）。她指出，军队需要招募和保留一支足够庞大与熟练的员工队伍。如果年轻人的总体数量下降，并且年轻人参军意向锐减，那么女性就是弥补这些不足的首选。这种补缺可能是出于数量和 / 或质量的双重考虑——女性拥有想要入伍的男性所不具备的必要技能。此外，恩洛还认为：希望展现"现代"或"民主"的面目，并且感到有必要满足女 【175】性对自己"一等公民"身份的要求，这些考虑往往与女权主义倾向关系不大，而更多地关乎声誉和法律。但坦率地说，向女性打开军队大门这一决定背后的"真正"动机也许并不那么重要。

就算有了上述在军队当中增加女兵人数的、相对强势的理由，关于女性是否真的有能力从事军事工作的显著争论仍然存在，尤其聚焦在专门的步兵部队、特种作战部队和海军陆战队中都能找到的所谓的战斗或"战士"角色。这主要是一场盎格鲁 - 撒克逊论辩，更确切地说是一场英美论辩（Enloe，2014：152–153）。这可能与那些军队对战斗和"战士"身份的关注有关（Woodward，2000；Burke，2004）。在 20 世纪 90 年代，美国学者（Shields 等，1990）发现，北约其他成员国是第一批在战斗驾驶舱使用女飞行员的国家。在如比利时这样的北约其他成员国中，挪威特别出众，因为它和以色列都是第一个完全废除武装部队性别障碍的国家，并于 1988 年向女性开放战斗岗位（Braw，2017）。目前，挪威引入了一种性别中立的征兵制度，并成功地完成了一项为期两年的实验。该项目由社会人类学家尼娜·海勒姆（Nina Hellum）监测，其调查对象是男女配比各占一半的防空与导弹防御营。结果发现，在评估表现时并未见到性别差异，因为"看到的只有士兵"（Braw，2017）。然而，这个营目前仍然没有参与过"真正的"战斗——即地面战斗中的"真人"对抗。对一些人来说，让女性进入这些情境仍然有待商榷。

英国社会学家安东尼·金（Anthony King，2016）不仅没有质疑女兵的战争和战斗的意涵和效用，还对女性承担战斗和战士角色的想法十分感兴趣。他认为，征兵制终结以后，特别是由于伊拉克和阿富汗作战需求的增加，军队职业化在部队中强化了作战单位内部士兵之间的专业联系，该联系突破了性别、种族和出身背景上的差异。士兵可以在部队中一起工作的原因在于他们具有专业的战斗能力，而不是某种相似性。事实上，这就引发了一个同化过程——女人男性化，特别是在作战技术与作战能力方面，甚至包括外表容貌。因此，即使尚且未被国防政策正式允许（King，2016：129），女兵进入伊拉克和阿富汗的地面作战部队也相对容易一些。莫滕·恩德尔对美国在伊拉克的"美国女兵"的研究也有类似的发现（Ender，2009：87 及以下）。与先前的一项研究结论一样：性别整合对部队的作战准备、凝聚力和士气的影响相对较小（Titunik，2000：248）。这些经验都证实了挪威防空与导弹防御营的实验发现。

【176】　　然而，以色列则另有经验表明：即使允许女兵扮演"男性化角色"，这种情况也很少发生。女性在以色列国防部队中仍然处于边缘地位，因为她们认为男性霸权没有办法更变，尽管他们的女兵人数比例比其他国家军队要相对较高（Sassonlevy，2003）。此外，有宗教信仰的男兵希望将女性排除在兵役制度之外，而由此引发的紧张状况也日益加剧（Levy，2013）。再者，在美国和英国的作战部队中，男女之间的专业联系可能只是暂时的，一旦充满紧张的行动任务不再需要大量兵力，这种联系就不再

重要。以下文本框中的文字说的就是此类行动中高度紧张的情形。

对阿布格莱布监狱的女权主义反思

2004 年 4 月，电视新闻节目上开始播出美国士兵虐待伊拉克囚犯的画面——大多数涉及让人大感震惊的性虐待。在阿布格莱布监狱里，可以看到面带笑容的男女卫兵。在所有的卫兵当中，一名女兵引起了编辑、观众和读者的特别关注：20 岁的女性陆军预备役士兵林迪·英格兰（Lynndie England）。当时监狱的指挥官是女将军贾妮丝·卡宾斯基（Janice Karpinsky）。女兵参与虐待战俘的事情在照片流出以后引发了社会与政治不小的反响。

在这方面，恩洛（2004a；2016：99–122）提出了许多有趣的问题，但这些问题似乎并未引起大家的重视。这些问题都是与展开社会性别分析密切相关的。

谁拍的照片？为什么林迪·英格兰特别引人关注？为什么她的性伴侣查尔斯·格兰娜（Charles Graner）也被拍到了照片，但却没有成为媒体关注的焦点？恩洛和其他学者不接受这种虐待只是个别"害群之马"的行为不当这种解释。一些作者（Chwastiak，2015）认为虐待行为与当局"强化审讯技术"的合法化和规范化有关，而这些技术实际上应被视为酷刑。恩洛将伊拉克监狱里发生的虐待与美国军队的组织氛围联系起来。在这种氛围中，性骚扰、对女性的虐待行为甚至强奸都司空见惯，因为男性价值观和行为仍然占据着主导地位。恩洛认为，如果看不到整个军队的更大图景并有所改变的话，那么就不可能清楚地了解阿布格莱布（和关塔那摩）监狱里发生的一切。

各种事实

乔舒亚·戈尔斯坦（Joshua Gold stein，2006）对现存有关战争和性别的文献进行了大量的梳理。具体来说，他利用属于整个科学领域的见解与知识（从生物学、心理学到社会科学和政治科学）检验了许多关于不同社 【177】

会性别下战争角色之一致性的跨学科假设。他发现，在整个世界历史上，参加战斗的女性人数相对较少，但总体而言，那些参加战斗的女性战斗力却都很强；女性可以成为优秀的士兵。女性不经常参加战斗这一事实与先天的、生物学差异（大小、力量）有关，但更重要的是与儿童时期和成长时期的性别隔离有关。"男孩要坚强"在不同文化中都有体现，而女孩则通过社会化以其传统的女性角色来支持男性。睾丸酮水平、雌性荷尔蒙以及兄弟情谊均不起任何作用。与男性相比，女性反对战争的比例略高，但大多数女性支持战争（Gold stein，2006：403-407）。因此，如简·亚当斯创立的和平运动以及辛西娅·恩洛发表的批评军队的分析，往往在本质上都是女权主义的。然而，这既不意味着这些运动和批评仅仅来自女性，也不意味着所有女性都持类似观点。

同以往研究一样，萨森·列维的研究（Sasson Levy 等，2011）发现：以色列退役女兵在所占领的巴勒斯坦境内部署期间形成了反战态度。她们提供了关于自己在两年服役期间有关其军事经历的证词，并由打破沉默运动的积极分子编纂。因此，虽然这些证词并非由随机挑选的证人提供，但却非常重要——因为并非每个人都对正在发生的事情持批评态度或者敢于直言。重要的是，这些想法并没有直接对当时的占领行为产生冲击。一般来说，这些退役女兵的证词揭示了女性对于军队的矛盾立场。她们对军队当中男子气概的氛围予以批评，因为这种氛围迫使她们不断地接受测试，以确定她们能够并热衷于对巴勒斯坦人展现足够的暴力。她们严厉地批评了许多男兵在接近巴勒斯坦公民和进入巴勒斯坦人的房屋时表现出的那种冷漠的机器人式态度。这些女兵还表明了自己与**其他人**（巴勒斯坦公民、女性、男子和儿童）的认同能力。借助这些证词，这些退役女兵利用她们曾在军队服役的合法地位，以见证者和军事专家的身份积极从事政治动员活动。

最后一点涉及战斗领域和战士角色之外的各方面军事表现。在联合国任务中，通常不会涉及很多战斗。应该记住，就所花费的时间而言，战斗实际上不是一种常规性军事行为，而是一种例外。联合国国际行动的目的就是以稳定的方式带来和平、维持和平，并且力求惠及全体相关居民——女性、男子和儿童。从这个角度来看，性别中立的军队构成对于实现这些目标非常重要，因为这样一个均衡的劳动力搭配将大大有助于应对任务方方面面的挑战。较大比例的女性军事人员可能会在东道国民众中产生信任【178】并改善维和人员的声誉（Bridges 和 Horsfall，2009）。联合国任务太重要了，不能只交给男性。我们在前面关于简·亚当斯的章节中对此已经有所论述。

结 论

如前所述，辛西娅·恩洛将女权主义视角下的军队与削减暴力、战争和战斗的抱负联系起来，并将其看作解决眼前问题的出路。这一点都不奇怪，因为历史上女性与军事事务的关系不大，并且她们比男性更倾向于寻求和平之道来解决与敌对集团和国家之间的紧张局势。恩洛不停地批评战争和暴力的规模与影响（包括这些给东道国民众造成的种种后果），这似乎与诺贝特·埃利亚斯和史蒂芬·品克关于暴力消退的研究结果相矛盾。但是，这很可能是一错觉。诺贝特·埃利亚斯和史蒂芬·品克做的是将他们的主题加以描绘、理论化建构并寻求经验支持；而对辛西娅·恩洛和其他学者来说，军事行动，事实上，任何的军事行为都需要从规范和道德的角度来予以细致地审视与批评。这些方法并不矛盾，但是因为研究领域不同所以指涉的问题就略有差异。

参考文献

Aducci，C.J.，J.A. Baptist，J. George，P.M. Barros and B.S.N. Goff. 2011.'The recipe for being a good military wife：how military wives managed OIF/OEF deployment. *Journal of Feminist Family Therapy* 23（4）：231-249.

Alexijewitsch，S. 2015（2008）. *Der Krieg Hat Kein Weibliches Gesicht*. Berlin：Suhrkamp.

Alexievich，S. 2017（1989）. *Boys in Zinc*. London：Penguin.

Bourdieu，P. 2001. *Masculine Domination*. Stanford，CA；Stanford University Press.

Braw，E. 2017. "Norway's radical military experiment：how full gender integration paid off". *Foreign Affairs*, 19 January.

Bridges, D. and D. Horsfall. 2009. "Increasing operational effectiveness in UN peace-keeping: toward a gender-balanced force". *Armed Forces and Society* 36（1）: 120–130.

Burke, C. 2004. *Camp All-American, Hanoi Jane, and the High-and-Tight*. Boston: Beacon Press.

Chomsky, N. 2017. *Who Rules the World*? London: Penguin Books.

Chwastiak, M. 2015. "Torture as normal work: the Bush administration, the Central Intelligence Agency, and enhanced interrogation techniques". *Organization* 22（4）: 493–511.

Ender, M. 2009. *American Soldiers in Iraq. McSoldiers or Innovative Professionals*? New York and London: Routledge.

Enloe, C. 1977. "Police and military in the resolution of ethnic conflict". *Annals of the American Academy of Political and Social Science*, 433（1）: 137–149.

Enloe, C. 1978. "Police and military in Ulster peacekeeping or peace subverting forces?", *Journal of Peace Research* 15（3）: 243–258.

Enloe, C. 1980. *Ethnic Soldiers: State Security in Divided Societies*. London; Penguin.

Enloe, C. 1983. *Does Khaki Become You? The Militarization of Women's Lives*. London: Pluto Press.

Enloe, C. 2000. *Maneuvers; The International Politics of Militarizing Women's Lives*. Berkeley, Los Angeles and London: University of California Press.

Enloe, C. 2004a. "Wielding masculinity inside Abu Graib: making feminist sense of an American military scandal". *Asian Journal of Women's Studies* 10（3）: 89–102.

Enloe, C. 2004b. *The Curious Feminist: Searchhing for Women in a New Age of Empire*. Berkeley, Los Angeles and London: University of California Press.

Enloe, C. 2014. *Bananas, Beaches and Bases: Making Feminist Sense of International Politics.* Berkcley，Los Angeles and London：University of California Press.

Enloe，C. 2015. "The recruiter and the sceptic：a critical feminist approach to military studies". *Critical Military Studies* 1（1）：310.

Enloe，C. 2016. *Globalization and Militarism：Feminists Make the Link.* 2nd edn. Lanham，MD：Rowman & Littlefield.

Gold stein，J.S. 2006. *War and Gender：How Gender Shapes the War System and Vice Versa.*Cambridge：Cambridge University Press.

King，A. C. 2016. "The female combat soldier". *European Journal of International Relations* 22（1）：122–143.

Klein，N. 1999. *No Logo：Money，Marketing，and the Growing Anti-Corporate Movement.* New York：Picador.

Levy，Y. 2013. "The military as a split labor market：the case of women and religious soldiers in the Israeli Defense Forces". *International Journal of Politics，Culture，and Society* 26（4）：393–414.

McKay，S. 1998. "The effects of armed conflict on girls and women". *Peace and Conflict：Journal of Peace Psychology* 4（4）：381–392.

McKay，S. 2005. "Girls as 'weapons of terror' in Northern Uganda and Sierra Leonean rebel fighting forces". *Studies in Conflict and Terrorism* 28（5）：385–397.

Moore，B. 1996. *To Serve My Country，To Serve My Race：The Story of the Only African American WACs Stationed Overseas during World War II.* New York：New York University Press.

Moore，B.（ed.）. 2017. "Special issue：women in the military". *Armed Force and Society* 43（2）.

Sasson-Levy，O. 2003. "Feminism and military gender practices：Israeli women soldiers in masculine roles". *Sociological Inquiry* 73（3）：440–465.

Sasson-Levy，O.，Y. Levy and E. Lomsky-Feder. 2011. "Women breaking the silence：military service，gender，and antiwar protest". *Gender and Society* 25（6）：740–763.

Shields，P. 1988. "Sex roles in the military". In Ch.C. Moskos and F.R. Wood（eds），*The Military：More than Just a Job*? Washington DC：Pergamon-Brassey's.

Shields，P.M.，L. Curry and J. Nichols. 1990. "Women pilots in combat：attitudes of male and female pilots". *Minerva-Quarterly Report on Women and the Military* 8（2）：21–35.

Soeters，J. and J. van der Meulen. 2007. *Cultural Diversity in the Armed Forces；An International Comparison*. London and New York：Routledge.

Tierney，K. and Chr. Bevc. 2007. "Disaster as war：militarism and the social construction of disaster in New Orleans". In D.L. Brunsma，D. Overfelt and J.S. Picou（eds），*The Sociology of Katrina：Perspectives on a Modern Catastrophe*. Lanham，MD：Rowman &Littlefield，pp. 35–49.

Tierney，K.，Chr. Bevc and E. Kuligowski. 2006. "Metaphors matter：disaster myths，media frames，and their consequences in hurricane Katrina". *Annals of the American Academy of Political and Social Science* 604：57–81.

Titunik，R.F. 2000. "The first wave：gender integration and military culture". *Armed Forces and Society* 26（2）：229–257.

【180】 van Wijk，Ch.H. and G. Finchilescu. 2008. "Symbols of organizational culture：describing and prescribing gender integration of navy ships". *Journal of Gender Studies* 17（3）：237–249.

Weber，C. 2015.（ed.），*Les femmes militaires*. Rennes：Presses Universitaires de Rennes.

Woodward，R. 2000. "Warrior heroes and little green men：soldiers，military training，and the construction of rural masculinities". *Rural Sociology* 65（4）：640–657.

Woodward，R. and C. Duncanson（eds）. 2017. *The Palgrave International Handbook of Gender and the Military*. London：Palgrave.

Woolf，V. 2006（1938）. *Three Guineas*. Orlando，FL：Harvest，Harcourt.

第十四章 布鲁诺·拉图尔：社会与军队中的科学与技术

　　科技在社会和组织生活中扮演着重要的角色。出生于1947年的拉图【181】尔是一位法国社会学家、人类学家和哲学家。他研究了不同社会中造成科技的发展、应用及其影响的诸进程。拉图尔的研究率先重新关注了组织当中的技术工作以及物质与社会世界的相互作用，即组织研究中所谓的"社会物质话语"（socio-materiality discourse）（Barley，1996；Orlikowski和Scott，2008）。鉴于科技在组织研究当中长久以来都被忽视，因此拉图尔的重新关注是非常必要的。事实上，这也是拉图尔一直坚持并倡导的观点：人类（社会能动者）不应该与非人类彼此分开，因为"物"也属于真实世界。诚如拉图尔（2000）所言，社会学不应该只处理社会现象，还应该关注自然现象。

　　作为拉图尔的"另一个我"（alter ego），约翰逊（Johnson，1988：304）发表了一篇出色的研究论文。其中，他分析了一个不起眼的技术制品（例如闭门器）如何影响人们解决问题的方式。而对此，人们往往将其视为理所当然而不予理会，但这些在组织社会生活的过程中却都十分重要。人们出于不同功用的考虑在不同的房间里隔出空间，就需要墙壁；为了便于出入不同的房间，就发明了门；为了花最小的力气关门，就有了闭门器。传统上，社会学家并不会关注这些事情，至多在其研究背景的描述部分一笔带过。但这是不对的，物体也很重要（Miodownik，2013）。

　　布鲁诺·拉图尔的学术起点肇始于他在加州神经内分泌学实验室中对工作过程的分析。考察实验室实务这个想法的产生方式，跟他早年在前法国殖民地（西非科特迪瓦）服兵役期间所做的研究是类似的（Blok和Elgaard Jensen，2011：7）。受人类学家的影响，拉图尔考察了法国技术教育与培训的传统。同另一位法国社会科学巨匠皮埃尔·布迪厄（2012

（1960））一样，在法国的非洲前殖民地服役的那段时间是他未来研究的

灵感之源。当拉图尔有机会到加州实验室研究"科学事实的建构"时，未来的研究很快就来到了眼前。同一名同事一起（Latour 和 Woolgar，1986），拉图尔将他的发现建立在他们自己长期从事的田野调查、"慢"描（"slow" descriptions），以及对事件、对话、技术方案与图片的密切观察与细致分析等基础之上。因此，他们的研究带有着十分明显的人类学风格，其描述之细腻也让人赞叹。

他们的研究令人颇为费解，因为它表明"科学事实"并非静止不动地"在那里"等着一个天才去发现。相反，拉图尔和伍尔加展示了科学家的工作是如何"不停地与数不清的各种原料（机器、文本、人、动物、语言陈述等）发生联系"（Blok 和 Elgaard Jensen，2011：7）。"记录装置"（Inscription devices）是由实验室技术人员、机器（例如计算机或照相机）以及实验室中的物质转换设备（例如，把老鼠身上的提取物加以可视化呈现）所组成的一套装置。它们所呈现出的内容被用于在期刊论文或报告中展示最新的科学发现。需要注意的是，拉图尔和伍尔加（Latour 和 Woolgar，1986）的研究把人类与非人类结合到一起，并赋予二者同等重要性，这在社会科学研究当中确实独树一帜。

拉图尔（1987）认为，科学家的工作实际上就是拓展合作网络以便生产科学事实。他们必须以一种其他人也能感兴趣的方式系统说明他们的发现与思想。为此，他们可以通过"转化"利益来做到这一点，也就是放下身段挑明科学家与赞助人的利益是一致的，或者不断调整利益以便保证二者一致。此外，目标可以改变，新目标可以发明出来，新的利益群体也能找到，而所有这一切都应该令自己在"科学事实的建构"过程中是不可或缺的（拉图尔，1987：108-132）。

鉴于这种转化能力的重要性，实验室就成了事实生产工厂，而它们不仅十分依赖主要研究者合宜的科学见解或学术灵感，还同样依赖他们的组织能力和政治活动能力。拉图尔描述了巴斯德如何组织起公开的证据论证自己发明的疫苗效果——将其应用于农场里作为实验组的绵羊身上（Blok 和 Elgaard Jensen，2011：42）。这说明了研究当中招募合作伙伴以及拓展各方面网络对于成功地"建构科学事实"有重要意义。巴斯德需要农民、

合作研究者以及政客、记者、普通民众的诸多帮助。同样的故事也可见于拉图尔研究的早期柴油发动机从基本原理到生产与市场化销售的初期发展道路中（Latour，1987：104-107）。诚如拉图尔（1987：10）所言："一旦机器运作起来了，人们就会相信"；反之亦然，"当所有相关之人都相信了，机器才会运转起来"。

这两种说法都对，而且不但适用于科技革新的成功，缺乏革新也同样适用。如果创造者不能持之以恒地投身其中，如果没有募集到足够数量的、相信机器会运转起来的同盟者，技术发明就注定失败（Latour，1996）。不管革新有多么复杂，这一点都是事实。最后，科技革新（例如巴黎的高【183】级自动化城市交通系统）或许根本就不能存活，因为它会被扼杀，或"只因没人够爱他，他才活不下去"（Czarniawska，2014：92）。毕竟，诚如拉图尔（1996：75）所言，人们对于技术**项目**的认知往往十分主观，可再生能源就是如此。几十年来，并不是所有的"相关人员"都相信其重要性，因此这个领域也一直波澜不惊。不过如果看看当今的可再生能源领域的进步，就可以看到新技术并非"很超前的科学"带来的后果，而是由所有深信不疑的"相关人员"组成的网络不断扩展的结果。

所有这些洞见都来自拉图尔在加州实验室以及其他辛勤的研究工作，其对科学研究与社会研究都有极大参考价值。但是，二者间的相互关系也不无其复杂性。

社会学争议

拉图尔（2000：107）在一篇文章的开头，开玩笑地说，除了"社会"和"科学"两个词有问题之外，社会科学什么都挺好。他在不同场合都开过这个玩笑。这就表明他对涂尔干时代以来的社会学多少有些高傲的态度（Blok 和 Elgaard Jensen，2011：125，160-162；Latour，2005）。也许与其他各门科学相比，来自社会学内部的敌对与竞争更令其痛苦：围绕着发展理论与以稳定为取向的一般理论孰高孰低、定量与定性研究方法孰优孰劣"争战"不已。这些"争战"可能背景各异。有些社会科学家和政治学家出于道德动机，去减少阶级之间、人口群体间、不同性别间以及不同地区间存在的社会不平等现象。恩洛常常能够提出尖锐的分析,其实也与她对于用军事暴力的方式来解决问题的深深反感有关。但是,种种对立可以看作一种对新见解的自我中心式夸大——自称自己的新见可以替代以往的旧识。但实际上它们至多是一种对后者的增添。拉图尔有关人类与非人类的关系以及对"科学事实的建构"的见解为社会学引入了新鲜的血液,但并没有掩盖以往研究的成果。

　　尽管自己有从军的经历,拉图尔对于军队却着墨不多。然而,他充分意识到了国防部门对于一国研发的巨大作用。在许多国家,国防部门花费的科技预算远比其他研发预算要高得多(Latour,1987：171-173)。此外,在一本小书(Latour,2002：3)当中拉图尔谈及"9·11"事件以后的世界。

【184】他认为,特别是自冷战之后西方国家错误地认为：其生活方式(包括时髦的**进步**与**现代性**)都可以推广并应用于全世界,并且认为完全不会再有战争了。事实上,应该意识到"不同领域的战争一刻都未停歇,并贯穿于所谓'现时代'"(Latour,2002：3)。这是因为"……科学、技术、市场、民主、人性、人权等领域……都带有一些种族中心论倾向——如果不是一些帝国主义的话"(Latour,2002：9)。只有充分认识到"各个领域的战争",才能把外交官聚集到谈判桌前。这样才有可能尝试在民主**集会**(agoras,希腊语,有市场、集会之意)中寻求妥协,并在其他的、在全球多地盛行的有关生存、讨论、决策以及管理的集会中寻求妥协(Latour,2002：49-51)。这是拉图尔提出来的分析视角,颇具新意而且极具典型性。

　　我们在本书有关拉图尔研究的最后部分还会见到这种新意。这涉及他提出的**政治生态学**(political ecology)与**物的政治**(Dingpolitiek,the politics of things)概念(Blok 和 Elgaard Jensen,2011：75 及以下)。该概念就是使得物(包括环境问题、穆斯林女性的头巾、转基因食品、建筑、大规模杀伤性武器)成为政治决策、冲突与让步的核心要素。自然与环境、科学与非人类都应该成为适当的公开讨论和决策的对象,其原因在于实物(objects)可以引发强烈的、情绪化的争论。与舆论相比,政治往往与实物更相关。拉图尔认为民主制度应该设置程序以确保如下两点：第一,代表是被合法召集的;第二,事实与实物应该以合法的方式再现在公众面前。拉图尔列举了美国前国务卿鲍威尔的例子。鲍威尔展示了彼时伊拉克政府信誓旦旦地声称要投入使用的大规模杀伤性武器的照片。但是因为照片很模糊，因此很难提供充分的证据为入侵伊拉克辩护。概而言之，拉图尔要求更关注物、多讨论物。为了让这些讨论更充分，实物、物要尽可能准确地予以公开呈现和说明。这就是拉图尔所说的"实物取向"的民主（Blok和 Elgaard Jensen，2011：84-87）。

上述的这些如何与军事事务联系起来呢？

军队中的技术与革新

在过去的时代，自我防御能力肇始于设计与建造能够抵御长期包围的城堡、要塞、运河和城市。军事工程、建筑与建造要先于民用工程（Mukerji，2006；Sparavigna，2015）。军事学院把这些基本技巧向外传播，后被民用技术大学用于建筑与建造（van Doorn，1975：18）。

除了利用建造防御工事的优势之外，一般来说，军队还常常从战斗与攻击的技术革新中受益。从远古时期开始，军队就通过技术革新打败敌人，【185】获得胜利（Moelker 和 Schenk 2017）。第一次世界大战期间出现了许多高效的技术革新（例如机关枪和坦克），这些革新型武器在投入使用之前都遇到了军队中老派人物的极大抵制，因为他们更信奉在男人之间刺刀见红的格斗中所包含的"令人钦佩"的品格。然而，引入机关枪和坦克之后，这些先进的武器彻底改变了战斗中的事件经过。

如前文讨论齐美尔"陌生人"概念时所言，大部分具有殖民地战争经历或者曾经在"陌生"的地方（例如海军）服役过的士兵，提供了拥有建构能力的网络与联盟——用拉图尔的话来说。而这才使引入这些革新变成可能（Moelker 和 Schenk，2017）。提倡全新技术需要具有宏观组织视野与行动视野，从而克服既有军队文化当中根深蒂固的抵制情绪。有时候，这种抵制甚至会导致军队内部的蓄意破坏，譬如越南战争期间 M16 步枪故障的例子（Moelker 和 Schenk，2017）。所有这些都说明了拉图尔所强调的要点可谓切中要害：科技革新并非只是"在那里"。为了获得成功，它们需要盟友和由人与物组成的扩展网络。"只有全部相关群体都信服时（Latour，1986：10）"，革新才会发挥作用。

当然，技术革新需要与军队组织中的结构以及功能革新同时发生。16世纪和17世纪期间奥兰治亲王（Prince of Orange）率领低地国家摆脱西班牙的独立斗争中士兵纪律性提升的案例，就可以很好地说明本书前面所提到的韦伯式科层概念。提升纪律性和对作战技能的掌握有助于高效地使用先进的火药技术，尤其是步枪（Van Doorn，1975）。这仅仅是在漫长而古老的军事史和科学革新（伴随着组织的不断更新进步才得以可能）史上的一个例子。

概而言之，研究军事组织雇佣技术人员的方式是值得的。如同其他组织一样，军事组织越来越依赖于科学家和技术人员，不管他们是否属于部队编制。不仅仅是硬件技术革新，信息和通信的相关发明创造尤其形成重大发展，这也导致越来越多的科学家和技术人员受雇于军事组织当中。这些数字的增多很可能有如下问题相伴而来：征兵、留纳，以及科层制式的、自上而下纵向驾驭组织的可行性。横向的组织方式很可能对于组织更富有成效，因为科技专家的重要性将会逐步凸显（Barley，1996；2005）。他们的重要性，及他们所扮演的"社会活动家"——该角色"为了适应这些机器而构画社会或设计社会机构"（Law和Callon，1988：284）——可见于下面的框图文字中。

【186】

虚拟效度验证

受拉图尔研究方式的启发，德国军事学者马腾·范·维恩（Maarten van Veen）就军事训练仿真设备的效力检验方式进行了研究。拉图尔（1987：247–248）本人常常指出技术革新中相似模型（scale model）与仿真设备的重要性，例如在空间和航空工业中就是如此。其他学者同样指出了数字仿真技术对于工作进程的影响（Bailey等，2012）。在军队里，训练仿真设备广为应用以便为士兵提供接近于参加实战的、作战环境与动态的体验。这种仿真设备据说价格低廉，但是训练效果出色，并且省却了环境要求。最重要的是，它们比其他训练方式更为"真实"（van Veen，2014：202）。问题是这些现实与虚拟间有联系的说法是否具有真实性。范·维恩研究了效力检验的过程，其采取的视角就是效力并没有被看作军队训练仿真设备中固有的东西，而是一种通过拓展相关人员与技术网络而被认定具有的某种东西，是"所有相关人员都相信"的某种东西。

他区分出四个层面的效力检验：

● 教练员执行的实际效力检验；

● 采购部门与军事工业工程师执行的工业效力检验；

● 美国军队所资助的操作员工执行的军事效力检验；

● 部长与议会执行的政治效力检验。

每个层次或类型的效力检验都涉及不同的行动者与非人类，也就是技术和文件。效力检验绝不是一个既定要素，而是必须通过合作生产以及不同利益归并而得以完成。最后，通过训练设备的测试成了当个好兵要全新面对的现实。

虚拟环境的效力检验过程表明：科技已经渗透到军事组织的方方面面。在第一次世界大战中，技术创新的引入或许还伴随着一丝犹豫；但是在二战以及后来的冷战中，科技成为军事事务中的主导因素——只要想想雷达系统、计算机、核能、卫星、数字化天气预报以及如今的无人驾驶汽车（例如 Harper，2003；Rappart 等，2008）。所有这些创新都决定了最近几十年来国际关系的发展进程，并且在未来这一趋势还会继续下去。技术与军队是一对很好的组合。

然而，正如我们在介绍拉图尔研究时所看到的那样，一项科学革新【187】或许可能被"扼杀"在摇篮当中；或者可能因为缺少建构同盟能力（亦即因表示信服的相关之人太少，或因网络的某个部分遭到损坏）而中途夭折（Latour 1987：10，249；Latour 1996）。社会科学界特别壮观的一次"流产"就是 20 世纪 60 年代所谓的卡米洛特工程（Camelot project）。该工程旨在廓清革命的来龙去脉与动力机制，包括世界各地革命的理论背景及其启示。该工程受到军队的慷慨资助，并且许多知名社会学家和其他社会科学家参与其中。然而，随着越南战争到达顶峰，怀疑之声四起——认为该计划具有政治、意识形态以及军事目的，尽管其颇为隐秘。随之，学术界和社会上发生的骚乱致使整个工程被取消。显然，并不是所有相关人士都相信这个项目（Solovey，2001）。

军事史当中类似的例子随处可见，特别是在研发历程中尤为如此。约翰·劳和迈克尔·卡隆（John Law 和 Michel Callon，1983）研究了英国军事项目 TSR2，（一款轻型轰炸机与侦察机）的发展过程。他们回溯了从 20 世纪 50 年代一直到 1965 年被取消以前，该项目是如何被构想、设计与研发的。其之所以被取消就是因为该项目花销过大并且不断延期，因此导致怀疑者人数攀升，他们影响之大，大到该项目开始被他们破坏。与之相关，随着政治环境的改变，越来越少的相关人士相信这一项目的价值，因此相应网络也渐趋衰退。

由相关置信人士组成的网络表现出停滞或脆弱时，尤其都发生企图上马国际技术项目的时候。韦特怀克（Uiterwijk 等，2013）分析了在北约运输与海军行动中使用的直升飞机 NH-90 的研发过程。英国从该项目中撤出后，四个欧洲国家法国、意大利、德国和荷兰继续进行研发。此时，无休止的过度花销、项目不断延期、产品标准缺失以及就工作份额的国际分配引发的纠纷，导致没有很多人还真爱最终的产品。用查尼亚维斯卡（Czarniawska，2014）的话说，对于该项目的爱还没有脆弱到中途夭折，但是项目本身远没有当初设想得那么成功。

同样的境遇适用于 20 世纪 80 到 90 年代英国国防部（the British MoD）发起的核动力与核武器装备的三叉戟核潜艇研发情况（Mort 2002）。该潜艇曾被视为是大获成功的；然而也可以说它一直备受争议。沿袭拉图尔的风格，莫特（Maggie Mort）重新建构了使这四艘三叉戟核潜艇得以研发和建造的研发网络。她不仅分析了相关置信人士是如何形成同盟的，还分析了人与机器是如何从该网络中被抛弃的（Mort，2002：11）。特别是一些雇员对于公司过于依赖国防部的指令，同时也对该潜艇的致命威力感到越来越不安，因此他们寻求替代技术的生产。然而，这场游戏不可能赢。1987 年这些工人与技术人员提交的报告名为《开动的海洋》（*Oceans of Work*），其中列举了替代技术的研发清单。即便在今天来看，报告的内容也着实颇有新意、让人惊叹，例如海洋能源生产系统和公海海洋文化。然而，该报告出版之后就"吃了闭门羹"（Mort，2002：152-153），压根没人搭理。

【188】

对旨在研发这一新型技术设备的拉图尔式网络的这次重构并非毫无意义。核动力装置在许多方面都有风险，并且这些风险如同俄罗斯"库尔斯克"

号核潜艇的沉没一样真实不虚（Barany，2004）。而更晚近的福岛核灾难也再次说明了这一点。组织社会学家查尔斯·佩罗（Charles Perrow）提出了一个有关高风险技术的特别有影响力的理论。这些技术必然造成众多结构性的错综复杂，使得失败不可避免，而发生事故也实属"正常"（Perrow 1999a）。减少复杂结构的诸般脆弱就意味着外部利益攸关者深入其中，好让风险系统一直可靠。然而，类似情报与军事组织等秘密组织最不可能适应这些改变（Perrow，1999b）。因此，佩罗就把组织结构的韦伯式思考与齐美尔提出的秘密机制联系在一起。

有关"正常事故"的一个戏剧性的例子就是 1986 年 1 月 28 日挑战者号航天飞机的爆炸事件，七名宇航员全部丧生。美国国家航空和宇宙航行局（NASA）并不是一个军事组织，但绝对与安全部门有关。

挑战者号的发射决策

社会学家狄安娜·沃恩（Diana Vaughan，1996）对于挑战者号太空梭发射的决策过程进行了深入的研究，尽管当时工程师担忧计划起飞时间的低温天气条件可能在造成问题。这些担忧主要是与橡胶状的所谓 O 形圈有关，其被用来密封在点火时因为压力而造成的微小间隙，这个间隙与装有液态氢氧混合物的外部燃料箱离得非常近。然而正如从前的经验所示，O 形圈因为气温过低导致弹性下降，这就很可能导致燃料箱随时发生爆炸。

在一次电话会议上，来自相应合同公司的工程师曾经表示过他们的担忧，但在研究过程中却被上级投票否决。在这个例子中，当已有数据不够清晰时，个人偏好、观点与舆论就会起作用，而且级别越高的人说话就越有分量。在最后的决策时刻，忧虑的工程师只能保持沉默，因为他们"已经给出了分析和意见"。有趣的是，悲剧发生之前和之后，局外人（不是工程师，也可以说是陌生人）提供了 O 形圈在不同气温条件下的性能数据；这些数据极可能足够充分，可以让发射决定延后到外部气温较高的时候（Vaughan，1996：382-383）。让人吃惊的是，这些局外人提取数据时并没有遇到任何值得一提的困难与阻力。

分析证明了"当不是所有相关人员都信服时，机器就不会开始运

【189】

转"。沃恩认为除了局外人卷入其中之外，给最接近技术的那些人赋权有助于减少与如此复杂的技术系统有关的各项风险（Vaughan，1996：417–419）。

科层结构、秘密机制、局外人的潜在获益角色以及复杂技术系统，几者之间的联系在多国部队执行任务过程中遇到的信息共享问题中也有一定的作用。这是一个棘手的问题，因为常常有人抱怨说有价值的行动信息无法共享，因为害怕走漏风声。例如，这就会导致这样一些情况出现——在阿富汗某个地区执行任务时，没有意识到来自也应前往执行任务的邻近地区造成的溢出效应。恰如拉图尔一直倡导的那样，当研究了信息共享所涉及的人与技术维度之后，这个问题的背景就会变得愈加清晰（Van den Heuvel，2017）。如果使用得当，这种分析或许可以提高多国部队军事行动的成功率，并且降低其危险性。

新东西：无人操纵之物与网络空间之物

非人类（来自自然和科技领域之物）在当今的军队中日渐重要。并且在不远的未来，其重要性有望继续攀升。两个发展过程特别明显：无人驾驶的汽车、船只和飞机，亦即在操作中引入机器操作装置（machine-operators）；以及网络操作。可以说，所有这些设备都可以由**远程士兵**（tele-soilder）（Royakkers 和 van Est，2010）在安全距离之内加以控制。陆上无武装的机器操作装置，例如监控与侦察设备、扫雷设备、即时爆破设备，常被用于今天的军事行动当中。无人机（unmanned aircraft，"drones"）近些年来广为应用，并且对于海外地区的军事行动产生了极其致命的影响。

地面杀人机器人不常被使用，但是这也仅仅是个时间问题。同样的问题也适用于全自动武器系统的使用，该系统无须远程士兵操作即可自动运行。这些设备的发展所引发的担忧目前日渐增多，因为它们一旦投入部署，早晚有一天这些设备会开始为自己"着想"。如果落入歹人手中，这些设备将会产生灾难性影响。所以可能需要启动一项防止安装自动武器系统的全球倡议，正如这个世界需要全球禁用地雷一样。

　　无人操作设备的发展是在"所有相关人士的信服"下推动起来的【190】（Latour，1987）。同时也是政客与公众越来越不愿意拿人们的生命（来自自己的组织、国家或盟友）冒险的结果。这并不是唯一的好处。这种设备可以给自己的人民奉上一场无风险战争，并且还可以提高行动效能，同时因其现代性特征而提高了组织威望（Wiesner，2017）。使用这些设备似乎非常符合埃利亚斯和品克所说的暴力消退这一总趋势。

　　然而，这种关切并未延伸至作为攻击目标的人的生命，也未顾及生活在目标地区之内民众的死活。显然，如前所述，并不是所有人的性命都同等重要。目标区域之内的东道国民众生活在持续的威胁之下，并且对于一直被监视感受得十分深切，这让我们想起了福柯的"全景敞视建筑"（Asaro，2013）。这就使得普通民众在初次袭击后不愿意救助伤员，因为跟着总还会有二次袭击。更进一步讲，这或许会影响村庄及其邻近地区的社会交往，因为任何类型的社会性聚集都会引起远程士兵的注意（Wiesner，2017）。总体而言，由于无人机的攻击所造成的连带破坏，居民可能被杀害。并且由于无人机号称的优越性，因此这种袭击可能比传统武器技术更轻易、更频繁地得到发动（Wiesner，2017）。尽管无人机被推崇为一种理想的精确打击武器，但是其整体致命性影响要比传统军事行动大得多。

　　远程士兵本身的负面后果是多方面的（Royakkers 和 van Est，2010；Asaro，2013）。概而言之，这种工作伴随着压力层次的日渐增多，其中一层就是每天在远程海外作战行动与城郊的国内生活和家庭生活之间的不断切换所带来的心理复杂性。此外，发动攻击前后的视频监控无微不至；尽管远在千里之外的另一块大陆，但摄像头却可以把目标情景以及参与其中的人都拉到咫尺之内。除了由此引发的情感压力之外，这些操作员还面临着更高的要求：需要他们几乎是结构性地超时工作（Asaro，2013：205）。此外，还存在伦理或道德忧虑。谁来为发动远程攻击的后果负责？在此，跟我们在讨论鲍曼的分析时所看到的那样，同样的机制就可能会发挥作用，那便是由微小成分聚合并用科层制组织起来的链条会产生可以想象得到的最坏的暴力。驾驶无人机当然与之不同，但是组织逻辑（把行动过程整体切分成不同的部分）极其相似，造成的后果也类似。伦理、法律及与健康有关的问题都被提上了日程（Arsaro，2013）。这里最为相关的问题就是实质理性。

第二个当今军队组织比较关心的重大技术创新就是网络行动，例如与因特网、数字信息和一般计算机技术相关的行动。这种危险并非仅仅属

于军事领域。诸如民用发电厂、医院、公司和银行等民事机构也同样可能遭遇网络攻击。军队几乎每天都会遭遇这种网络攻击，只是对实施的网络攻击行动所预期的程度有所不同罢了。迄今为止最令人瞩目的例子就是 2010 年扰乱了伊朗核浓缩基础设施的臭名昭著的计算机蠕虫病毒震网（Stuxnet）的攻击。这就是一个典型的新型跨国数字战争导致实体损害的案例（Lindsay，2013）。

一些人认为，这种新型威胁将在不久的将来成为最具恐吓性的发展。然而，除了网络行动成为需要广泛关注的永久性问题之外，人们可能会怀疑，网络攻击是否会比常规武器系统更令人不安（Lindsay，2013）。网络作战行动的一个积极方面在于：即使其影响极具破坏性，它也不会像传统军事交战那么具有伤害性、毁灭性和充满血腥。因此，对网络攻击的回应通常并不引人注目，并且受到约束。基于当前做法的经验研究不难想象：在不久的将来，网络战将通过受约束的行动得到有效管理（Maness 和 Valeriano，2016）。

战争时期和战后的自然与基础设施

正如本章开头所言，布鲁诺·拉图尔为充分提出与实物相关的议题而系统阐发了诸项条件，并且特别关注自然和生态议题。他谈到了"政治生态学"的必要性（Blok 和 Elgaard，Jensen，2011：75）。这种担心也适用于军事事务。

人文地理学领域的学者已经将军事景观纳入研究和政策议程当中了。这种做法由来已久，因为"所有地理学都是军事地理学"（Woodward，2005：13）。在作战行动中，军事空间是必须考虑的问题。例如，军事营地在行动任务中的位置可能对行动区域的社会和经济结构产生重大影响（Higate 和 Henry，2009）。而在和平时期的条件下则有如下启示：军事景观如何影响周遭的一般环境；军事景观如何用于纪念和旅游目的；政府

如何促进军事用地的使用——反之，一旦军队不再有占领该地区的需要，那么如何将军事空间另谋他用（Woodward，1999；2005；2014）。后者的一个例子是将军事用地改造成野生动物保护区（Havlick，2011）。军事用地的比例越小，一个国家就越可能处于和平状态。

　　除了空间的利用，军事行动与战争文化遗产之间也存在着联系，虽然这种联系并不令人愉快。在过去的二十年中，建筑物、尤其是**建筑图腾**（architectural totems），如世贸中心双子塔、中东古典城市的遗迹、从伊拉克到波斯尼亚的清真寺以及佛陀造像在恐怖袭击、战争事件和军事行动【192】中遭到毁坏（Bevan，2016）。过往时代的破坏更为严重：在这方面，鹿特丹、华沙和德雷斯顿只是这些不祥的名字中的几个。随着建筑物和城市的破坏，人们的文化记忆往往也随之被抹除。至少，这通常也是破坏的目的之一。暴力过后，该目的是否会实现则取决于由"所有置信的相关人士"所组成的网络（Latour，1987：10）。下面框图中的文字提供了一个很好的实例。

西班牙的内战考古学

　　拉图尔观察到物体往往会引发激烈的争论。一个很好的例子就是西班牙人民及其政客处理内战遗留问题的方式。这场战争始于 1936 年佛朗哥将军发动的军事政变。它的目的是推翻民主选举出来的左翼政府。随着纳粹德国等外国势力的介入，冲突很快就国际化了。后来，佛朗哥派获胜并一直掌权到 1975 年他去世。在战争期间以及此后的几年里，数万人丧生。佛朗哥死后，这个国家和平地向民主过渡。一段时间以后，一种不再需要压制战争记忆的氛围出现了，这就促成了挖掘受害者和挖掘战壕与坟墓中的军事遗迹等行动。是的，还有更多的受害者还有待于被发现，他们都掩埋在全国各地无人注意的坟墓里。让人想起佛朗哥时代的雕像遭到移除，而此举仍然引发了很大范围的骚动与争议。这个例子表明，需要采取协调一致的措施来处理这些令人不安的物体，这些近代遗留下的令人不安的遗产（González-Ruibal，2007）。

结论

与米歇尔·福柯一样，布鲁诺·拉图尔也是世界上最常被引用的学者之一（Heilbron，2015：2）。这位法国社会学家似乎确实要对全世界说些什么。拉图尔将技术、科学和物体重新列入组织研究的议程，因此也就将其列入军事研究的议程之中。人类与非人类的相互作用是研究军事进步最终的内容，因为这使得人们更容易理解近来与未来军事事务中的革命。科幻小说会让我们相信：在适当的时候"非人类"将从人类手中接管权力。这可能是一种夸大，但科幻小说的理念表明：拉图尔强调在同一水平上研究人和非人类的必要性完全正确。而之前的社会学家几乎没人会想到这一点。

【193】 **参考文献**

Asaro，P.M. 2013. "The labor of surveillance and bureaucratized killing：new subjectivities of military drone operators". *Social Semiotics* 23（2）：196–224.

Bailey，D.E.，P.M. Leonardi and S.R. Barley. 2012. "The lure of the virtual". *Organization Science* 23（5）：1485–1504.

Barany，Z. 2004. "The tragedy of the Kursk：crisis management in Putin's Russia". *Government and Opposition* 39（3）：476–503.

Barley，S.R. 1996. "Technicians in the workplace：ethnographic evidence for bringing work into organization studies". *Administrative Science Quarterly* 41（3）：404–441.

Barley，S.R. 2005. "What we know（and mostly don't know）about technical work". In S. Ackroyd, R. Batt, P, Thompson and P.S. Tolbert（eds），*The Oxford Handbook of Work and Organization*. Oxford：Oxford University Press，pp.376–403.

Bevan，R. 2016. *The Destruction of Memory：Architecture at War*. 2nd expanded edition. London：Reaktion Books.

Blok，A. and T. Elgaard Jensen. 2011. *Bruno Latour*；*Hybrid Thoughts in a Hybrid World*. London and New York：Routledge.

Bourdieu，P. 2012（1960））. "War and social transformation in Algeria". In F. Schultheis and Chr. Frisinghelli（eds），*Picturing Algeria*. New York：Columbia University Press.

Clegg，S.R.，M. Pinae Cunha，A. Rego and J. Dias. 2013. "Mundane objects and the banality of evil：the sociomateriality of a death camp". *Journal of Management Inquiry* 22（3）：325–340.

Czarniawska，B. 2014. "Bruno Latour：an accidental organization theories". In P. Adler，P. Du Gay，G Morgan and M. Reed（eds），*The Oxford Handbook of Sociology*，*Social Theory and Organization Studies*：*Contemporary Currents*. Oxford：Oxford University Press，pp.87–105.

González-Ruibal，A. 2007. "Making things public：archaeologies of the Spanish Civil War". *Public Archeology* 6（4）：203–226.

Harper，K. 2003. "Research from the boundary layer；civilian leadership，military funding and the development of numerical weather prediction（1946–1955）". *Social Studies of Science* 33（5）：667–696.

Havlick D.G. 2011）"Disarming nature：converting military lands to wildlife refuges". *The Geographical Review* 101（2）：183–200.

Heilbron，J. 2015. *French Sociology*. Ithaca NY and London：Cornell University Press.

Higate，P. and M. Henry. 2009. *Insecure Spaces*：*Peacekeeping Power and Performance in Haiti*，*Kosovo and Liberia*. London and New York：Zed Books.

Johnson，J.，Alias Latour B. 1988. "Mixing humans and non humans together：the sociology of a door-closer". *Social Problems* 35（3）：298–310.

Latour，B. 1987. *Science in Action*；*How to Follow Scientists and Engineers through Soicety*. Cambridge，MA：Harvard University Press.

Latour，B. 1996. *ARAMIS or the Low of Technology*. Cambridge，MA：

Harvard University Press.

Latour B. 2000. "When things strike back：a possible contribution of 'science studies' to the social sciences". *British Journal of Sociology* 51（1）：107-123.

Latour，B. 2002. *War of the World：What about Peace?* Chicago：Prickly Paradigm Press.

Latour，B. 2005. *Reassembling the Socials An Introduction to Actor-Network Theory.* Oxford：Oxford University Press.

【194】　　Latour，B. and Woolgar，St. 1986. *Laboratory Life：The Construction of Scientific Facts.* Princeton，NJ：Princeton University Press.

Law，J. and M. Callon. 1988. "Engineering and sociology in a military aircraft project：a network analysis of technological change". *Social Problems* 35（3）：284-297.

Lindsay，J.R. 2013. "Stuxnet and the limits of cyber warfare". *Security Studies* 22（3）：365-404.

Maness，R.C. and B. Valeriano. 2016. "The impact of cyber conflict on international interaction"，*Armed Forces and Society* 42（2）：301-323.

Miodownik，M. 2013. *Stuff Matters：The Strange Stories of the Marvelous Materials That Shape Our Man-Made World.* London：Penguin Books.

Moelker，R. and N. Schenk. 2018. "Mixing up humans and military technology". In：G. Caforio（ed.），*Handbook of the Sociology of the Military.* New York：Kluwer Academic.

Mort，M. 2002. *Building the Trident Network：A Study of the Enrollment of People，Knowledge，and Machines.* Cambridge MA and London：MIT Press.

Mukerji，Ch. 2006. "Tacit knowledge and classical technique in seventeenth-century France：hydraulic cement as a living practice among masons and military engineers". *Technology and Culture* 47（4）：713-733.

Orlikowsky，W. and S.V. Scott. 2008. "Sociomateriality：challenging the separation of technology, work and organization". *Academy of Management Annals* 2（1）: 433–474.

Perrow, C. 1999a. *Normal Accidents: Living with High-Risk Technologies. With a New Afterword.* Princeton, NJ: Princeton University Press.

Perrow, Ch. 1999b. "Organizing to reduce the vulnerabilities of complexity". *Joumal of Contingencies and Crisis Management* 7（3）: 150–155.

Rappart, B., B. Balmer and J. Stone. 2008. "Science, technology and the military: priorities, preoccupations and possibilities". In E.J. Hackett, O. Amsterdamska, M.E. Lynck and J.Wajcman（eds）, *The Handbook of Science and Technology Studies.* 3rd edn. London: MIT Press.

Royakkers, L. and R. van Est. 2010. "The cublicle warrior: the marionette of digitalized warfare", *Ethics and Information Technology* 12（3）: 289–296.

Solovey, M. 2001. "Project Camelot and the 1960s epistemological revolution: rethinking the politics- patronage- social science nexus". *Social Studies of Science* 31（2）: 171–206.

Sparavigna, A.C. 2015. "An example of military engineering in 16th century: the Star Fort in Turin". *International Journal of Sciences* 4（12）: 62–67.

Uiterwijk, D, J. Soeters and P. van Fenema. 2013. "Aligning national logics" in a European military helicopter program". *Defense and Security Analysis* 29（1）: 54–67.

Van den Heuvel, G. 2017. "Information sharing in military organizations; a socio-material perspective". In I. Goldenberg, J. Soeters and W. Dean（eds）, *Information Sharing in Military Operations.* Cham, Switzerland: Springer, pp. 165–182.

Van Doorn, J.A.A. 1975. *The Soldier and Social Change: Comparative Studies in the History and Sociology of the Military.* Beverly Hills CA and

London: Sage.

Van Veen, M. 2014. "Validating the virtual: an extensive case-study of a military training simulator". Ph.D. thesis, Universiteit voor Humanistiek, Netherlands.

Vaughan, D, 1996. *The Challenger Launch Decision Risky Technology, Culture, and Deviance at NASA*. Chicago: University of Chicago Press.

Wiesner, I. 2017. "A sociology of the drone". *Journal of Military and Strategies Studies* 18（1）: 42–59.

【195】 Woodward, R. 1999. "Gunning for rural England: the politics of the promotion of military land use in the Northumberland National Park". *Journal of Rural Studies* 15（1）: 17–33.

Woodward, R. 2005. "From military geography to militarism's geographies: disciplinary engagements with the geographies of militarism and military activities ". *Progress in human Geography* 29（6）: 1–23.

Woodward, R. 2014. "Military landscapes: agendas and approaches for future research". *Progress in Human Geography* 38（1）: 40–61.

第十五章　军事研究从经典到未来：结论、主题与前景

　　前面各个章节概览了社会学理论、见地与发现是如何对于当今军事研【196】究以这样那样的方式带来启示的。本书涉及的各位奠基性学者都在他们的社会环境中以各自的方式为我们当前有关军队的知识做出了贡献。尽管他们的论著并未专门讨论军事，但他们提出的理论与经验洞见应用在军事环境中时却能够富有成效。他们讨论的主题和视角相当多样，或许会给人造成一种碎片化的印象。不过逐渐清晰起来的是，各个章节之间也在"彼此交流对话"，因为这些章节中所呈现的奠基性见解、理论以及经验发现一直都在不断地相互影响。其中所涉及的话题有同有异、视角时而矛盾时而重合、具有可比性的同时又各有侧重。尽管这些常常看似毫无关联的各式话题与见解或许表面上看起来让人一头雾水，但是却可以对多方贡献做一概览，进而从中受益。

学术贡献的分类

　　要把握社会学奠基人做出的多种贡献，一种途径是要意识到他们是在不同的社会学分析层次上讨论问题的（Turner，1991）。在如实再现、不做过度简化的前提下，此前对经典与当代社会学的回顾及其与军事研究的关联，可以划分为如下三种类型：

　　●**宏观层次**：军队所在的一般社会背景层次，以及军队所在的、超国家协议中彼此互动的国家集团的背景层次；

　　●**中观层次**：组织层次（政府组织、公民社会或者市场代理机构）和制度层次（诸如法律、仪式与习俗）；

　　●**微观层次**：发生人与人之间的实际行为与互动的层次。

【197】 必须时刻谨记的是，上述分类可能过于粗糙，但绝不应该把它看成是静止和彼此独立的。社会机制在全部三个层次都发挥着作用，并且一直相互影响、变动不居。人们在微观层次上塑造自己的生活，但是同时也受到中观和宏观层次上诸多机遇与限制的影响（Giddens 和 Sutton，2013）。事实上，微观层次的个体也共同创造了中观和宏观层次上的这些机遇、限制与影响。他们在民主选举中有选举权；在自己的组织当中有发言权；他们至少在一定程度上参与塑造了组织的实际运行；最后，他们以志愿者和积极公民的身份对公民社会发生影响。不管怎样，自由发挥的余地往往因人而异——各人大小不一。人类行为总是离不开行为所在的背景。这一点既适用于一般的人类行为与社会生活，也适用于军事领域。

下表列出了社会学奠基人在上述三个层次上的主要思想。有些名称和概念出现在不止一个层次上，如前文所述——社会现象的意涵往往超出了它们常被界定其中的层。

表 15.1 宏观、中观、微观层次社会学奠基人贡献表

社会与社会间互动	宏观	暴力——内涵与演变、敌人、东道国居民、经济与社会不平等、种族和性别、自杀、调节、冲突化解与社会发展、科技	涂尔干、马克思、亚当斯、杜波伊斯、福柯、埃利亚斯、恩洛、拉图尔
组织/机构	中观	科层制——内涵与发展、专业化、"全控机构"、网络与位置、外包（私人军事公司）、商品化、劳动力构成、监督、军民关系、（国民）军队间的对比、技术创新与政策	韦伯、涂尔干、齐美尔、马克思、亚当斯、杜波伊斯、戈夫曼、福柯、雅诺维茨、拉莫斯、恩洛、拉图尔
人际互动	微观	群体凝聚力、受约束行为、与敌手或陌生人交谈、行动中的秘密、军队内外的"陌生人"、行为层面上的多样性、工作与工作后的情感	涂尔干、齐美尔、亚当斯、杜波伊斯、戈夫曼、雅诺维茨、埃利亚斯、霍克希尔德、恩洛

除了这个主题列表之外，此前对这些社会学奠基人对军事研究的意义
【198】 的讨论中，提炼出来的几条核心趋势或许同样重要——它们对于指导当今的军事社会学研究可能价值非凡，同时可能还会激发军事社会学相关问题的研究。但到目前为止，这些问题一直被忽视或被遗忘。

迈向军事行动社会学

很重要的一点就是要意识到战争、暴力和军事行为本质上都属于社会现象，也就是"社会事实"。开枪射击、轰炸建筑或发射无人机都不是"非社会学的"。同样，军事行动总是关乎其他人，常常影响到他人的行动与反应，他们的希望和他们的忧虑一样多。

这就意味着社会学家不应回避探讨军事行动机制及其直接的和后续的深远影响。尽管他们的研究都是在安全的图书馆和办公室完成，然而本书讨论的许多社会学经典作家还是翔实地表达了他们对于暴力和战争的看法（Grutzpalk，2002），并研究了战场上的军事行为。可以说，军事行动中的军事行为考察需要更多地做下去；与社会学奠基人的做法相比，后续研究或许应与军事行动少一些距离。

如今的军事社会学主要研究军民关系，包括大众传媒在内的军政关系，以及军事管理和人力资源等议题。其中军事管理和人力资源的研究主题包括领导力、人员招募与留用、培训和教育的影响、作战部署条件的作用，以及军人家庭对压力与福利的体验。这些现象都至关重要。然而，它们构成的是次要层面，而不是军事组织和士兵行为的核心。这些研究发生在军事行动之前或之后；或者这些研究要是伴随着直接的军事行动，例如在作战领导力研究中那样，它们也要与实际行动保持安全距离。

如今的军事社会学很少近距离开展军事行动研究，并且一般很少审查军事行动本身中的具体行为以及行动机制。当军队正在战场上激烈搏杀、身死人手之时，社会科学家似乎并不特别热衷于研究军事行动。这些往往留给军事专业人士、记者或留给历史学家做事后回溯。但是，也有例外。尽管不是在战时的尖峰时刻，莫滕·恩德尔（Morten Ender，2009）、德尔芬尼·蕾斯苔涅（Delphine Resteigne，2012）和基亚拉·鲁法（Chiara Ruffa，2014）对行动中的军队进行了田野调查。他们关注的不是军队对作战区域的影响，而是更关注军队本身。当时特别需要研究军事行动对东道国居民的影响以及东道国居民及其各组成部分的应对与反应。有趣的是，女性社会科学家和政治科学家，如冯米·奥洛尼沙金（Funmi Olonisakin，

2000）、贝雅特丽齐·普利亚尼（Beatrice Pouligny，2006）、芳蒂妮·克里斯提娅（Fotini Christia，2012）和塞维兰·奥特赛尔（Séverine Autessere，2014），还有很多其他学者，在这些方面似乎引风气之先。他们在东道国国民中间展开田野调查，这本身十分危险，但却为有关军事行动的经验社会学和人类学研究铺平了道路。迄今为止，这条路相对而言还无人探索。认真对待奠基性学者就意味着社会学家需要将军事行动带回社会科学领域；超越他们就意味着要在军事行动区域之内来做这件事。

研究军事信念的传播

对于军事思想、意识形态和实践的传播需要进一步的细致考察。这种考察的观念起点是，军事决策或军事行为中根本没有客观真理这回事。正如我们从知识社会学那里所知道的一样，"现实"以及我们用这些"现实"形成的东西都是由社会建构的（Berger 和 Luckman，1984；Zerubavel，1997）。因此，要定义一种实行军事行动的高级方式并不容易——高不高级取决于想达到的目标和优先地位、所认可的价值以及所持的对因与果的信念。最有可能的是，像我们在科内里斯·拉莫斯那一章中看到的那样，国家对这些目标、价值和信仰的模式进行了定义。仅举一例，盎格鲁－撒克逊与当代欧陆有关军事的价值和信仰模式就有所不同。非洲实行军事行动的方式与二者也一定有差别；再如，俄罗斯和中国的军事行动方式也不尽相同。

从组织社会学视角来看，我们知道一个部门的内部组织会趋于相似。这种相似性甚至可以跨越国界或大陆的地理局限。这个过程被称为同构。从字面意义上讲，同构就是发展出相似形式的倾向。社会科学家要解决的问题是：这些同构过程的发展方式及其具体走向。最有可能的情况是——近几十年来的盎格鲁－撒克逊国家（尤其是美国）在军事事务中的行动方式的影响力最大。这与技术、经济和文化的主导地位有关。事实上，当苏联解体以及波兰、匈牙利和保加利亚等中东欧国家的武装力量落入北约的保护伞下时，我们就已经看到了这种情况。在阿富汗行动中也可以观察到这种扩散模式。在关于米歇尔·福柯的章节中，我们已经看到了这一过程的具体发生轨迹。

尽管如此，这种影响趋向在未来未必还会延续下去。均势平衡、所持信念和优先地位可能会飞速改变。从短期来看（当然从长远来看也是如此），军事风格的主导地位很可能要以它要达成的目标、效能以及总体成就来判断。这些经验可能会促发国家军队内部的学习与适应过程，但也可能在各国部队之间传播时带来变化。随着学者、军事从业者和政客开始把各种行动视为应变与备选的资源，就会出现关于军事行动到底该何去何从的讨论。可以想象，与过去的二十多年相比，联合国维和行动对西方武装力量的重【200】要性将愈加凸显。

战略优先地位的改变也很重要。一个特别的案例就是欧盟各国部队之间尝试加强军事合作，而这种合作在不久的将来一定会发生。美国不愿继续承担这一地区的所有责任，以及欧洲周边地区日益增长的各种威胁，二者结合起来正在加速这一进程。这将是一项最令人感兴趣的研究。

此外，将军事研究的范围拓展到全球的南部和东部也很重要，以便于创建"互联的军事社会学"。很有可能的是，现在在该领域没被很看重的军队，事实上却能就如何预防、遏制和解决世界各地的暴力冲突提供令人感兴趣的投入。这样的话，未来的军事社会学可能就会超出奠基人们的范围：不得不承认，他们关注的主要是欧美。

把他人带进来

在简·亚当斯的那一章中，冲突的预防、遏制和解决显然在很大程度上取决于与那些在暴力进程中有利害关系的团体的互动。这些人可能是著名的演员，或受到眼前发生之事伤害的旁观者，但往往都是妇女。从某种程度上讲，这种互动并非自然而然发生的。冲突当中遇敌则战，而非浪费口舌，这才是显而易见的想法。但是，格奥尔格·齐美尔那一章对弱关系优点的分析也提到的**多才多艺**的士兵的概念，这清楚地表明简·亚当斯可能是对的。即使对方是你的敌人或者充满敌意，试着与对方交谈、设身处地为他人着想、感受在你枪口另一端对方的感受等都非常有用。最重要的是，我们必须像兰德尔·柯林斯（2011：18）曾说的那样，"我们必须以社会学视角审视自己以及他人的理想"。

这并不是一件容易的事情，因为它需要处理矛盾的能力。就其本身而言，这种运作方式严格遵循**实用主义**思想，而实用主义是简·亚当斯和莫里斯·雅诺维茨思考与推理的基础。正如前文所见，它又关系到约翰·杜威的基本原则（Shields 和 Travis，2017）。

这种工作方式强调他人参与和与他人互动，以及接受任务的过程性特征。但该方式仍旧是军事行动与决策中的一个薄弱环节。即使在联合国任务当中，在行动地区东道国民众的参与也仅限于特定责任，例如语言媒介、用本地语言进行广播和沟通，以及诸如清洁和洗衣等日常杂务。此外，这还涉及旨在为军队完成任务而提供一般设施（例如运输、供电以及机场和港口的通行）而与东道国国民有所接触。然而，无论这些工作多么重要，也仅仅是辅助性工作，因而并不触及正在发生的事情的本质。

【201】

毫无疑问，在任务行动过程中，还要与东道国当局和代表就冲突动态进行各个层次的磋商。每一次互动都是持续的、长期的进程的一个组成部分。这些层次各异：从与街上行人的交谈到与区域和国家政府当局的正式磋商。但一般来说，这样的磋商相对简单、浅表而且为数有限。然而，在军事行动风格方面可能存在较大差异。军事社会学家非常擅于研究任务之间和任务内部互动中的变化，并确定它们对总体任务的效能的影响。这与欧文·戈夫曼和其他学者有关互动模式具有重要意义的观点一致。从那时起，军事教育和训练中与他者互动性的见解就得到了贯彻。

真正的混合方法

为了追随甚至超越社会学奠基者的足迹，那么就必须强调军事研究中经验研究的重要性。首先，我们应该牢记并遵循涂尔干和其他学者有关比较法重要性的训诫。只有通过比较，人们才能洞察到哪些机制最有利于预防、遏制和解决身边的暴力。个案研究使得研究人员能够详细地描述事件，这可能会促进一个假设，但不会形成或打破一个假设。然而，如果把许多案例放在一起，就可以通盘考虑进而形成总结性概述，而这就可以引入理论构建和经验证实了。虽然研究者自己的观点不应该也不可能从结论中剔除，但是比较研究法提供了超越这些个人因素的衡量标尺。

第二，打通行动与分析的各个层次似乎非常重要（Autessere，2014）。军事任务总是在各个层次上进行的，因此所有这些层次都需要研究，并且最好能够同时研究。如果不概览军事任务的大局，人们就无法理解街道上正在发生的事情，反之亦然。例如，如果不理解控制暴力的社会倾向或者缺乏此种控制（正如诺贝特·埃利亚斯所示），那就无法理解个体士兵的自我约束行为或相反的行为。为此，组建军事学者和实地考查者团队来展开军事行动研究就非常有意义。同时，也可以考虑与军事人员合作研究发表。理论与实践之间的明显鸿沟必须尽可能地缩小，这样才能让真研究能够切实付诸行动——让学术研究服务日常实践。

第三，社会科学研究大体上有两个方法论分支：定性方法和定量方法，皆可用于资料收集和分析。大多数情况下，社会科学家致力于两种方【202】法的其中之一。然而，社会学的奠基者在具体研究中却往往二者兼而有之。特别是，埃米尔·涂尔干、杜波伊斯和莫里斯·雅诺维茨都运用，并且非常擅长这两种方法。这点我们应该继承。与其把毕生研究精力都放在一种研究方法之上，不如把全套方法当作一个工具箱更有意义，从中可以挑选出最合适的工具来研究手头上的问题。有时候需要像人类学家那样工作，有时候需要充当一名统计学家，有时候则兼而有之。这可能需要付出额外的努力。要做人类学的田野调查，我们需要学习当地的语言；要分析大量的数据，我们需要掌握最新的软件。有时需要分析视觉显示资料（例如照片）。有时最好是与其他专家合作，例如芳蒂妮·克里斯提娅就是这样做的。她在波斯尼亚田野调查期间，就结合了各种方法来使用游戏作为研究工具（Alexander 和 Christa，2011）。她还将实验设计活用于阿富汗的行动环境当中（Beath 等，2013）。现在，她正与资料科学方面的同事一起分析数百万条手机数据，并据此研究也门的社会行为，例如宗教习俗和对暴力的反应（Christia 等，2015）显然，这些方法都有助于真正推进深入了解军事行动以及国外（发展性）干预行动对于暴力和冲突所产生的影响。

迈向一门有"灵魂"的军事社会学

最后，社会学奠基者教导我们：不要把自己局限于军事专家自身所作所为的藩篱之内，他们只问有关目的－手段之间直接关系的问题。正如我们在导论部分所见，在社会学中这称之为功能理性。例如，研究摧毁桥梁的最优方式，令燃料、弹药、飞机损伤最小并且安全性最大，等等就属于这种理性。但是，如果要问摧毁这座桥及其可能的附带损害如何可能有助于或不利于解决冲突和结束敌对行动，这就属于实质理性的范畴。在此，"手段－目的"关系愈加复杂和宽泛。诸如卡尔·马克思、杜波伊斯、莫里斯·雅诺维茨、阿莉·拉塞尔·霍克希尔德和辛西娅·恩洛等社会学奠基者不断地强调关注更大更广的问题的重要性，但是这些问题并不总是被别人理解或重视。

尽管可能缺乏支持和赞赏，但这却是一个比表面看上去更富有成果的选项。对可持续生产与自然环境的关切表明，昨天还备受争议之事明天可能就是公认的事实（Levy 等，2016）。以往似乎还是一个实质理性的问题，如今已变为一个功能理性的问题。世事变幻莫测。

【203】　管理学者保罗·阿德勒和约翰·杰米尔（Paul Adler 和 John Jermier，2005）认为，管理研究需要更加关注被剥削群体，例如低层雇员和弱势社群，以及自然环境的恶化。他们认为更具"灵魂"有助于推进这个领域。同样，也可以呼求一门更具"灵魂"的军事社会学的发展——既要特别关注那些经受着军队存在并行动的东道国国民，也要关注那些行动在一线的士兵和退伍军人。根据"工作利落"（不损害自己的部队、平稳行动、不拖延）来强调的军队角色表现，应该确保它不会限制对这一角色和军队存在本身的基本合法性的考量（Ben-Ari，1989：383）。此外，还应该避免忽视军队存在和行动所带来的破坏性后果（Masuch，1991）。总而言之，这对于提高军队的效能是一个大有裨益的举措。

再谈社会学的想象力

为了实现这一点，我们最好借助一个古老的概念——"社会学的想象力"（Wright Mills，1959），这意味着对情势从根本上有所质疑，并想象事情如何以不同的方式发生。这也意味着我们并不接受"别无选择"的说法，这就要求反对用提出的一个解决方案消除全部替代方案的趋势。正如查尔斯·赖特·米尔斯（2000（1956）：202）所说，这就意味着要仔细研究"对于世界现实的军方界定"。事实上，这也意味着批判性地考察对世界现实的任何界定。

参考文献

Adler，P.S. and J. Jermier. 2005. "Developing a field with more soul：standpoint theory and public policy research for management scholars". *Academy of Management Journal* 48（6）：941–944.

Alexander，M. and F. Christia. 2011. "Context modularity of human altruism". *Science* 334：1392–1394.

Autessere，S. 2014. "Going micro：emerging and future peacekeeping research". *International Peacekeeping* 21（4）：492–500.

Beath，A.，F. Christia and R. Enikolopov. 2013. Empowering women through development：evidence from a field experiment in Afghanistan'. *American Political Science Review* 107（3）：540–557.

Ben-Ari，E. 1989. "Masks and soldiering：the Israeli army and the Palestinian uprising". *Current Anthropology* 4（4）：372–389.

Berger，P. and Th，Luckman. 1984. *The Social Construction of Reality*：*A Treatise in the Sociology of Knowledge*. Harmondsworth：Penguin.

Christia，F. 2012. *Alliance Formation in Civil Wars*. Cambridge：Cambridge University Press.

Christia，F.，L. Yao，S. Wittels and J. Leskovec. 2015. "Yemen calling：seven things cell data reveal about life in the Republic". *Foreign Affairs*，6 July.

Collins，R. 2011. "C-escalation and D-escalation：a theory of the 【204】 time-dynamics of conflict". *American Sociological Review* 77（1）：120.

Ender，M.G. 2009. *American Soldiers in Iraq*：*McSoldiers or Innovative Professionals*? London and New York：Routledge.

Giddens，A. and Ph.W. Sutton. 2013. *Sociology*. 7th edn. Cambridge：

Polity Press.

Grutzpalk，J. 2002. "Blood feud and modernity：Max Weber's and Emile Durkheim's theories". *Journal of Classical Sociology* 2（2）：115–134.

Levy，D.J. Reinecke and S. Manning. 2016. "The political dynamics of sustainable coffee：contested value regimes and the transformation of sustainability". *Journal of Management Studies* 53（3）：364 –401.

Masuch，M. 1991. "The determinants of organizational harm". *Researcd in the Sociology of Organizations* 9：79–102.

Olonisakin，F. 2000. *Reinventing Peacekeeping in Africa：Conceptual and Legal Issues in ECOMOG Operations.* The Hague and Boston：Kluwer Law International.

Pouligny，B. 2006. *Peace Operations Seen from Below：UN Missions and Local People.* Bloomfield，cT：Kumarian Press.

Resteigne，D. 2012. *Le militire eH opérations multinationales：regards croisés en Afghanistan，en Bosnie，au Liban.* Brussels：Bruylant.

Ruffa，Ch. 2014. "What peacekeepers think and do：an exploratory study of French，Ghanaian，Italian and South Korean armies in the United Nations Interim Force in Lebanon". *Armed Forces and Society* 40（2）：199–225.

Shields，P. and D.S. Travis. 2017. "Achieving organizational flexibility through ambidexterity". *Parameters* 47（2）：65–76.

Turner，J.H. 1991. *The Structure of Sociological Theory.* Belmont，CA：Wadsworth.

Wright Mills，C. 2000（1956）. *The Power Elite.* New edn. Oxford and New York：Oxford University Press.

Wright Mills，C. 1959. *The Sociological Imagination.* New York：Oxford University Press.

Zerubavel，E. 1997. *Social Mindscapes，An Invitation to Cognitive Sociology.* Cambridge，MA. and London：Harvard University Press.

索　引

（索引页码为原书页码，即本书边码）

A

---

① 132、138 页原文为 the abolition of the slavery。——译者注

---

① 66 页原文为 Afro—American——译者注。

---

① 153 页为 career development。——译者注

D

J

K

---

① 第 75 页英文原文为 Knöbl。——译者注

~和军嫂 172–173

~和少数民族关系 83–85

~和权力精英 38–40

~和种族 78–90

~和科学 181–195

~和技术 181–195

military sociology　军事社会学 1–2，28，41，45，54，94，117–118①，【213】120，123–124，143，198，200–203

military studies　军事研究 4–5，8–15，28，33②，42–43，48，196–204

military-industrial complex　军工复合体 39，124，143

militias　民兵 47，73，124，146

mimesis　模仿 152

minorities　少数族裔 2，少数民族成员 52，少数族群 60，少数族裔 80–85、少数民族群体、少数民族、少数人

modernity　现代性 98，184，190

Moelker，R.　勒内·默尔克 26

Mohammed，Prophet　先知穆罕默德 15

Moore，B.　布兰达·摩尔 83

morality　道德 29，46，57，66，68，109，161，166，178，183，190

Mort，M.　莫特 187

Moskos，C.　查尔斯·莫斯科斯 5，28，46，71，78，82，118，126

Mouzelis，N.P.　穆兹利斯 93

Mozambique　莫桑比克 68

mujahedin　穆斯林游击队员 56

multinational missions　多国联合行动，多国军事合作 27–28，联合国行动 69，多国军事合作 87，多国军事行动 150，多国部队军事行动 189

---

① 原文页码有误，应是 118–119——译者注。

② 原文页码有误，应是 32 页——译者注。

157–158，163，177，200–201

outsourcing　外包 46，48，127，151，197

overviews　纵览 2，视野 185，概览 196，概述 201

P

Pacific　太平洋 31，119，172　　　　　　　　　　　　　　【214】

pacifism　和平主义 2，133

Pakistan　巴基斯坦 4，123

Palestinians　巴勒斯坦的 136，177

panopticon 全景敞视建筑 106–111，115，160，190

para–military forces　准军事组织 102，（准）军事机构 105，准军事部
队 / 力量 124

Parsons，T.　帕森斯 4

partnerships　合作伙伴关系 52–54，伙伴关系 59，伙伴关系 112

Pashtun language 普什图语 95

Pasteur，L.　路易·巴斯德 182

paternalism　家长式 153

patriarchalism　家父长制 15

patrimonialism　家产制 9，11–12，14–15，134

patriotism　爱国主义 173

peace　和平 1–2，26，55，65–77，81，134

～和埃利亚斯 139

～和恩洛 169–170，174，177–178

～和霍克希尔德 163–164

～和拉图尔 191–192

和平运动 66–68

编织和平 67–68；72

peacekeeping　维和 6，13，45，65–77，101，112

～和恩洛 177–178

---

① 原文出错，原文为 160-170，但恩洛的相关章节起始页为 169，不可能出现 160 这样的页码。——译者注

---

① 第 75 页英文原文为 Knöbl。——译者注

T

U

W

X

Y

Z